AF608477

Winfried Thaa

Politisches Handeln

Demokratietheoretische Überlegungen im Anschluss an Hannah Arendt

Nomos

Bildnachweis Titel: istockphoto.com

Die Deutsche Nationalbibliothek verzeichnet diese Publikation in der Deutschen Nationalbibliografie; detaillierte bibliografische Daten sind im Internet über http://dnb.d-nb.de abrufbar.

ISBN 978-3-8329-6678-2

1. Auflage 2011

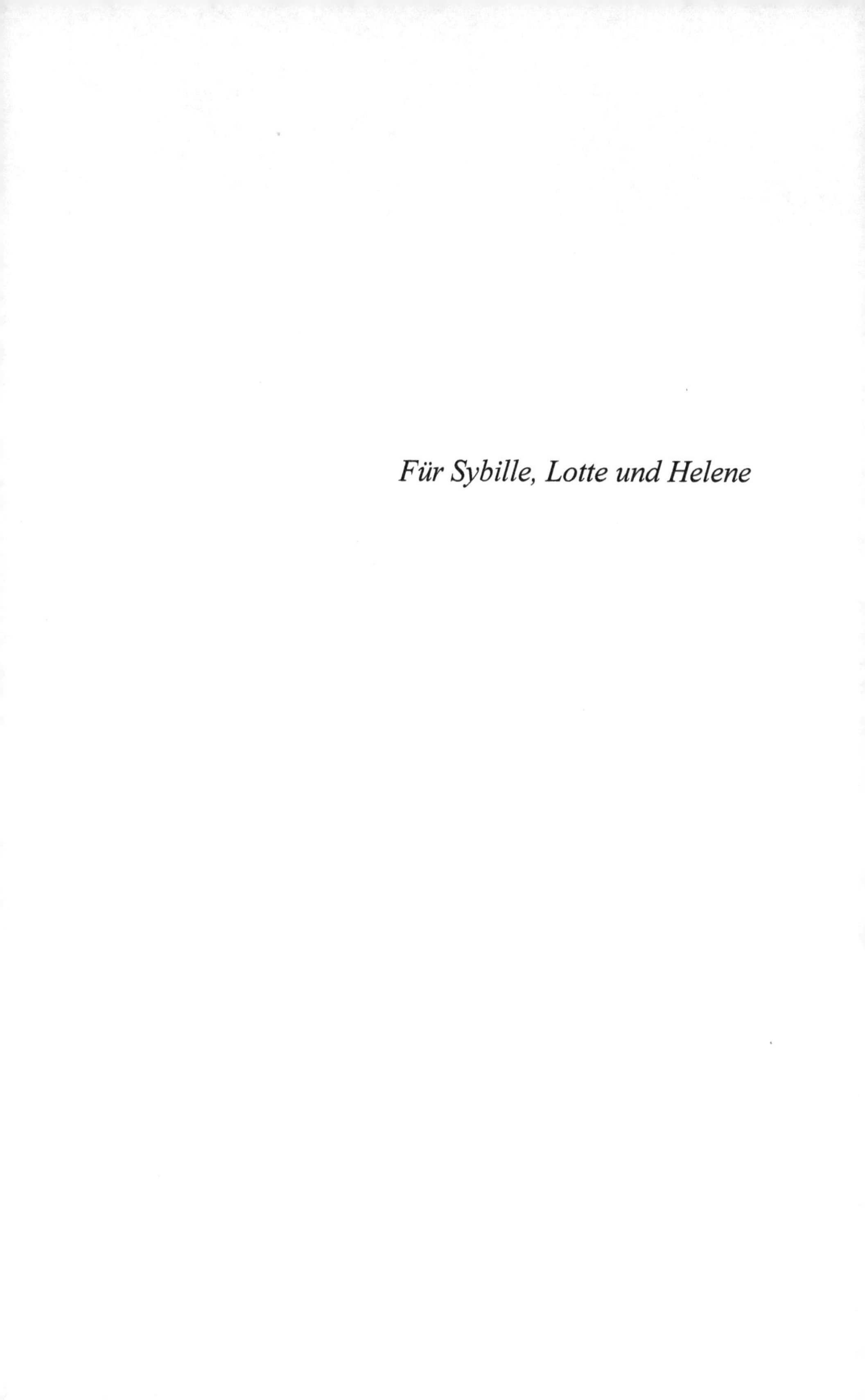

Für Sybille, Lotte und Helene

Vorbemerkung

Der vorliegende Band ist keine Sammlung von Einzelaufsätzen, aber auch keine Monographie im klassischen Sinn. Die über einen Zeitraum von mehr als fünf Jahren entstandenen Kapitel befassen sich aus verschiedenen Perspektiven mit ein und derselben Frage: Wie lässt sich angesichts der vermeintlich heteronomen Zwänge von Ökonomie und Gesellschaft das Politische als ein Bereich des Handelns unter Freien und Gleichen denken? Den Ausgangspunkt bildet dabei Hannah Arendts Begriff des politischen Handelns, dessen Grundzüge ich im ersten Kapitel gegenüber Max Webers, am Typus des zweckrationalen Handelns orientierten Freiheitsbegriff abgrenze. Die Auseinandersetzung mit Arendt und ihrem durch die aristotelische Unterscheidung von Praxis und Poiesis beeinflussten Handlungsbegriff bildet den Horizont aller weiteren Kapitel, in denen ich verschiedene, im weitesten Sinn der Norm politischer Freiheit verpflichtete Demokratietheorien diskutiere. Das hier verfolgte Vorhaben besteht also darin, von Hannah Arendt aus ein erhellendes Licht auf einige der derzeit wichtigsten und einflussreichsten politischen Theorien zu werfen. Insofern reflektiert der vorliegende Band einen erheblichen Teil meiner Denkanstrengungen während der letzten Jahre. Im Ergebnis entstand zwar keine systematische Theorie demokratischer Politik, aber doch, wie ich hoffe, ein insgesamt bündiges Plädoyer für das Festhalten der Demokratietheorie an einem normativen Begriff politischen Handelns.

Besonders gedankt sei an dieser Stelle Markus Linden für unzählige anregende Gespräche, Christel Kerpen für ihre zuverlässige und hilfsbereite Unterstützung sowie Michael Kubiak und Mareike Lieb für ausdauerndes und penibles Korrekturlesen meines Manuskripts.

Trier, im Mai 2011 — Winfried Thaa

Inhaltsverzeichnis

I Einleitung: Vor dem Ende der Demokratie?

Als Alexis de Tocqueville in den dreißiger Jahren des 19. Jahrhunderts sein berühmtes Buch über die Demokratie in Amerika schrieb, war er zutiefst überzeugt von einem unaufhaltsamen, bereits Jahrhunderte zurückreichenden und bis in die ferne Zukunft anhaltenden Voranschreiten von Gleichheit und Demokratie (Tocqueville 1985: 20). Gut 150 Jahre später, nach dem Zusammenbruch des sowjetischen Kommunismus, herrschte eine vergleichbare, wenn auch in kürzeren Zeiträumen rechnende Erwartung: Die liberale Demokratie schien ihre Alternativlosigkeit unter Beweis gestellt zu haben, ihre weltweite Durchsetzung nur noch eine Frage der Zeit. Zwar verlief ihr Siegeszug dann doch stockender und blieb räumlich begrenzter als erhofft. Es war aber nicht die Ernüchterung angesichts der ökonomischen, kulturellen und politischen Schwierigkeiten demokratischer Transformationen, welche die Zukunftsgewissheit der liberalen Demokratien bald beendete.

Der Glaube an die Alternativlosigkeit der Demokratie wird seit Beginn der neunziger Jahre sehr viel grundsätzlicher erschüttert durch einen rapiden Wandel im Verhältnis von Politik, Ökonomie und Gesellschaft in den etablierten westlichen Demokratien selbst. Die unter dem Schlagwort der Globalisierung zusammengefassten Entwicklungen führten zum einen dazu, dass wirtschaftliche und soziale, sicherheitspolitische und ökologische Aspekte des gesellschaftlichen Lebens in zunehmenden Maß von Akteuren abhängen, die nicht mehr unter der Kontrolle von demokratisch legitimierten, nationalstaatlichen Regierungen stehen. Zum anderen kam es in allen westlichen Demokratien, gegen den die Nachkriegsjahrzehnte bestimmenden Trend, zu einer Zunahme gesellschaftlicher Ungleichheit und damit zum Verblassen des Gleichheitsversprechens der Demokratie.[1]

Diese bereits in den 1980er Jahren erkennbaren Entwicklungen beschleunigten sich nach dem Ende des Ost-West Gegensatzes nicht nur, sie wurden wohl auch mit dem Wegfall der Herausforderung durch eine nichtdemokratische politische Alternative deutlicher wahrgenommen als zuvor. Bereits Anfang der 1990er Jahre stellte Robert Dahl die Frage, ob die Demokratie, nach der Entstehung von Stadtrepubliken in der Antike und der Entwicklung von repräsentativen Demokratien innerhalb des Nationalstaates im 18. und 19. Jahrhundert, angesichts der Zunahme transnationaler ökonomischer, gesellschaftlicher und kultureller Zusammenhänge heute vor einer dritten Transformation stehe. Dass diese die Menschen in eine transnationale Ordnung als politisch Gleiche, als demokratische Bürger inkludieren

1 Zur Zunahme gesellschaftlicher Ungleichheit in den meisten OECD Staaten seit Mitte der 1970er Jahre vgl. OECD 2008.

könnte, erschien ihm dabei reichlich utopisch (Dahl 1994: 32). Noch zugespitzter sah dies Jean-Marie Guéhenno, der das Ende des Nationalstaats und mit ihm das Ende der Demokratie heraufziehen sah (Guéhenno 1994).

Gegen diese pessimistische Sicht stand die Überzeugung vieler Autoren, die Schwächung nationalstaatlicher Institutionen öffne den Weg zu einer nicht nur territoriale Grenzen, sondern auch die herkömmlichen Beschränkungen des Politischen sprengenden deliberativen Demokratisierung. Ulrich Becks „Erfindung des Politischen" (Beck 1993), die „postnationale Konstellation" von Jürgen Habermas (Habermas 1998) oder Andrew Linklaters „Cosmopolitan Citizenship" (Linklater 1998) entwerfen das Bild einer Lösung demokratischer Partizipation aus der Bindung an nationalstaatlich organisierte politische Gemeinschaften. Der Optimismus dieser Autoren beruhte auf der Erwartung, die diskursive Meinungs- und Willensbildung einer aktiven Zivilgesellschaft sei nicht nur geeignet, die Schwächung der herkömmlichen, parteipolitisch und parlamentarisch geprägten Repräsentations- und Entscheidungsverfahren auszugleichen, sondern könne die Demokratie darüber hinaus auf eine neue, höhere Ebene der politischen Beteiligung heben. An die Stelle repräsentativer staatlicher Institutionen sollte demnach eine Vielzahl von problemorientierten, möglichst alle Betroffenen inkludierenden Foren und Arenen der Deliberation treten, in denen die Wahl und Verantwortlichkeit politischer Repräsentanten als Kriterium demokratischer Legitimität durch die prozeduralen Anforderungen und den reziprok-allgemeinen Charakter der vertretenen Gründe ersetzt würde. Demokratisch legitimierend ist demnach nicht mehr das Mehrheitsvotum der Bürger und ihrer Repräsentanten, sondern der durch die diskursiven Verfahren begründete Vernunftcharakter von Beratungsergebnissen.[2]

Um die hohen Erwartungen an eine zivilgesellschaftliche Demokratie ist es zwischenzeitlich recht still geworden. Dagegen hat sich der Pessimismus hinsichtlich der Zukunft der Demokratie zum quasi geschichtsphilosophischen Abgesang auf das demokratische Zeitalter radikalisiert. Colin Crouch spricht breitenwirksam von der „Postdemokratie" (Crouch 2004), Ingolfur Blühdorn sieht die Denk- und Verhaltensweisen der Menschen bereits so sehr von der Marktlogik und Konsumorientierung durchdrungen, dass damit jede politisch zu repräsentierende Identität ihre Grundlage verloren habe (Blühdorn 2006) und Michael Greven schließlich erklärt das ganze Projekt der Demokratie samt der ihm zugrundeliegenden Normen zu einer hoffnungslos vormodernen Angelegenheit (Greven 2009).

Bei den hier nur knapp beschriebenen Grundstimmungen hinsichtlich der Zukunftschancen der Demokratie scheint es sich auf den ersten Blick um Konjunk-

2 So heißt es bei Jürgen Habermas: „Die deliberative Politik gewinnt ihre legitimierende Kraft aus der diskursiven Struktur einer Meinungs- und Willensbildung, die ihre sozialintegrative Funktion nur dank der Erwartung einer vernünftigen *Qualität* ihrer Ergebnisse erfüllen kann" (Habermas 1992: 369, Hvhbg. v. Habermas).

turen und Stimmungsschwankungen zu handeln, wie sie in politischen Fragen ja nur allzu vertraut sind. Den Hoffnungen auf erweiterte politische Handlungsmöglichkeiten, die durch die Politikformen der Neuen Sozialen Bewegungen der 1970er und 1980er Jahre, durch die erfolgreichen Umwälzungen in Mittel- und Osteuropa und dann noch einmal durch den Aufschwung globalisierungskritischer Bewegungen genährt worden waren, folgte eine gewisse Ernüchterung durch die sich weiter verstärkende Unterordnung der Politik unter globale Kapitalmärkte, die neue Aktualität staatlicher Gewalt nach den Kriegen im früheren Jugoslawien und den Reaktionen auf die Terroranschläge vom 11. September 2001. Es wäre jedoch falsch, die gegensätzlichen Urteile zu Zustand und Zukunft der Demokratie allein auf politische Großwetterlagen und die Stimmung ihrer Beobachter zu beziehen.

Bei genauerer Betrachtung wird nämlich deutlich, dass die gegensätzlichen Diagnosen zum Zustand und zur Zukunft der Demokratie nicht von derselben Sache sprechen. So gilt etwa den einen die Existenz eines klar definierten Demos als Voraussetzung der Demokratie (Guéhenno 1994). Andere lösen die demokratische Meinungs- und Willensbildung von Entscheidungs- und Repräsentationsverfahren und binden sie an eine möglichst breite und inklusive Beratung zur rationalen Problemlösung (etwa Habermas 1998 und Schmalz-Bruns 2002). Und wieder andere identifizieren Demokratie mit den herkömmlichen Formen der Parteiendemokratie und sehen in den Auflösungserscheinungen der Parteien und der Verwischung der Konfliktlinien zwischen ihnen den Beginn eines neuen, durch nicht legitimierte Eliten geprägten Zeitalters der Postdemokratie (Crouch 2004).

Derartige konzeptionelle Unklarheiten sind insofern nichts Neues, als die Anfänge der modernen, sozialwissenschaftlich orientierten Demokratietheorie mit der Aufkündigung des Konsenses über die Bedeutung des Demokratiebegriffes zusammenfallen. Bereits Max Weber hat für die normativen, naturrechtlich begründeten Vorstellungen von Volkssouveränität und kollektiver Selbstbestimmung nur Spott übrig und bezeichnet Begriffe wie „Wille des Volkes“ als bloße Fiktionen. Die Bürger vergleicht er mit Konsumenten, die zwar wissen können, „wo sie der Schuh drückt, aber niemals, wie er besser gemacht werden sollte“.[3] Ähnlich sieht dies Joseph Schumpeter, der Demokratie als Methode definiert, „bei welcher Einzelne die Entscheidungsbefugnis vermittels eines Konkurrenzkampfes um die Stimmen des Volkes erwerben“ (Schumpeter 1950: 428). Die sogenannte realistische Demokratietheorie beschränkt die Partizipationshandlungen der Bürger auf den mit einer Kaufentscheidung vergleichbaren Wahlakt und überlässt das Regieren den konkurrierenden Eliten. Obwohl damit die Wirklichkeit liberaler repräsentativer Demokratien zumindest teilweise getroffen ist, hat diese Reduktion immer wieder die Kritik sogenannter normativer Demokratietheorien provoziert, die

3 Max Weber in einem Brief an Robert Michels, zitiert nach Mommsen (1959: 207).

zum einen darauf verweisen konnten, dass Parteien und intermediäre Organisationen auch für die Bürger Einflussmöglichkeiten eröffnen. Zum anderen hielten sie am normativen Anspruch einer größtmöglichen Identität von Regierenden und Regierten fest, um von da aus eine Erweiterung der Partizipationsmöglichkeiten zu fordern, sei es durch plebiszitäre Elemente, eine Wiederbelebung der Öffentlichkeit oder die Stärkung zivilgesellschaftlicher Strukturen.[4] Umstritten blieb in dieser Debatte, wie weit die Ansprüche auf gleiche Teilhabe an der Ausübung politischer Selbstbestimmung im Namen von Realisierungsproblemen auf der Input- und Rationalitätserfordernissen auf der Output-Seite legitimerweise einzuschränken sind. Unschwer lässt sich diese Kontroverse der von Dahl so genannten zweiten Transformation der Demokratie zuordnen (Dahl 1989), in der die alten republikanischen, auf Selbstregierung gerichteten Elemente des Demokratiebegriffes immer weniger mit der durch bürokratisierte Großparteien und professionell geführte Wahlkämpfe geprägten Wirklichkeit übereinstimmten. Im Kern bleibt der Demokratiebegriff aber bei beiden Seiten auf eine Partizipationshandlung bezogen, die lediglich enger oder weiter, nach dem Muster einer Wahl zwischen konkurrierenden Eliten oder dem der Beratung und Entscheidung unter Gleichen bestimmt wurde.

Im Vergleich dazu sind die Fronten der aktuellen Debatte sehr viel unübersichtlicher geworden. Das liegt insbesondere daran, dass ihr der Bezug der Demokratie auf Partizipationshandlungen der Bürger überhaupt verloren zu gehen droht. Für diese Entwicklung lässt sich zum einen der Vormarsch ökonomischer Modelle der Politik verantwortlich machen, die mit einer konsequenten Übertragung des Modells individueller Nutzenmaximierung der Demokratie ihren politischen Charakter austrieben. Wie Eric Hobsbawm jüngst formulierte, bildet das Ideal der Konsumentensouveränität „keine Ergänzung der liberalen Demokratie, sondern … eine Alternative zu jeglicher Form der Politik“, da es an die Stelle der Beratung und Entscheidung über allgemeine oder Gruppeninteressen die Aggregation individueller Präferenzen setze (Hobsbawm 2009: 105f.). Versteht man den Bürger als Konsumenten, so ist er vom Markt tatsächlich besser zu bedienen als von der Politik.

Zum anderen hat aber die normative Demokratietheorie selbst eine Transformation des Demokratiebegriffes vorangetrieben, in deren Zug partizipatorisches Handeln als Ballast abgeworfen und die Rationalität der Politik zum eigentlichen und tieferen Sinn der Demokratie erklärt wird. Demnach ist die Demokratietheorie „heute output-orientiert und zielt in ihren Bemühungen vor allem darauf, den Rationalitätsgrad dieses Outputs zu erhöhen“ (Buchstein/Jörke 2003: 475). Umstritten sei lediglich der Inhalt der Rationalitätskriterien, der als Effektivität, Implementierbarkeit, Interessenrepräsentation, Gerechtigkeit oder Gemeinwohl bestimmt

4 Zum Überblick über diese Diskussion vgl. etwa Wiesendahl 1981 oder Schmidt 2008.

sein könne. Dessen ungeachtet gelte politische Beteiligung aber nicht mehr als Ziel, sondern „als eines mehrerer Mittel für die Erhöhung des Rationalitätsgrades kollektiv verbindlicher Entscheidungen" (Buchstein/Jörke 2003: 475).

Die Vermutung liegt nahe, dass die gegensätzlichen Diagnosen zum Zustand und zur Zukunft der Demokratie nicht zuletzt auf diese Verkehrung in der Mittel-Zweck-Relation zurückzuführen sind. Wenn das gleichberechtigte Beteiligungshandeln der Bürger bei der Regelung ihrer gemeinsamen Angelegenheiten keinen Selbstwert mehr besitzt, wird der Demokratiebegriff im Kern fungibel. Als demokratisch gilt dann diejenige Beteiligungsform, die dem jeweils gewünschten inhaltlichen Ziel von Nutzen ist - sei es der Erhalt nationalstaatlicher Institutionen, Wirtschaftswachstum oder effektive Problemlösung.

Nach Buchstein und Jörke folgt die „Rationalisierung der Demokratietheorie" auf drei frühere semantische Transformationen im Wandel vom antiken zum modernen Demokratiebegriff. Zunächst sei die von Platon und Aristoteles stammende und bis in die Neuzeit reichende negative durch eine positive Bewertung des Begriffes verdrängt und Demokratie im westlichen Kulturkreis zu einer unumstrittenen Kategorie der Selbstbeschreibung geworden. Durch „Futurisierung" sei Demokratie spätestens seit Tocqueville nicht mehr als Regierungsform vergangener Stadtstaaten, sondern als realisierbares Projekt der Zukunft wahrgenommen worden und durch „Komplettierung" habe der Demokratiebegriff schließlich eine Ergänzung durch liberale Abwehrrechte und das Repräsentationsprinzip erfahren.

Eine besondere Pointe der These von Buchstein und Jörke liegt darin, dass sie zur Illustration der neuesten, den Beteiligungsaspekt opfernden Transformation des Demokratiebegriffes auf Autoren verweisen, die politisch eher dem linken oder linksliberalen Spektrum zuzuordnen sind und innerhalb der politikwissenschaftlichen Debatte allesamt von einer Demokratisierungsintention ausgingen. Dies gilt jedenfalls für Autoren wie Norberto Bobbio, Jürgen Habermas, David Held, Claus Offe, Anne Phillips und Rainer Schmalz-Bruns, die von Buchstein und Jörke in diesem Zusammenhang genannt werden. Diese Autoren sind nicht dem realistischen Lager der früheren Debatte zuzuschlagen, sondern stehen für verschiedene normative Theorieansätze. Ob liberal, deliberativ, republikanisch oder feministisch, was sie nach Buchstein und Jörke jedoch heute eint, sei ihre Orientierung „auf eine Veredelung der Gütequalität demokratischer Politikergebnisse. Sie rechtfertigen Demokratie als ein politisches System, das gute im Sinne von ‚rationaler' Politikergebnisse erzeugt oder wenigstens erzeugen soll" (Buchstein/Jörke 2003: 475).

Nun ist die Ergebnisorientierung der neueren Demokratietheorie in den letzten Jahren mehrfach deutlich und ausführlich kritisiert worden. So etwa in der Debatte über die demokratischen Defizite der Europäischen Union. Das Argument, fehlende demokratische Legitimation ließe sich durch die Fähigkeit des Regierungshandelns zu effektiven Problemlösungen ersetzen, kann durch den einfachen Einwand entkräftet werden, dass weder die Problemdefinition selbst noch die Beurteilung einer vermeintlichen Lösung ohne Bezug auf die Präferenzen der Betroffenen möglich ist. Wer dabei die Entscheidung unter rechtlich und politisch Gleichen, wie sie auch in einer repräsentativen Demokratie durch den Wahlakt in letzter Instanz noch gegeben ist, durch sachliche Kriterien ersetzen will, beschädigt den von der Antike bis in die Gegenwart erhalten gebliebenen Kern des demokratischen Legitimitätsgedankens zugunsten eines technokratischen Herrschaftsprojektes.[5]

Die Argumentation von Buchstein und Jörke knüpft zwar an diese Kritik an, erweitert sie jedoch über den Gegensatz von input- versus output-orientierten Theorien hinaus, indem sie neueren Demokratietheorien vorwirft, die Beteiligungsforderung selbst unter den Primat der Rationalitätssteigerung zu stellen.

> „Die partizipative Komponente wird dabei zu einer abhängigen Variable und muss gegebenenfalls zurückstehen. Die logische Konsequenz dieser Sichtweise besteht in der völligen Unterordnung der demokratischen Beteiligung unter die Rationalitätszumutungen moderner Politik" (Buchstein/Jörke 2003: 476).

Wer so argumentiert, sollte sich allerdings um einen eigenen Begriff demokratischen politischen Handelns bemühen und dessen Selbstwertcharakter begründen können. Tatsächlich schlagen Buchstein und Jörke auch eine Umpositionierung der Demokratietheorie vor, durch die Demokratie nicht länger als institutioneller Ordnungsbegriff, sondern als Handlungsbegriff gesehen werden sollte. Als Anknüpfungspunkte hierfür nennen sie u.a. neorepublikanische, von Hannah Arendt beeinflusste Ansätze, postmoderne, den Entscheidungscharakter der Politik ins Zentrum rückende Theorien und kommunitaristische, durch den amerikanischen Pragmatismus geprägte Demokratiekonzeptionen (Buchstein/Jörke 2003: 490f.). Allerdings schränken die beiden Autoren ihren Anspruch im nächsten Schritt sofort wieder ein, indem sie lediglich „eine kritische Ergänzung zur üblich gewordenen Rationalisierung des Demokratiebegriffes" fordern (Buchstein/Jörke 2003: 491).

Wer den Mund spitzt, sollte aber auch pfeifen. Trifft die kritische Diagnose von Buchstein und Jörke zu, so sind wir Zeugen eines von der Demokratietheorie apologetisch begleiteten Prozesses, der, wenn wir es in den klassischen aristotelischen Kategorien fassen, *praxis* durch *poiesis* (Herstellen) und *phronesis* oder praktische Klugheit durch *techne* verdrängt. Gerade in Hinblick auf die deliberativen Demokratietheorien, die sich auf die Theorie kommunikativen Handelns von Habermas stützen, ist dieses Ergebnis höchst bemerkenswert. Nach fast vierzig Jahren wäre die deliberative Demokratietheorie, die im Zentrum des späteren Werkes von Habermas steht, also dort angekommen, wo er 1968 noch den ideologischen Kern des verdinglichten Bewusstseins sieht, nämlich bei der „Eliminierung des Unterschie-

5 Vgl. dazu ausführlicher etwa Greven 2000, Abromeit 2002 und neuerdings Höreth 2009.

des von Praxis und Technik" (Habermas 1968a: 91). Die Leistung der technokratischen Ideologie, das Selbstverständnis der Gesellschaft vom „Bezugssystem des kommunikativen Handelns" und vom „demokratischen Willensbildungsprozess über praktische Fragen" abzuziehen und durch wissenschaftliche Modelle zu ersetzen (Habermas 1968a: 81), müssten sich die Deliberationstheorien dann selbst zuschreiben.

Angesichts dessen kann es nicht darum gehen, die in der normativen Demokratietheorie dominierenden deliberativen Ansätze durch Handlungsaspekte zu ergänzen. Es gilt vielmehr grundsätzlicher, eine Vorstellung demokratischen politischen Handelns zurückzugewinnen. Nur auf einer solchen Grundlage wird zu diskutieren sein, ob wir Politik noch als einen Handlungsbereich verstehen können, in dem Menschen ihr Geschick gemeinsam bestimmen, oder ob „die Automatik der gesellschaftlichen Prozesse eine solche Dynamik angenommen hat, dass menschliches Eingreifen in sie nur noch marginale Ausmaße vorweisen kann".[6] Bereits 1992, noch zu den Hochzeiten des Demokratisierungsoptimismus, äußerte John Pocock die Befürchtung, die auf die Revolutionen in Ostmitteleuropa folgende Freisetzung der internationalen Ökonomie aus allen staatlichen Restriktionen könnten nicht nur zum Ende der Demokratie, sondern zum Ende jedes kollektiven politischen Handelns führen, das sich nicht mit der Rolle des Knechtes gegenüber dem Markt als Herrn begnüge (Pocock 1993: 93). Was Pocock als Befürchtung äußert, bildet die Kernaussage von sozialwissenschaftlichen Theorien, nach denen die Vorstellung, systemische Mechanismen wie eine Marktökonomie könnten wertrational beurteilt und durch Handeln verändert werden, das Relikt eines naiven, personalisierenden Denkens ist.[7] Wenn wir mit Hayek den Lauf der Welt den verselbständigten Folgen spontaner Prozesse oder mit Luhmann der Steuerung durch die binären Codes der Teilsysteme überlassen wollen (Luhmann 1987), braucht uns das Zurückdrängen des Handlungsaspekts in der neueren Demokratietheorie nicht zu kümmern, bzw. wir könnten es als eine längst überfällige Anerkennung gesellschaftlicher Realitäten begrüßen.

Mit den großen Revolutionen der Neuzeit im 18. und 19. Jahrhundert, aus denen die moderne repräsentative Demokratie hervorging, verband sich jedoch nicht nur das Versprechen auf Rechtsstaatlichkeit und individuelle Freiheiten, sondern auch der Anspruch, aus der Bindung von Tradition und religiösen Weltbildern herauszutreten und eine durch öffentliche Diskussion und das Handeln unter Gleichen geprägte Form der Selbstregierung zu schaffen. Insofern steht mit der Möglichkeit demokratischen politischen Handelns das Projekt der Moderne selbst zur Dispo-

6 So die von Ernst Vollrath in kritischer Absicht zusammengefasste Position der modernen Sozialwissenschaft (Vollrath 1987: 24).

7 So etwa Hayek zu der Vorstellung, eine Marktwirtschaft wäre nach Gerechtigkeitsprinzipien zu beurteilen oder gar zu gestalten (Hayek 1981: 93).

sition. Von der Kapitalismuskritik Karl Marx´ über die Kulturkritik Max Webers bis zur Technokratiekritik der Frankfurter Schule und die Renaissance des republikanischen Denkens ging es immer wieder darum, dieses Versprechen der Selbstbestimmung durch Handeln gegen die verselbständigten Mechanismen der gesellschaftlichen Entwicklung einzuklagen.

Die folgenden Aufsätze werden sich mit Theorien auseinandersetzen, die, bei allen Unterschieden und Gegensätzen, die Absicht teilen, das Politische als einen Bereich der Freiheit und Optionalität gegen die Heteronomie von Gesellschaft und Ökonomie in Stellung zu bringen. In der Diskussion dieser Theorien hoffe ich, mich von verschiedenen Seiten aus einem Begriff des politischen Handelns zu nähern, der dessen intrinsischen Wert begründen und damit seiner Instrumentalisierung durch vorpolitische Zwecke entgehen kann, ohne dabei die von Wertepluralismus und Interessenpolitik geprägte Realität zeitgenössischer Demokratien zu verfehlen.

Wer sich im Bereich der politischen Theorie einigermaßen auskennt, weiß, dass diese Themenstellung direkt zum Denken Hannah Arendts führt. Tatsächlich wird Arendts enthusiastischer Begriff des politischen Handelns das gesamte Buch hindurch eine tragende Rolle spielen. Als Auftakt und Grundlage der weiteren Diskussion wird das *II. Kapitel* die erstaunliche Ähnlichkeiten aufweisenden, kulturkritisch beeinflussten Gesellschaftskritiken von Max Weber und Hannah Arendt vergleichen.[8] Während Weber den rationalisierten, versachlichten Verhältnissen moderner Gesellschaften die willkürliche wertrationale Entscheidung des Individuums entgegensetzt und Demokratie als eine Herrschaftsform schätzt, die starken Führerpersönlichkeiten die Durchsetzung dieser Entscheidungen ermöglicht, bricht Arendt mit dem herrschaftskategorialen Denken des Politischen und stellt das politische Sprechen und Handeln unter Gleichen gegen das quasi automatische Funktionieren moderner Arbeitsgesellschaften. Mit den beiden gegensätzlichen Begriffen politischen Handelns bei Weber und Arendt glaube ich einen Bezugsrahmen zu haben, der es ermöglicht, die Stärken und Schwächen einflussreicher aktuellerer Beiträge zum Thema genauer bestimmen zu können. Statt also den zigsten Versuch einer systematischen Interpretation des Arendtschen Denkens zu unternehmen und der kaum mehr überschaubaren Sekundärliteratur zu ihrem Werk einen weiteren Titel hinzuzufügen, werde ich in den folgenden Kapiteln diskutieren, ob ein von Arendt inspirierter Begriff des politischen Handelns über die argumentativen Schwächen und politischen Defizite der verschiedenen demokratietheoretischen Beiträge hinausweisen kann.

Dazu gehe ich zunächst in *Kapitel III* auf die Versuche von Michael Greven und Kari Palonen ein, das Politische vom Begriff der Kontingenz aus neu zu bestimmen. Ich werde zeigen, dass beide Autoren ein freiheitsverwirklichendes Handeln nur

8 Dies ist das einzige Kapitel des Buches, das in der vorliegenden Fassung bereits veröffentlicht wurde (Thaa 2005).

als Folge der willkürlichen Entscheidung eines Subjekts denken können, das seine Absichten zweckrational gegen andere Subjekte durchzusetzen vermag. Auch in ihren politisch linken Varianten des Dezisionismus bleibt der Wille die Grundkategorie des Politischen, weshalb es ihnen nicht gelingt, Handeln unter der für das Politische konstitutiven Bedingung der Pluralität als einen Modus des Verkehrs unter Gleichen zu konzeptualisieren.

Dieses Defizit veranlasst mich dann im *IV. Kapitel* auf die aristotelischen Kategorien von Praxis und Poiesis zurückzukommen und nach ihrer Brauchbarkeit für eine moderne Demokratietheorie zu fragen. Auch wenn zugestanden werden muss, dass eine direkte Übertragung der aristotelischen Unterscheidungen aufgrund ihrer Bindung an ein ontologisch begründetes Weltbild auf moderne Gesellschaften nicht möglich ist, so argumentiere ich doch dafür, in einer Modifikation des Praxisbegriff am Selbstwertcharakter politischen Handelns festzuhalten. Aus einer Diskussion der Sekundärliteratur zu Hannah Arendt schlage ich vor, politisches Handeln als einen durch Prinzipien geleiteten Tätigkeitsmodus zu verstehen und dadurch neben seiner zweckrationalen Ausrichtung eine Dimension anzuerkennen, in der es einen intrinsischen Wert gewinnen kann.

Das *Kapitel V* setzt sich dann mit der deliberativen Demokratietheorie von Jürgen Habermas auseinander. Obwohl Habermas ursprünglich ebenfalls von der offensichtlich durch Aristoteles und Arendt inspirierten Unterscheidung zwischen Arbeit und Interaktion ausging, ersetzte er in seiner Demokratietheorie das Handeln unter Bedingungen der Pluralität durch einen am Ideal der kooperativen Wahrheitssuche orientierten Deliberationsprozess. Der Vorwurf an Habermas wird lauten, dass er mit seiner Kognitivierung und Informalisierung der politischen Willensbildung die Optionalität und den Handlungscharakter des Politischen verfehlt und, gegen seine ursprünglichen Intentionen, die technokratische Perspektive einer entpolitisierten Bearbeitung weltgesellschaftlicher Probleme begünstigt.

Im Anschluss an Habermas diskutiere ich dann in *Kapitel VI* die Gegenposition Chantal Mouffes, die zu den prominentesten und schärfsten Kritikern der konsensorientierten deliberativen Demokratietheorie gehört. Mouffe fordert nicht nur die Anerkennung einer unaufhebbaren antagonistischen Dimension des Politischen. Sie übernimmt darüber hinaus die Liberalismuskritik von Carl Schmitt und vertritt unter Rückgriff auf dessen Freund-Feind-Unterscheidung die These, dass durch Abgrenzungen gewonnene kollektive Identitäten auch für demokratische Politik unverzichtbar seien. Mouffes Politisierung des poststrukturalistischen Denkens auf dem Umweg über Carl Schmitt gelingt es jedoch nicht, schlüssig zu zeigen, wie der Antagonismus zwischen den sich wechselseitig ausschließenden Gruppen zu einem demokratiekompatiblen „Agonismus“ gezähmt werden könnte. Mein Argument wird lauten, dass ihr auf relationalen Abgrenzungen basierendes Politikverständnis gegenüber demokratischen Verfahren und Prinzipien äußerlich bleiben muss und sie deshalb ohne einen normativen Begriff des Handelns nicht in der Lage ist, zwischen dem Politischen auf der einen, Herrschaft und Gewalt auf der anderen Seite klar zu unterscheiden.

Kapitel VII wird dann explizit zu Hannah Arendt zurückkehren. Arendt gilt zu recht als prominente Kritikerin politischer Repräsentation, und eine häufig kritisierte Schwäche ihres Denkens liegt in der naiv wirkenden und letztlich elitären Befürwortung eines Rätesystems. Ich werde Arendts Repräsentationskritik als handlungsorientiert gegenüber der autonomieorientierten Kritik Rousseaus abgrenzen und, anknüpfend an einen positiven Repräsentationsbegriff in ihren eigenen Schriften, argumentieren, dass politische Repräsentation nicht in Widerspruch zu demokratischem Handeln stehen muss. Dazu werde ich auf Theorien in der neueren politikwissenschaftlichen Diskussion eingehen, die Repräsentation als Handlungsbeziehung verstehen und nicht in einen Gegensatz zur Beteiligung der Bürger stellen. Trotz der Schwächen dieser Theorien, die vor allem in einer unzureichenden gesellschaftlichen Kontextualisierung politischer Repräsentation liegen, sehe ich in diesen handlungsorientierten Interpretationen politischer Repräsentation einen Ansatz zur Erneuerung der Demokratie.

II Kulturkritik und Demokratie bei Max Weber und Hannah Arendt

„Alle *ökonomischen* Wetterzeichen weisen nach der Richtung zunehmender ‚Unfreiheit'."
(Weber 1988: 63).

1 Einleitung

Die letzten zwei Jahrzehnte sahen den Aufstieg Hannah Arendts zu einer nahezu unangreifbaren moralischen und politischen Autorität. Einen nicht geringen Anteil daran hatten Autoren der ehemaligen Neuen Linken, die Arendt bis weit in die 80er Jahre hinein noch als Vertreterin eines „normativ-ontologischen Ansatzes" unter Konservatismusverdacht gestellt hatten.[9] Im Zentrum dieser Neuentdeckung des Arendtschen Denkens steht ihr „enthusiastischer Begriff des Politischen" (Vollrath 1990: 18), der zum einen Anschlussmöglichkeiten für eine Konzeptualisierung der Neuen Sozialen Bewegungen bot, darüber hinaus aber auch grundsätzlicher verspricht, den gesellschaftskritischen Kern des Praxisbegriffes aus den Trümmern des Marxismus zu retten.

Bemerkenswert scheint mir dabei, dass die kultur- und modernitätskritischen Parallelen zwischen dem Denken Hannah Arendts auf der einen und dem von Max Webers Rationalisierungstheorie geprägten Denken der Frankfurter Schule auf der anderen Seite in der neueren Arendt-Diskussion kaum eine Rolle spielen. Schließlich war ja nicht nur die immense intellektuelle Wirkung der Frankfurter Schule während der sechziger und siebziger Jahre auf engste mit der Kritik instrumenteller Vernunft (Horkheimer) bzw. technologischer Rationalität (Marcuse) verbunden. Auch die politisch einflussreichen Bewegungen der siebziger und achtziger Jahre zeichneten sich durch Fortschrittsskepsis und Modernitätskritik aus. Wo die neuere Diskussion explizit auf Arendts Kritik der Moderne eingeht, gilt ihr dies als höchst bedenklicher, auf den Einfluss Heideggers zurückgehender Aspekt ihres Denkens, der dann in der Regel zugunsten einer diskurstheoretischen Lesart ihres Werkes relativiert wird.[10]

9 Mit entscheidend hierfür war die Ablehnung der Totalitarismustheorie durch die große Mehrheit der linken Intellektuellen in Deutschland. Zu weiteren Gründen der verspätet einsetzenden Arendt-Rezeption siehe Greven 1993.

10 Beispielhaft hierfür ist das Arendt-Buch von Seyla Benhabib. Obwohl Benhabib die Bedeutung von Heideggers „In-der Welt-Sein" für Arendts pluralistische Theorie des Politischen ausführlich würdigt, ignoriert sie den Zusammenhang zwischen dieser Grundlegung von

Der dominierende Einfluss des Habermasschen Verdikts gegen die „hemmungslose Vernunftskepsis“ (Habermas 1983: 429)[11] der ersten Generation der Frankfurter mag dazu beigetragen haben, das Motiv der Modernitäts- und Kulturkritik in den Hintergrund zu drängen, bzw. in ihm vor allem eine hochproblematische, auf den antiwestlichen deutschen Sonderweg verweisende Gemeinsamkeit zwischen den unterschiedlichsten Denkern des deutschen Sprachraums zu sehen. So nachvollziehbar das jüngste Interesse an Arendts Politikbegriff ist, so wenig kann jedoch ein Zweifel daran bestehen, dass die Kritik der Moderne nicht am Rand, sondern im Zentrum ihres Denkens steht. Mehr noch, der so ungemein populär gewordene Politikbegriff Arendts und ihre aus der amerikanischen Geschichte gewonnene Konzeption einer republikanischen Demokratie lassen sich überhaupt nur verstehen als Antwort auf die von ihr erfahrene Totalisierung von Herrschaft unter Bedingungen der Moderne. Während die konservative Kulturkritik in den ersten Jahrzehnten des 20. Jahrhunderts mit ihrer Gegenüberstellung von wahrer, an höheren Werten orientierter (und selbstverständlich deutscher) Kultur auf der einen und verflachter, utilitaristischer und amoralischer westlicher Zivilisation auf der anderen Seite antipolitisch orientiert war und in der Demokratie ein Symptom der Dekadenz und der naturwidrigen Nivellierung sah,[12] entfaltet Arendt ihren enthusiastischen Politikbegriff als Gegenkraft zu den freiheitsbedrohenden Tendenzen der Moderne.

Darin liegt eine interessante Parallele zum politischen Denken Max Webers. Auch Webers Auseinandersetzung mit der Moderne ist kulturkritisch geprägt, wie die Bücher von Wilhelm Hennis (1987) und Lawrence Scaff (1989), lange zuvor aber auch schon Wolfgang Mommsen (1959) und Jürgen Habermas (1981) zeigen konnten. Und auch Weber sieht in der Demokratie kein Symptom der Dekadenz oder Krise, sondern einen Ausweg aus dem durch Versachlichung und Bürokratisierung drohenden Sinn- und Freiheitsverlust. Schließlich orientieren sich Weber wie Arendt an der westlichen, insbesondere der amerikanischen politischen Erfahrung. Wenn es um die jeweiligen Politik- und Demokratiekonzeptionen selbst geht, sind die Parallelen allerdings erschöpft. Arendt und Weber vertreten hier unterschiedliche, ja geradezu für die entgegengesetzten Pole der zeitgenössischen Demokratietheorie stehende Vorstellungen. Meine These lautet nun, dass Webers

Arendts Politikbegriff und der existentialphilosophischen Kritik am neuzeitlichen Subjektivitäts- und Rationalitätsbegriff, um dann über den vermeintlichen „anthropologischen Universalismus“ Arendts diese doch recht umstandslos in eine von Kant bis zu neueren Diskurstheorien reichende Traditionslinie zu stellen. Noch bemerkenswerter scheint mir, dass das Buch an keiner Stelle auf die offensichtlichen Parallelen zwischen Arendts Kritik der Moderne und derjenigen der ersten Generation der Frankfurter Schule eingeht (Benhabib 1996).

11 Eine wirklich erstaunliche Kombination: hemmungslos skeptisch!

12 Siehe dazu etwa Stern 1963. Speziell zum Einfluss der religiös orientierten russischen Kritik der Moderne auf das kulturkritische Denken in Deutschland auch Bluhm 1999.

Plädoyer für die plebiszitäre Führerdemokratie auf der einen und Arendts Eintreten für eine republikanische, partizipatorische Demokratie auf der anderen Seite sich nur durch die verschiedenen theoretischen Grundlagen ihrer jeweiligen Kulturkritik erschließen lassen. Dabei möchte ich zeigen, wie Webers sozialwissenschaftliche Theorie der Rationalisierung mit großer Konsequenz in die herrschaftliche Perspektive einer plebiszitären Führerdemokratie mündet, während Arendts existentialphilosophische und sozialwissenschaftlich gewiss nicht unproblematische Unterscheidung von Grundtätigkeiten es ermöglicht, an die in den Revolutionen der Neuzeit gemachte Erfahrung des Handelns Gleicher unter Bedingungen der Kontingenz anzuschließen. Im Ergebnis dieses Vergleiches wird m.E. auch klarer, weshalb der an Webers Rationalisierungstheorie anknüpfende westliche Marxismus und insbesondere die Aufklärungs- und Vernunftkritik der Frankfurter Schule im Gegensatz zu Hannah Arendt nicht in der Lage waren, eine positive Konzeption demokratischer Politik hervorzubringen.

Ich werde dazu zunächst auf Webers Doppelthese vom Sinn- und Freiheitsverlust eingehen, um dann darzustellen, wie sehr sein politisches Denken, insbesondere sein Dezisionismus und sein herrschaftszentrierter Politikbegriff daraus hervorgehen. Danach werde ich Arendts Kritik der Moderne unter denselben beiden Leitbegriffen des Sinn- und Freiheitsverlustes zusammenfassen, um von daher zu erläutern, weshalb sie zu einem gänzlich anderen Politik- und Demokratiebegriff kommen konnte als Max Weber. Abschließend werde ich dann Webers Dezisionismus und Arendts Konzeption des Urteilens als Alternativen der Kontingenzbewältigung in modernen Gesellschaften darstellen.

2 Sinn- und Freiheitsverlust bei Max Weber

2.1 Sinnverlust als Transzendenzverlust

Nachdem Weber lange Zeit vor allem als Begründer einer empirisch orientierten „wertfreien“ und strukturalistisch-funktionalen Sozialwissenschaft wahrgenommen worden war, rückte während der achtziger Jahre Webers kulturtheoretisches Interesse, seine Frage nach der „Entwicklung des Menschentums“ unter Bedingungen gesellschaftlicher Rationalisierung stärker in den Vordergrund. Hier sind insbesondere die bereits erwähnten Bücher von Wilhelm Hennis und Lawrence Scaff zu nennen. In der von Georg Lukács geprägten marxistischen Rezeption wurde Weber allerdings immer schon als ein Theoretiker gelesen, der den Herrschaftscharakter gesellschaftlicher Rationalisierung offen legt und, analog zur Marxschen Verdinglichungstheorie, ihre Verselbständigung gegenüber den handelnden Menschen beklagt.[13] Jürgen Habermas hat in seinem Hauptwerk 1981 die Kritik Webers am Rationalisierungsprozess westlicher Gesellschaften unter der Formel vom Sinn- und Freiheitsverlust zusammengefasst.[14]

Am offensichtlichsten zeigt sich dieser kulturkritische Weber in den religionssoziologischen Aufsätzen. Aber auch in den politischen Schriften und den Aufsätzen zur Wissenschaftslehre nehmen die Fragen nach Menschentyp und Lebensweise einen prominenten Stellenwert ein.

Fragen wir zunächst einmal, was genau Max Weber mit der zeitkritischen Diagnose des Sinnverlustes meinte. Legen wir seine allgemeine Definition von „Sinn" als subjektive Handlungsabsicht zugrunde (Weber 1947: 1), ist nicht recht einzusehen, weshalb moderne Gesellschaften Sinnverlust hervorbringen sollten. Schließlich zeichnen sie sich nach gängiger Auffassung ja gerade durch die Erweiterung subjektiver Handlungsmöglichkeiten aus.

Eine erste Antwort ergibt sich aus dem Kontext, in dem die These des Sinnverlustes mehrfach auftaucht, nämlich aus Webers religionssoziologischen Schriften. Sinnverlust entsteht hier aus der Spannung zwischen religiöser Weltdeutung und empirischer Welt, genauer: er ist das paradoxe Resultat des religiösen Bemühens, Leben und Welt einen einheitlichen Sinn zuzuschreiben und die Lebensführung danach auszurichten.

Religionen erheben nach Weber den Anspruch, „daß der Weltverlauf, wenigstens soweit er die Interessen der Menschen berührt, ein irgendwie sinnvoller Vorgang sei" (Weber 1920: 567).

Diesem Anspruch steht jedoch die empirische Welt mit ihrer ethisch unmotivierten Ungleichverteilung von Glück und Leid entgegen. Religionen versuchen, auf diese als Theodizee-Problem bekannte Schwierigkeit rationale Antworten zu geben – das ist der Grund, weshalb sie für Weber eine entscheidende Rolle im universalhistorischen Prozess der Rationalisierung spielen. Allerdings gelingt es ihnen nicht, die religiös begründete Ethik mit der Realität der Welt zu versöhnen, und zwar insbesondere nicht mit den Zwängen der wirtschaftlichen Welt. Nach Weber führt das Bemühen, den Konflikt zwischen dem rationalen Anspruch der Religion und der unvollkommenen, ungerechten und vergänglichen Wirklichkeit zu lösen, vielmehr zu einer immer weiteren Entwertung der Welt einerseits sowie einem immer unweltlicheren, dem Leben fremden Inhalt des Religiösen andererseits (Weber 1920: 567-571). Einen letzten, großangelegten Versuch, hier einen Ausweg zu weisen, sieht Weber in der protestantischen Ethik, genauer in der puritanischen Berufsethik. Sie löst die Spannung zwischen den religiösen Brüder-

13 Zur marxistischen, durch Lukács geprägten Weberrezeption siehe etwa Habermas 1981 I und II sowie Greven 1987.

14 In dieser zusammengezogenen Formulierung findet sich die These meines Wissens nicht bei Weber. Habermas bringt damit jedoch die Hauptintentionen der Weberschen Rationalisierungskritik zutreffend auf den Punkt (Habermas 1981: I, 333).

lichkeitsgeboten und den Erfordernissen rationalen Wirtschaftens auf, indem sie letztere zur Wirkstätte des göttlichen Willens umdeutet. Diese Umdeutung wird möglich, indem die puritanische Berufsethik

> „...auf den Universalismus der Liebe verzichtete, alles Wirken in der Welt als Dienst in Gottes, in seinem letzten Sinn ganz unverständlichen, aber nun einmal allein erkennbaren positiven Willen und Erprobung des Gnadenstandes rational versachlichte und damit auch die Versachlichung des mit der ganzen Welt als kreatürlich und verderbt entwerteten ökonomischen Kosmos als gottgewollt und Material der Pflichterfüllung hinnahm. Das war im letzten Grunde der prinzipielle Verzicht auf Erlösung als ein durch Menschen und für Menschen erreichbares Ziel zugunsten der grundlosen, aber stets nur partikulären Gnade" (Weber 1920: 545f.).

Dieser „Standpunkt der Unbrüderlichkeit" stellt für Weber zwar keine eigentliche Erlösungsreligion mehr dar (Weber 1920: 546). Dennoch vermochte es die puritanische Berufsethik, der Askese der modernen, auf spezialisierte Facharbeit beschränkten Berufsarbeit einen höheren Sinn zu geben. Zwar sei die „faustische Allseitigkeit des Menschentums" (Weber 1981: 187) oder die Freude des mittelalterlichen Handwerkers an dem, was er schuf (Weber 1981: 274), nun endgültig dahin. Diesen Verlust des diesseitigen weltlichen Reizes der Arbeit könne die puritanische Berufsethik jedoch durch den Gewinn einer unmittelbaren jenseitigen Orientierung der Arbeitsaskese kompensieren:

> „Die berufliche Arbeit *als solche* ist gottgewollt. Die Unpersönlichkeit der heutigen Arbeit: ihre, vom Standpunkte des Einzelnen aus betrachtet, freudlose Sinnlosigkeit, ist hier noch religiös verklärt. Der Kapitalismus in der Zeit seiner Entstehung brauchte Arbeiter, die um des *Gewissens* willen der ökonomischen Ausnutzung zur Verfügung standen. Heute sitzt er im Sattel und vermag ihre Arbeitswilligkeit ohne jenseitige Prämissen zu erzwingen" (Weber 1981: 275; Hvhbg. v. Weber).

Die „freudlose Sinnlosigkeit", von der Weber hier spricht, ist keineswegs auf die unter kapitalistischen Ausbeutungsverhältnissen verausgabte Arbeit beschränkt. In einer bekannteren, immer wieder zitierten Stelle desselben Textes führt Weber allgemeiner aus, dass der religiöse Geist längst aus dem „stahlharten Gehäuse" der von ihm mit hervorgebrachten Wirtschaftsordnung entwichen sei (Weber 1981: 188). Der einmal auf eigener Grundlage etablierte, oder wie Weber schreibt, der „siegreiche Kapitalismus" bedarf der religiösen Stütze eines jenseitigen Zweckes jedoch nicht mehr, er kann schließlich sogar auf die „rosige Stimmung der Aufklärung" der „lachenden Erbin" des religiösen Geistes verzichten (Weber 1981: 188). In den kapitalistischen Gesellschaften des Westens gewinnt damit die Durchsetzung formaler, d.h. von der Bindung an bestimmte Zwecke gelösten Rationalität eine eigene, von ihren religiösen Ursprüngen unabhängige Dynamik. In Formulierungen, die nicht zufällig an Marx erinnern, spricht Weber von der „zunehmenden und unentrinnbaren Macht" der „äußeren Güter dieser Welt" über den Menschen (Weber 1981: 188).

Der moderne Kapitalismus kann demnach zwar wirtschaftlich rationales Verhalten erzwingen, aber er ist immer weniger in der Lage, ihm einen höheren Sinn zu geben.

> „Auf dem Gebiet seiner höchsten Entfesselung, in den Vereinigten Staaten, neigt das seines religiös-ethischen Sinnes entkleidete Erwerbsstreben dazu, sich mit rein agonalen Leidenschaften zu assoziieren, die ihm nicht selten den Charakter des Sports aufprägen" (Weber 1981: 188f.).

Im Anschluss an dieses Zitat findet sich Webers berühmte Warnung vor den „Fachmenschen ohne Geist, Genussmenschen ohne Herz" als Kulminationspunkt der Kulturentwicklung des Westens (Weber 1981: 189).

Sinnverlust entsteht durch die Verselbständigung der Ökonomie gegenüber religiösen Weltbildern und den Handlungsorientierungen, die der einzelne Mensch aus ihnen gewinnen konnte. Er steht am Ende des universalgeschichtlichen Prozesses der „Entzauberung der Welt" und ihrer Verwandlung in einen kausalen Mechanismus, der nicht mehr als „gottgeordneter, also irgendwie ethisch sinnvoll geordneter Kosmos" wahrzunehmen ist (Weber 1920: 564). Zurück bleibt ein äußerlich gewordener Zwang, „Versteinerung", „Mechanisierung" und „tote Maschinerie", wie die immer wieder benutzten Metaphern Webers für die unpersönliche Herrschaft der rationalisierten gesellschaftlichen Verhältnisse über die Individuen lauten.

Hervorzuheben ist, dass Weber hier nicht etwa zweckrationales Handeln kritisiert, sondern im Gegenteil die Emanzipation des ökonomischen Handelns aus der Unterordnung unter letzte, religiös begründete Zwecke. Die Kategorie der Zweckrationalität ist bei Weber auch im Zusammenhang seiner Kulturkritik nicht negativ besetzt.[15] Sinn und Zweck sind für Weber identisch. Was ihn beunruhigt, ist die Durchsetzung formaler Rationalität in den Apparaten der Produktion und der Bürokratie. Formale Rationalisierung meint einen Prozess der Durchstrukturierung, Logifizierung und Systematisierung von Ordnungen und Handlungen (Breuer 1994: 39ff.), kurz des Beherrschbar- und Berechenbarmachens ohne Bindung an bestimmte Zwecke. Man könnte auch sagen: formal rationalisierte Organisationen befreien sich von letzten Zwecken, verkörpern höchste Zweckmäßigkeit ohne Zweck.

2.2 Sinnverlust als Verlust der Einheitlichkeit der Welt

Sinnverlust und „Entzauberung der Welt" meinen bei Weber jedoch nicht nur den Verlust religiöser Transzendenz, sondern mit ihr zugleich auch den Verlust der

15 So formuliert er in seinem berühmten „Objektivitätsaufsatz": „Jede denkende Bestimmung auf die letzten Elemente sinnvollen menschlichen Handelns ist zunächst gebunden an die Kategorien ‚Zweck' und ‚Mittel'" (Weber 1988: 149).

Einheitlichkeit der Welt und damit der Möglichkeit, die Lebensführung ethisch-methodisch an einer religiös begründeten Zweckhierarchie auszurichten. Denn Rationalisierung bedeutet „Herauspräparierung der spezifischen Eigenart jeder in der Welt vorkommenden Sondersphäre“ (Weber 1920: 571). Es entstehen verschiedene Wertsphären, etwa der Ökonomie, der Kunst, der Ethik. Mit Hinweis auf Baudelaires „Fleurs du mal“ unterstreicht Weber, dass etwas schön sein kann, nicht nur ohne gut zu sein, sondern vielleicht sogar gerade in dem, worin es nicht gut ist (Weber 1988: 604). Für Weber handelt es sich hier jedoch nicht nur um die Verselbständigung von Wertsphären, die untereinander wiederum in ein Ergänzungs- oder Kompromissverhältnis zu setzen wären. Explizit betont er, es gehe hier nicht nur um Alternativen, sondern um „unüberbrückbar tödlichen Kampf“ (Weber 1988: 507). In diesem agonalen Verhältnis gründet für Weber die Unmöglichkeit, praktische Stellungnahmen wissenschaftlich zu vertreten und damit zugleich die Unmöglichkeit, über letzte Zwecke in irgendeiner Weise rational zu entscheiden. Nachdrücklich wendet er sich gegen die Vorstellung, das Abwägen von Gründen und ethischen Prinzipien könne derartige Entscheidungen rationalisieren (etwa Weber 1981: 507-510, 602-605).[16]

Ohne Möglichkeit, sich auf eine einheitliche Weltanschauung zu beziehen und aus ihr eine ethisch-methodische Lebensführung abzuleiten, bleibt dem auf sich zurückgeworfenen Individuum nur, dieses „Schicksal der Zeit“ „männlich zu ertragen“ und sich zwischen den letzten Standpunkten zum Leben zu entscheiden (Weber 1988: 608, 612). *Individueller Heroismus* und *ethischer Dezisionismus* treten bei Weber an die Stelle eines religiös verbürgten einheitlichen Sinnes.

Wie Wilhelm Hennis überzeugend darstellen konnte, gilt Webers zentrales Interesse der „Entwicklung des Menschentums“ (Hennis 1987: 20). Ihn beunruhigt die Verdrängung des „Kulturmenschen“ durch den „Ordnungs“- oder „Berufsmenschen“ bzw. den zweifach, als „Fachmenschen ohne Geist“ und als „Genußmenschen ohne Herz“ bestimmten Typus der Zukunft (Weber 1981: 189). Weber entwickelt sein Gegenmodell, das Individuum als verantwortungsbewusste Persönlichkeit, aus der oben beschriebenen Entscheidungssituation. Unter den Bedingungen einer mechanisierten und in Wertsphären zerfallenden Gesellschaft wählt die Persönlichkeit den Sinn ihres Tuns und Seins selbst (Weber 1988: 180, 508). Allerdings qualifiziert Weber diesen voluntaristischen Akt in Abgrenzung zur subjektivistischen Kultur der Moderne, indem er von ihr Konsequenz bzw. Hingabe an die einmal gewählte Sache sowie intellektuelle Rechenschaftspflicht, also Reflexivität fordert (etwa Weber 1988: 494, 608). Dies bildet den Hintergrund für Webers Verantwortungsethik, die sich im klaren Bewusstsein der praktischen Folgen und der Rationalität der Mittel im Verhältnis zum gewählten Zweck zu erwei-

16 Ausführlicher zu der damit verbundenen Ablehnung der praktisch-philosophischen Tradition durch Weber siehe Mandt 1974: 267f.

sen hat (Weber 1988a: 551f.). In der subjektivistischen Kultur der Moderne mit ihrer Suche nach authentischer Erfahrung und dem „Jagen nach Erlebnis" (Weber 1988: 605) kann Weber dagegen nur eine „Schwäche", gewissermaßen die Kehrseite der gesellschaftlichen Mechanisierung erkennen. Für den Gewinn persönlicher Freiheit muss, ähnlich wie im Puritanismus, der Preis der Askese und Selbstbeherrschung entrichtet werden. Handeln ist für Weber umso freier, je mehr es den Charakter eines naturhaften Geschehens ablegt und in der Konstanz eines persönlich gewählten Verhältnisses zu letzten Werten und Bedeutungen steht (Weber 1988: 132).

2.3 Freiheitsverlust

Damit ist nun allerdings die Frage nach dem zweiten Element in Webers Kulturkritik, dem *Freiheitsverlust*, aufgeworfen. In den bereits zitierten Metaphern vom „stahlharten Gehäuse" oder den „vielen alten Göttern", die nach Gewalt über unser Leben streben, spricht Weber Freiheitsverlust als Folge der Verselbständigung gesellschaftlicher Organisationen und ihrer Funktionsweise an. Und zwar verselbständigen sich insbesondere kapitalistische Ökonomie und staatliche Bürokratie gegenüber den Individuen und deren moralisch-praktischen Handlungsmotiven. Es ist also zunächst einmal zu unterstreichen, dass Weber nicht nur in der Bürokratisierung, sondern auch im Siegeszug der kapitalistischen Ökonomie eine Tendenz zur Zerstörung individueller Freiheit sieht. Dem „heutigen Hochkapitalismus" eine „Wahlverwandtschaft mit ‚Demokratie' oder gar mit ‚Freiheit' (in *irgend* einem Wortsinn) zuzuschreiben", bezeichnet er als „höchst lächerlich" (Weber 1981: 64). Im Gegensatz zu den Fortschrittshoffnungen seiner Zeit (und in einem nicht minderen zu heutigen neoliberalen Vorstellungen) erwartet er als Ergebnis ökonomischer Vergesellschaftung keinen Freiheitsgewinn, sondern eine Einschränkung der Persönlichkeits- und Freiheitssphäre des Individuums. Die modernen Vorstellungen von Freiheit, Individualismus und demokratischen Institutionen sind für ihn das Ergebnis einzigartiger, sich nicht wiederholender historischer Konstellationen in der westlichen Welt,[17] keineswegs das Ergebnis gesellschaftlicher Rationalisierung. Sie müssen deshalb auch „wider den Strom" der materiellen Entwicklungstendenzen erobert bzw. gesichert werden (Weber 1988a: 65).

Freiheitsverlust bildet für Weber schon deshalb die unausweichliche Kehrseite gesellschaftlicher Rationalisierung, weil sowohl rationales Wirtschaften wie auch

17 Neben religiös bestimmten Wertvorstellungen zählt Weber hierzu vor allem die überseeische Expansion der frühen Neuzeit, den anarchischen Charakter des Frühkapitalismus und die Vorstellung von einer wissenschaftlich gebildeten universellen Persönlichkeit (Weber 1988a: 64f.).

rationale Verwaltung erst durch Herrschaftsverhältnisse möglich werden. Die sozialstrukturelle Voraussetzung von Webers formaler Rationalität bildet „die Trennung des Arbeiters von den sachlichen Produktionsmitteln in der Wirtschaft, von den Kriegsmitteln im Heer, den sachlichen Verwaltungsmitteln in der öffentlichen Verwaltung“ (Weber 1988a: 322). Gesellschaftliche Rationalisierung kann demnach nur in dem Maße voranschreiten, wie die Arbeitenden, oder allgemeiner die rational Tätigen, die Möglichkeit verlieren, ihr Handeln nach eigenen Zielvorstellungen auszurichten und gezwungen werden können, als Teil einer kalkulierbaren Maschinerie zu funktionieren.

Insbesondere die Bürokratie charakterisiert Weber immer wieder als Maschine oder als Mechanismus. Die formal rationale Bürokratie basiert auf straffer arbeitsteiliger Organisation, hierarchisch abgestuften Gehorsamsverhältnissen, fachlicher Schulung und vor allem auf einer sachlichen Erledigung ihrer Aufgaben nach berechenbaren Regeln (Weber 1988a: 332, Weber 1947: 661). Diese regelgebundene „kühle Sachlichkeit“ funktioniert ohne „Ansehen der Person“ und kann mit materialen Gerechtigkeitsvorstellungen kollidieren (Weber 1947: 664), ganz ähnlich wie die kapitalistische Geld- und Gewinnrechnung sich von gesellschaftlichen Bedürfnissen und Produktionszielen lösen kann. Auf die Funktionszwänge einer solchen Bürokratie bezieht Weber sein berühmtes „Gehäuse der Hörigkeit“, in welches

> „vielleicht dereinst die Menschen sich, wie die Fellachen im altägyptischen Staat, ohnmächtig zu fügen gezwungen sein werden, wenn ihnen eine rein technisch gute und das heißt: eine rationale Beamtenverwaltung der letzte und einzige Wert ist, der über die Leitung ihrer Angelegenheiten entscheiden soll“ (Weber 1988a: 332).

Es handelt sich bei diesem Zitat allerdings weder um eine Zustandsbeschreibung noch um eine Prophetie. Weber sagt „wenn ...“, es gibt also Alternativen und Möglichkeiten, das „Gehäuse der Hörigkeit“ zu vermeiden.

2.4 Webers Lösung: Dezision und Herrschaft

Es ist diese Rückführung formaler Rationalität auf ein gesellschaftliches Herrschaftsverhältnis, das Georg Lukács die Möglichkeit bot, Webers Rationalisierungstheorie marxistisch umzuformulieren. Wenn Rationalität ein Klassenverhältnis voraussetzt, dann muss sie sich auch – so die logische Schlussfolgerung – mit diesem Klassenverhältnis aufheben lassen. Für Lukács ist Webers Durchsetzung formaler Rationalität das Ergebnis der voranschreitenden Subsumtion der Gesellschaft unter die Wertabstraktion kapitalistischer Warenproduktion. Sie enthält damit den Widerspruch zwischen Gebrauchswert und Tauschwert, zwischen konkreter und abstrakter Arbeit oder politisch revolutionär gewendet, den Widerspruch der Arbeiter gegen den (ihnen aufgezwungenen) Warencharakter ihrer Arbeitskraft.

Am immanent widersprüchlichen Charakter gesellschaftlicher Rationalisierung hält übrigens auch Jürgen Habermas fest. Er erweitert dazu allerdings das Verständnis gesellschaftlicher Rationalisierung um den Begriff der kommunikativen Verständigung und gibt die Vorstellung von einer revolutionären Klasse auf, die als Verkörperung der materialen Vernunft bedürfnisorientierter Produktion gelten kann. In den Kategorien von Habermas lässt sich der funktionalen Vernunft in den ausdifferenzierten Subsystemen der Ökonomie und des Staates das durch die Rationalisierung von Lebenswelten freiwerdende Potential verständigungsorientierten Handelns entgegensetzen (etwa Habermas 1981: II, 485-488). An die Stelle des schicksalhaften Freiheits- und Sinnverlustes bei Max Weber tritt dann die Gefahr des kolonialisierenden Übergriffs der Steuerungsmedien Geld und Macht auf die Lebenswelt, eine Gefahr gesellschaftlicher Rationalisierung, zur der Habermas nun jedoch in der posttraditionalen Kommunikation moderner Gesellschaften eine ebenfalls rationale Gegenkraft identifiziert.

Wie wir wissen, konnte Weber in der Rationalisierung moderner Gesellschaften keine immanente Dialektik entdecken, weder in revolutionär-sozialistischer noch in evolutionär-demokratischer Form. Ausdrücklich verneint er die Möglichkeit, dass „irgendeine materielle oder gar die heutige hochkapitalistische Entwicklung die Bedingungen individueller Freiheit schaffen oder auch nur erhalten könne“ (Weber 1988: 65). Bekannt ist auch Webers Urteil über die sozialistischen Bewegungen seiner Zeit. Obwohl er im Sozialismus eine kulturkritische Bewegung sah, der es in erster Linie darum ging, die bürgerliche Welt mit neuen Werten zu konfrontieren, prophezeite er für den Fall ihres Erfolges eine Verstärkung der freiheitszerstörenden Tendenzen moderner Gesellschaften.[18] Die Ausschaltung des Privatkapitalismus führe lediglich zu einer Alleinherrschaft der staatlichen Bürokratie und mache somit das „stählerne Gehäuse der Hörigkeit“ nur noch undurchdringlicher (Weber 1988a: 331f.).

Weber sucht die Gegenkräfte zum diagnostizierten Sinn- und Freiheitsverlust außerhalb seines Rationalitätsbegriffes in den voluntaristischen wertsetzenden Entscheidungen des Individuums. Politisch bedeutsam wird diese bereits oben charakterisierte Perspektive dadurch, dass Weber insbesondere zwei Gruppen für persönlich qualifiziert und aufgrund ihrer gesellschaftlichen Stellung auch für fähig hält, als soziale Träger freiheitssichernder Dezision zu wirken: kapitalistische Unternehmer und politische Führer (Weber 1988a: 334). Beide verkörpern für Weber das, was der rationalen Verwaltung, sei es im Wirtschaftsbetrieb, sei es im Staat, fehle, nämlich den zur eigenverantwortlichen Entscheidung fähigen „leitenden

18 Zu Webers Auffassung vom Sozialismus als kulturkritischer Bewegung siehe Scaff 1989: 175-180.

Geist" (Weber 1988a: 334). Für uns ist dabei in erster Linie der politische Führer von Interesse. Das galt übrigens aber auch für Weber selbst, weil er anders als heutige Systemtheoretiker in der Politik noch das Zentrum der Gesellschaft sah.

Im folgenden möchte ich zeigen, dass dieses dezisionistische Heilmittel gegen die Entfremdungserscheinungen moderner Gesellschaften a) formal und b) pessimistisch-elitär ist sowie c), worauf es mir hier besonders ankommt, den versachlichten Verhältnisse moderner Gesellschaften eine Vorstellung von direkter, durch Befehls-Gehorsamsverhältnisse bestimmter Herrschaft entgegensetzt und zwar auch da, wo Weber für die Demokratisierung Deutschlands nach westlichem, insbesondere amerikanischem Vorbild eintritt.

a) Die Fähigkeit zu eigenverantwortlichem Handeln ist für Weber nicht nur persönliche Begabung, sondern mehr noch das Ergebnis von Sozialisationsprozessen. Unternehmer und Politiker stehen im Kampf um ihre eigene Sache und unterscheiden sich damit vom modernen Durchschnittsmenschen, der längst zu einem „Rädchen" in Wirtschaft und Verwaltung wurde „und innerlich zunehmend darauf abgestimmt [ist], sich als ein solches zu fühlen und sich nur zu fragen, ob er nicht von diesem kleinen Rädchen zu einem größeren werden kann" (Weber 1924: 413).

Dass gerade Unternehmer und Politiker Webers Ideal des Kulturmenschen retten sollten, mag erstaunen. Aber Weber kommt es hier nicht auf die Inhalte unternehmerischer oder politischer Tätigkeit an, sondern rein formal auf den Gesichtspunkt der eigenverantwortlichen Entscheidung, zu der weder Pflichtbewusstsein noch Fachwissen, sondern nur die Erfahrung des Machtkampfes in eigener Sache befähige.

> „Kampf um eigene Macht und die aus dieser Macht folgende Eigenverantwortung für seine Sache ist das Lebenselement des Politikers wie des Unternehmers" (Weber 1988a: 335).

Freiheit ist hier gedacht als Autonomie der Entscheidung, Autonomiefähigkeit als Ergebnis einer Schule des „Kampfes".

b) Webers Kulturkritik oszilliert zwischen der pessimistischen Beschreibung unaufhaltsamer, schicksalhafter Tendenzen der gesellschaftlichen Versachlichung und dem Pathos, mit dem er dazu aufruft, gegen die große Maschinerie moderner Gesellschaften „noch einen Rest des Menschentums freizuhalten von dieser Parzellierung der Seele, von dieser Alleinherrschaft des bürokratischen Ideals" (Weber 1924: 414). Darauf bezogen spricht Greven von „tragisch-heroischen Zügen" in der Haltung Webers, von einer „historischen Rückzugsposition", oder auch vom „Konzept einer historisch defensiven Elite" (Greven 1987: 118).

Obwohl Weber in Unternehmern und politischen Führern soziale Träger der Gegenkräfte zu den freiheitszerstörenden Tendenzen der Moderne bestimmt, seine Kulturkritik also nicht auf Appelle beschränkt bleibt, können diese Gegenkräfte in nennenswertem Maße nur dort entstehen, wo die Erfahrung des eigenständigen Kampfes um Macht möglich ist. Von vornherein sind sie deshalb auf Herrschaftseliten beschränkt. Da die gesellschaftliche Rationalisierung und ihr prägender Einfluss auf den Charakter der Massen unaufhaltsam voranschreitet, besteht keine realistische Aussicht darauf, die Bedingungen gesellschaftlicher Unfreiheit zu beseitigen. Es kann lediglich gehofft werden, durch die Haltung entscheidungsfähiger Eliten einen begrenzten Raum des freien, verantwortungsbewussten Handelns zu retten. Insofern bleibt Weber ganz dem elitär-pessimistischen Gestus konservativer Kulturkritik verhaftet, obwohl er ihr eine politische, demokratiebefürwortende Wendung gibt.

c) Die zitierte Formulierung Webers vom „leitenden Geist" deutet bereits darauf hin, dass er der Verselbständigung der „versteinerten Mechanik" oder der „gesellschaftlichen Maschinerie" durch eine Wiederbelebung direkter, das heißt nicht durch verselbständigte Handlungsfolgen vermittelter Herrschaftsverhältnisse[19] begegnen will. Zwar gilt ihm die weitere Versachlichung gesellschaftlicher Verhältnisse als unentrinnbar. Jedoch kann die Maschinerie insgesamt, sei es der einzelne Wirtschaftsbetrieb oder der bürokratisierte Staat, durch starke Führerpersönlichkeiten zur Verwirklichung bestimmter Zwecke genutzt werden. Dies ist allerdings nur in dem Maße möglich, wie es gelingt, die „Maschinerie" in ein zweckrationales hierarchisches Befehls- Gehorsamsverhältnis einzufügen. Bekanntermaßen bestimmt Weber Herrschaft als „Chance, für einen Befehl bestimmten Inhalts bei angebbaren Personen Gehorsam zu finden" (Weber 1947: 28). So definiert, eröffnen Herrschaftsverhältnisse demjenigen, der an der Spitze steht, die Perspektive einer freien Entscheidung über die Zwecke sowie ihrer Verwirklichung entlang von Befehls-Gehorsamsketten. Warum Webers Denken um das Problem der Herrschaft kreist, warum er, wie Hennis formuliert, geradezu „behext" war vom Problem der Führung und Herrschaft (Hennis 1987: 219), findet hier eine Erklärung in seiner Kulturkritik. Wie wir gesehen haben, führt Weber Sinn- und Freiheitsverlust in modernen Gesellschaften auf die zunehmenden Schwierigkeiten zurück, das eigene Leben konsequent auf die Verwirklichung selbstbestimmter Zwecke auszurichten. Die Möglichkeit von Sinngebung und Freiheit sind also an eine zweckrationale Handlungsstruktur gebunden. Webers Lösung unter den Bedingungen einer rationalisierten Gesellschaft liegt nun darin, eine solche zweckrationale Handlungsstruktur auf höherer, politischer Ebene wiederherzustellen.

Gewiss erinnert Webers Begriff der Herrschaft mit seiner Betonung auf Befehls-Gehorsamsverhältnissen an die vormoderne Beziehung zwischen Herr und Knecht. Er kann auch durchaus plausibel als Ausdruck der autoritären Traditionen des preußischen Obrigkeitsstaates interpretiert, oder spezifischer noch auf den Einfluss

19 Die Unterscheidung zwischen direkter und indirekter Herrschaft stammt aus der Debatte um den Charakter des sog. „realen Sozialismus" der siebziger Jahre. Insbesondere Renate Damus beschrieb in ihren Arbeiten mit dem Begriff der direkten Herrschaft den Versuch der kommunistischen Staats- und Parteiführungen, formale Rationalität unter Umgehung von Warenbeziehungen durch Befehls-Gehorsamsverhältnisse durchzusetzen (Damus 1978).

der deutschen Staatsrechtslehre zurückgeführt werden.[20] Dennoch ist Max Weber selbstverständlich kein Apologet vorbürgerlich-aristokratischer Gesellschaftsverhältnisse. Entscheidend scheint mir vielmehr, dass er der versachlichenden Rationalisierung moderner Gesellschaften ein Modell zweckrationalen Handelns gegenüberstellt, nach dem der Handelnde autonom, möglichst frei von Zwängen wie von Affekten einen Zweck wählt und dann, nach Maßgabe der Situation, die zur Erreichung seiner Zwecke geeigneten Mittel bestimmt (Weber 1988: 132f.).[21] Der autonome Akt der Dezision und das distanzierte zweckrationale Kalkül bilden übrigens, wie Weber selbst betont, einen entscheidenden Unterschied zu romantischen Vorstellungen persönlicher Freiheit (Weber 1988: 132), aber auch zur Position Nietzsches, der Zweckrationalität als Quelle des Nihilismus kritisiert.[22] Unschwer ist in diesem teleologischen Handlungsmodell die neuzeitliche Vorstellung von Willensfreiheit und Souveränität zu erkennen. Ebenso eindeutig ist aber auch seine Nähe zur Gewalt, wo immer es auf den Bereich des Politischen bezogen wird. Denn die Fähigkeit, eigene Ziele durchzusetzen ist umso größer, je effektiver ich die anderen, mit denen ich den politischen Raum teile, von der Zielbestimmung ausschließen und zur Verwirklichung meiner Zwecke instrumentalisieren kann. Dem teleologischen Handlungsmodell entspricht ein Verhältnis zwischen Befehlenden und Gehorchenden. Wie Arendt in ihrer expliziten Auseinandersetzung mit Webers Herrschaftsbegriff in „Macht und Gewalt" zugesteht, ist der wirkungsvollste Befehl zwar derjenige, der mit Gewalt drohen kann. Allerdings, so ihr Einwand, zerstört die auf Gewalt gegründete Fähigkeit, die eigenen Ziele auch gegen Widerstreben durchzusetzen, den politischen Raum und damit die in ihm entstehende, auf Zustimmung gegründete Macht.[23]

Gerade Webers späte politische Schriften, in denen er das wilhelminische Deutschland mit den parlamentarischen Demokratien des Westens vergleicht, lassen erkennen, wie stark sein Plädoyer für die Parlamentarisierung Deutschlands durch ein Politikverständnis geprägt ist, das Regierende und Regierte in ein arbeitsteiliges Verhältnis von Entscheidung und Ausführung stellt. Zwar würdigt er nach seiner Amerikareise von 1904 die freiwilligen, dem Vorbild religiöser Sekten folgenden Assoziationen auf kommunaler Ebene als Gegengewicht zur Atomisie-

20 Im ersten Sinn etwa Sternberger 1986 oder Rigby, der Herrschaft als „earthy German word" bezeichnet, „evoking images of the pater familias, the ‚lord and the master'", und den Herrschaftsbegriff wegen seiner Nähe zu agrarisch-feudalen Verhältnissen für ungeeignet hält, moderne politische Systeme zu analysieren, die auf Verhandlungen, Kompromissen etc. basieren (Rigby 1982: 7). Spezifischer zum Einfluss der deutschen Staatsrechtslehre auf Weber etwa Vollrath 1990a.

21 Dieses Handlungsmodell lässt sich mit Habermas als teleologisch und monologisch charakterisieren (Habermas 1981: I, 378).

22 Dazu ausführlicher Villa 1996.

23 „Aus den Gewehrläufen kommt immer der wirksamste Befehl, der auf unverzüglichen, fraglosen Gehorsam rechnen kann. Was niemals aus Gewehrläufen kommt, ist Macht" (Arendt 1990: 54).

rung der Individuen in modernen Massengesellschaften.[24] Es sind letztlich aber gerade nicht diese bürgerschaftlichen Seiten der amerikanischen Demokratie, die Weber für zukunftsträchtig hält und in den Auseinandersetzungen über die politische Entwicklung Deutschlands als nachahmenswert propagiert.[25] Nach Weber läuft die egalitäre Logik derartiger Zusammenschlüsse der Logik der Zweckrationalität zuwider und untergräbt damit konsistente und effiziente Entscheidungen, auf die es ihm politisch gerade ankommt.[26] Statt der egalitären Formen einer bürgerschaftlichen Politik rückt Webers Blick auf das demokratische Amerika vor allem die bürokratisch organisierte Massenpartei und ihren plebiszitär-charismatischen Führer ins Zentrum des Bildes.

Weber begründet sein Eintreten für die parlamentarische Regierungsform während des Ersten Weltkrieges zunächst damit, dass sie Berufspolitiker hervorbringe, die durch den Machtkampf untereinander als starke Führer qualifiziert, d. h. zu Dezision und Verantwortung fähig seien (Weber 1988a: 340f., 364). In diesem Typ des Politikers sah Weber bekanntlich eine Voraussetzung der nationalen Selbstbehauptung Deutschlands.[27] Die Bedeutung des Parlaments für die Sozialisation und die Auslese dieser starken Führerpersönlichkeiten betont Weber während des Krieges stärker als in den Schriften, die unmittelbar danach entstanden. Sowohl in der späteren Fassung der Herrschaftssoziologie von 1919/20 als auch in „Politik als Beruf" verlagert sich der Akzent auf die plebiszitär-charismatischen Qualitäten des Führers und seine Stellung zum Parteiapparat. Es scheint, als sei Weber der parlamentarische Alltag nun zu sehr durch Routine und Betrieb bestimmt. Er traut ihm jedenfalls nicht mehr ohne weiteres zu, Politiker mit „Berufung", d.h. mit der Fähigkeit zur Wertsetzung hervorzubringen.[28] Das erwartet er dagegen vom außeralltäglichen Charisma des plebiszitären Führers. Die plebiszitäre Führerdemokratie, in der die Massen einen rhetorisch begabten oder gar demagogisch agierenden Politiker ins Amt wählen, ist deshalb eher geeignet, mit dem Verhältnis von Führer und Gefolgschaft zugleich Dezision und Zweckrationalität, und damit, aus Webers

24 Siehe dazu Mommsen 1974 und Kim 2000. Während Mommsen dieses Element in Webers Amerikabild relativiert, interpretiert Kim Weber als Protagonisten einer aktiven Zivilgesellschaft.

25 Zum Begriff eines bürgerschaftszentrierten im Gegensatz zu einem herrschaftszentrierten Politikbegriff siehe Gebhardt 1998.

26 Dies zeigt Kloppenberg in einem aufschlussreichen Vergleich Webers mit Dewey (Kloppenberg 2000).

27 Zur Perspektive nationaler Selbstbehauptung in den politischen Schriften Webers etwa Mommsen 1959. Mommsen zitiert zustimmend Lukács, nach dem Demokratisierung für Weber eine „technische Maßnahme zugunsten eines besser funktionierenden Imperialismus" gewesen sei (Mommsen 1959: 422).

28 Zu dieser Verschiebung ausführlich Breiner 1996 und Mommsen 2001.

Perspektive, Freiheit und Sinn in den politischen Bereich zurückzubringen.[29] Er macht überhaupt keinen Hehl daraus, dass diese „Führerdemokratie mit Maschine" blinden Gehorsam erfordere und die „Entseelung der Gefolgschaft, ihre geistige Proletarisierung" bedinge (Weber 1988a: 544). Aber das nimmt er in Kauf, weil ihm unter Bedingungen gesellschaftlicher Rationalisierung das wertsetzende Charisma des Führers der einzige Weg scheint, dem „ehernen Gehäuse der Hörigkeit" zu entkommen. Weber plädiert zu Beginn des letzten Jahrhunderts für die Demokratisierung Deutschlands, weil er die Demokratie für geeignet hält, durch Führer-Gefolgschaftsverhältnisse die versteinerte Maschinerie der rationalisierten gesellschaftlichen und staatlichen Apparate unter die Kontrolle persönlicher Dezision zu bringen und ihr einen wertrational bestimmten Zweck vorzugeben. So gesehen ermöglichen die Demokratien des Westens mit ihren plebiszitären politischen Führerpersönlichkeiten und den ihnen untergeordneten Parteiapparaten eine zugleich herrschaftlichere und freiheitlichere Politik als das bürokratisierte Deutschland unter Wilhelm II.[30]

Ausgehend von einem aristotelischen Politikverständnis wurde Max Weber vorgeworfen, seine Definitionen von Staat und Herrschaft verkehrten mit ihrer Konzentration auf Gewalt und Befehls-Gehorsamsverhältnisse das Despotische zum Politischen (Sternberger 1978a: 355). Tatsächlich steckt in Webers Herrschaftssoziologie ein platonisches Element. In diesem Zusammenhang hat Edith Hanke darauf hingewiesen, dass Weber seinen Herrschaftsbegriff erst nach 1910 unter dem Einfluss von Georg Simmel und Georg Jellinek präzisiert habe. Dabei bemerkt sie, dass Simmel, Platon zitierend, Herrschaft auf ihren Kern zurückführe, nämlich auf „ein und diesselbe Fähigkeit, zu befehlen, die der politikos wie der basileus, der despotos wie der oikonomos besitzen müsse".[31] Dennoch ist Webers Position im klassischen Gegensatz zwischen aristotelischem und platonischem

29 Mommsen verweist bereits 1959 auf diesen Zusammenhang, wenn er schreibt, dass Weber „den Weg der plebiszitär-charismatischen Herrschaft des großen Demagogen einschlug", um der „Gefahr der bürokratischen Erstarrung der modernen Massengesellschaft" zu entgehen (Mommsen 1959: 436).

30 Dieser Zusammenhang wird in geradezu groteskem Maße banalisiert, wenn Stefan Breuer Webers Eintreten für die charismatische Führerpersönlichkeit in den Diskussionen um die Weimarer Verfassung als bedauerliche Fehleinschätzung von Entwicklungstrends charakterisiert: „Weber, so scheint es, hat einfach Michels´ Analysen über die quasi-militärische Hierarchie der deutschen Sozialdemokratie und die ihm zur Verfügung stehenden Informationen über die plebiszitäre Demokratie in Amerika addiert und zu einem Trend hochgerechnet, ohne dabei die – theoretisch von ihm durchaus erkannte – Möglichkeit einzubeziehen, dass die Demokratisierung auch zu einer Öffnung der hierarchischen Struktur, ja sogar zu ihrem Abbau führen kann" (Breuer 1994: 173). Einen solchen Abbau hierarchischer Strukturen konnte Weber in seinem herrschaftskategorialen Verständnis von Politik gerade nicht wollen.

31 Hanke zitiert hier nach Georg Simmel: Zur Philosophie der Herrschaft, in: Ders. (1908): Soziologie. Untersuchungen über die Formen der Vergesellschaftung. Leipzig, 197; zitiert nach Hanke 2001: 25.

Denken nicht zu fassen. Weber will Herrschaft nicht als Befehls-Gehorsamsverhältnis zwischen Wissenden und Unwissenden legitimieren. Wie bekannt, betont er ja immer wieder, die letzten wertrationalen Entscheidungen seien nicht rational begründbar. Ein grundlegender Unterschied zwischen Weber und platonischen Positionen liegt deshalb auch in ihrer Haltung zum Kontingenzproblem. Weber will die Unbestimmtheit politischen Handelns nicht durch eine in letzten Wahrheiten gründende Herrschaftsstruktur ausschalten oder zumindest einschränken, sondern, ganz im Gegenteil, Kontingenz im Sinne eines Anders-Handeln-Könnens gegenüber den typisch modernen Zwängen der formalen Rationalisierung und Bürokratisierung erhalten.[32] Weber, und darin liegt die Besonderheit seiner Position, hält nun gerade das von Sternberger mit Aristoteles als despotisch bezeichnete Verhältnis von Befehlen und Gehorchen, bzw. Entscheiden und Ausführen für das letzte Refugium der Freiheit. Bereits 1974 hat Wolfgang Mommsen darauf bezogen Webers Position in der paradoxen Formel „möglichst viel Freiheit durch möglichst viel Herrschaft" zusammengefasst (Mommsen 1974: 138).

3 Sinn- und Freiheitsverlust bei Hannah Arendt

Auf den ersten Blick finden sich bei Weber und Arendt die selben Leitmotive der Kulturkritik: Bürokratisierung und Verantwortungslosigkeit, Funktionalisierung, Vermassung und Konformismus sowie die Flucht in Subjektivismus und blinden Genuss. Auch das parzellisierte, in den funktionierenden Fachmenschen und geistlosen Genussmenschen auseinanderfallende Individuum Webers und der sich nur noch verhaltende, in quasi automatischem Funktionieren und Konsumieren aufgehende und seine Individualität verlierende Animal laborans der Jobholder Society bei Arendt (1981: 314) scheinen sich allenfalls in Nuancen zu unterscheiden. Ohne große interpretatorische Verrenkungen lässt sich deshalb Arendts Kritik der Moderne ebenfalls unter der Formel des Sinn- und Freiheitsverlustes zusammenfassen.

Die Nennung derselben Phänomene impliziert jedoch nicht unbedingt die Inkriminierung desselben Tatbestandes, derselben Gefahr oder Drohung. Zwar erzählen uns beide Autoren die Geschichte moderner Gesellschaften in dekadenztheoretischen Kategorien als Verlustgeschichte. Da sich ihr Ausgangspunkt unterscheidet, unterscheidet sich jedoch auch der jeweils beklagte Verlust. Max Weber misst die Moderne an der zu ethisch-methodischer Lebensführung fähigen Persönlichkeit, die im Ergebnis der von ihr eingeleiteten gesellschaftlichen Rationalisierungsprozesse zu verschwinden droht. Arendt dagegen bezieht die Maßstäbe ihrer Kritik aus der Möglichkeit des Handelns in pluralen öffentlichen Räumen, die

32 Zum Kontingenzproblem bei Weber siehe Palonen 1998.

sie in der antiken Polis und den politischen Revolutionen der Neuzeit verwirklicht sah.

Während Max Weber in der willkürlichen, aber wertbezogenen Zwecksetzung durch das Individuum bzw. den charismatischen Führer Rettung vorm Sinn- und Freiheitsverlust der Moderne sucht, bildet für Hannah Arendt im Gegensatz dazu die Verallgemeinerung von Zweck-Mittel-Beziehungen gerade das Grundübel neuzeitlicher Gesellschaften. Weber will formal rationalisierte Organisationen politisieren, indem er sie den wertrational bestimmten Zwecken starker Führer unterstellt. Für Arendt dagegen liegt zwischen Zweckrationalität und politischem Handeln der denkbar größte Widerspruch.

3.1 Sinnverlust durch Zweckrationalität

Für Max Weber ist Sinn gleichbedeutend mit einem letzten, ursprünglich religiösen Zweck, auf den der einzelne Mensch seine Lebensführung ausrichten und rational gestalten kann. Bereits in den religionssoziologischen Grundlagen seiner Kulturkritik identifiziert Weber also Sinnstiftung mit der rationalen Beziehung auf einen Endzweck, der hier spezifischer als religiöse Heilsgewissheit bestimmt ist. Demgegenüber polemisiert Hannah Arendt gegen die weitverbreitete Gleichsetzung von Sinn und Zweck und versucht, die Bedeutung der beiden Begriffe grundsätzlich zu unterscheiden.

Ihr zufolge gründen die Pathologien der Moderne nicht zuletzt in der Unfähigkeit des Homo faber, den Unterschied zwischen dem Nutzen und dem Sinn einer Sache zu verstehen.

Ein Tun im Modus des „Um-zu“, d.h. um einen bestimmten Zweck zu erreichen, gerät, wie Arendt argumentiert, unweigerlich in einen „Zweckprogressus ad infinitum“. Denn ohne Überwindung des Nützlichkeitsdenkens bestehe keine Möglichkeit, die bereits von Lessing gestellte Frage: „Und was ist der Nutzen des Nutzens?“ zu beantworten (Arendt 1981: 141). Stärker noch: da der Homo faber der Neuzeit das Nützlichkeitsdenken über den Herstellungsprozess hinaus verallgemeinere, verursache er

> „die Degradierung aller Welt- und Naturdinge zu bloßen Mitteln, die unaufhaltsame Entwertung alles Vorhandenen, das Anwachsen der Sinnlosigkeit, in dessen Prozeß alle Zwecke verschlungen werden, um wieder zu Mitteln zu werden...“ (Arendt 1981: 143f.).

In der Tat kann ohne einen feststehenden Endzweck, wie ihn der religiöse Mensch noch im Erlangen des ewigen Lebens hatte, jeder Zweck wiederum selbst zum Mittel für weitere Zwecke werden. Damit erweist sich zweckrationales Denken als unfähig, Sinn zu erzeugen, oder anders: „wo der Nutzen sich als Sinn etabliert, [wird] Sinnlosigkeit erzeugt“ (Arendt 1981: 141).

Zweckrationales Handeln ist für Arendt also nicht das Gegenmodell zum Funktionalismus moderner Gesellschaften, sondern bringt ihn hervor. Damit ist impliziert, dass Arendts Sinnbegriff eine Qualität jenseits der Struktur der Zweckrationalität aufweisen muss. Es fragt sich nur, woher sie kommen und worin sie bestehen soll?

Zunächst setzt auch Arendt am modernen Glaubensverlust an und betont, dass er nicht nur die Gewissheit eines jenseitigen Lebens betrifft, sondern auch die diesseitige Welt in Frage stellt. Dabei denkt sie jedoch nicht nur an das Problem der beliebig gewordenen Wahl zwischen konfligierenden Werten, das Weber mit der Metapher des neuen Polytheismus immer wieder anspricht. Die Schrecken totaler Herrschaft hatten ihr ganz andere Konsequenzen des Verfalls letzter Werte dramatisch vor Augen geführt. In einem Interview formuliert sie 1972:

> „I am perfectly sure that this whole totalitarian catastrophe would not have happened if people still believed in God, or hell rather – that is if there were still ultimates" (Arendt 1979: 313f.).

Arendt wie Weber waren von Dostojewski und seiner religiösen Kritik der Moderne beeinflusst. Die Formel, mit der Hannah Arendt das Selbstverständnis totaler Herrschaft auf den Punkt bringt, lautet: „Alles ist möglich", gewissermaßen eine Steigerung von Raskolnikows „Alles ist erlaubt" aus „Schuld und Sühne" (Arendt 1986: 607). Ähnlich wie Weber hält allerdings auch Arendt daran fest, dass es allgemeinverbindliche letzte Werte nicht mehr gibt und sie durch Rückbesinnung auf Tradition oder Religion auch nicht wieder zu beleben sind. Der Mensch der Neuzeit ist auf sich zurückgeworfen und muss seinem Leben selbst einen Sinn geben. Sinn entsteht für sie aber nicht aus der Willensentscheidung des einsamen Individuums oder des charismatischen Führers, sondern nur im Zusammenwirken mit Anderen in einer interpersonal geteilten Welt. Genauer entsteht Sinn durch das Handeln mit und vor Anderen, die als Gleiche untereinander verkehren und ihre Angelegenheiten gemeinsam regeln. Während für Weber die Sinnhaftigkeit eines Tuns aus einer vorpolitischen und rational unbegründbaren Entscheidung für bestimmte Werte folgt, besitzt für Arendt das politische Handeln selbst die Fähigkeit, Sinn zu erzeugen.

Das ist nun allerdings erläuterungsbedürftig. Die Antwort auf die Frage, weshalb gerade die Politik in der Lage sein sollte Sinnfragen zu lösen, liegt in Arendts emphatischem Begriff des Handelns.

3.2 Neubeginn, Pluralität und Weltlichkeit als Dimensionen des Handelns

Handeln ist für Arendt neben dem Arbeiten und Herstellen eine der drei Grundtätigkeiten des tätigen Lebens. Grob vereinfacht lässt sich Arbeiten als funktional, durch naturhafte Notwendigkeit bestimmt, Herstellen als instrumental und Handeln als interpersonal charakterisieren. Handeln ist zunächst einmal identisch mit dem Beginnen von etwas Neuem. Augustinus zitierend, „damit ein Anfang sei wurde der Mensch geschaffen“, behauptet Arendt, der Mensch könne, „weil er ein Anfang und Neuankömmling in der Welt sei“, auch Initiative ergreifen und Neues in Bewegung setzen (Arendt 1981: 166). Durch diese Fähigkeit des Neuanfangens, durch seine Spontaneität kann der Mensch aus den quasi naturhaften Lebensprozessen der Gesellschaft heraustreten und sich „aller Absehbarkeit und Berechenbarkeit“ entziehen (Arendt 1981: 167). Handeln bildet die Alternative zum bloßen Sich-Verhalten, zum reibungslosen und automatischen Funktionieren der Arbeitsgesellschaft.

Anders als bei Weber haben wir es bei Arendts (fast idealtypischer) Unterscheidung von Tätigkeiten nicht mit einer sozialwissenschaftlichen Theorie gesellschaftlicher Rationalisierung zu tun, sondern mit einer existentialphilosophischen Bestimmung menschlicher Bedingungen und Möglichkeiten. Arendt weist zwar explizit zurück, eine Anthropologie zu entwickeln, oder Aussagen über die „Natur“ des Menschen zu machen, weil ihr zufolge ein solches Vorhaben der prinzipiellen Offenheit menschlicher Existenz widerspräche (Arendt 1981: 16, 18).[33] Dennoch bleibt festzuhalten, dass sie ihre Gesellschaftskritik aus existentialphilosophisch begründeten, normativen Aussagen über Möglichkeiten des menschlichen Lebens entwickelt. Der Unterschied zur Rationalisierungstheorie Max Webers relativiert sich jedoch, wenn wir uns erinnern, dass seine Kritik an der Durchsetzung formaler Rationalität ebenfalls auf normative, allerdings philosophisch nicht weiter begründete Vorstellungen von „Menschentum“ und selbstbestimmtem Handeln rekurriert, die ihren Ursprung im deutschen Idealismus schwerlich verbergen können.

Während Weber davon ausgehend eine freiheitssichernde Politik am Typ zweckrationalen Handelns orientiert und sich damit die Affirmation direkter Herrschaft einhandelt, gilt es nun zu klären, ob Arendt mit ihrer existentialistischen Bestimmung menschlicher Bedingungen und Möglichkeiten einen tragfähigen Grund für eine sinnstiftende und freiheitsverwirklichende politische Praxis gewinnen kann.

Die bereits erwähnte Fähigkeit des Handelns zum Neubeginn allein reicht dazu sicher nicht aus. Auch in anderen Tätigkeiten, etwa in der Produktivität des künstlerischen Herstellens, gibt es nach Arendt ein Moment der Spontaneität (Arendt 1993: 51), ohne dass diese dadurch bereits als politische Tätigkeiten qualifiziert wären. Die weiteren Dimensionen des Handelns, die erst zusammen seine politische Qualität ausmachen, sind *Pluralität, Sprachlichkeit* und *Weltlichkeit*.

33 Die Frage, ob es sich bei Arendts Bestimmung der Grundtätigkeiten um eine Anthropologie handelt oder nicht, ist in der Sekundärliteratur umstritten. Benhabib spricht vom „anthropologischen Universalismus“ Arendts, Estrada Saavedra dagegen widerspricht dem unter Hinweis auf Arendts eigene Position sowie ihrer Ablehnung aller Aussagen über den Menschen als „Gattung“ (Benhabib 1996: 195; Estrada Saavedra 2002: 22).

Das Faktum der Pluralität ist nach Arendt Grundbedingung des politischen Handelns nicht nur im Sinne einer „conditio sine qua non", sondern auch als „conditio per quam" (Arendt 1981: 15). Denn nur indem wir vor und mit anderen handeln, kann das Unterschiedensein jeder Person hervortreten und wirklich werden (Arendt 1981: 164). Wir handeln nicht nur weil wir verschieden sind, sondern auch damit wir unsere Verschiedenheit realisieren können.

Sprechen und Handeln gehören bei Arendt aufs engste zusammen. Sie unterscheidet beides zwar insofern, als sie dem Handeln eher die Dimension des Beginnens, dem Sprechen die der Selbstenthüllung des Handelnden zuordnet. Streng genommen aber gibt es für sie ein Handeln ohne Sprechen gar nicht, und zwar zum einen deswegen, weil es ein Handeln ohne Handelnden wäre, ihm also die revelatorische Dimension des „Wer" der Tat fehlte, zum anderen aber, weil Handeln ohne sprachliche Kommunikation mit anderen sinnlos bleiben müsste und von zweckrationaler Tätigkeit oder Gewalt nicht zu unterscheiden wäre. „Erst durch das gesprochene Wort fügt sich die Tat in einen Bedeutungszusammenhang..." (Arendt 1981: 168).

Sinnhaftes Handeln ist deswegen an ein Miteinander des Sprechens und Agierens gebunden, das Arendt sowohl vom rein agonalen „Gegeneinander" als auch von einem selbstlosen „Füreinander" abgrenzt (Arendt 1981: 169).[34] Handeln bedarf der Referenz auf Andere. Es bedarf einerseits eines sprachlich vermittelten Sinnhorizontes, konstituiert andererseits jedoch selbst das „Gewebe menschlicher Bezüge und Angelegenheiten" (Arendt 1981: 87), in dem es erst Bedeutung gewinnen kann.

Sinn entsteht bei Arendt deshalb nicht aus der einsamen Entscheidung über ein zu verfolgendes Ziel, sondern in der Perspektivenpluralität einer mit anderen geteilten Welt. Umgekehrt folgt Sinnverlust dann nicht aus der Pluralisierung von Werten, sondern aus der Zerstörung dieser pluralen, aber gemeinsamen Welt durch Herrschaft und Funktionalisierung. Dabei bedeutet der Funktionalismus der modernen Arbeitsgesellschaft gegenüber der Zweckrationalität traditioneller Herrschaft für Arendt eine neue Qualität in der Zerstörung von Sinn und Freiheit. In ihrer Auseinandersetzung mit Marx übernimmt sie dessen Grundgedanken der Verselbständigung ökonomischer Verhältnisse. Sie kritisiert die funktionale Integration der Individuen in modernen Wirtschaftsgesellschaften als eine freiheitszerstörende Naturalisierung, die interpersonale Beziehungen dem Diktat der vermeintlichen Notwendigkeiten des gesellschaftlichen Lebensprozesses unterstellt.

34 Damit ist auch eine Begrenzung der während der letzten Jahre geführten Debatten um eine agonale oder kommunikative Interpretation des Handelns bei Arendt markiert. Das Erscheinen vor Anderen bleibt immer an einen gemeinsamen Sinnhorizont rückgebunden und kann deshalb trotz des vorhandenen Elements von Wettstreit kaum im Sinne Nietzsches als agonal verstanden werden. Zu einer eher agonalen Interpretation Arendts siehe Honig 1993, Villa 1996; zur Kritik an diesen Interpretationen etwa Biskowski 1995 und Benhabib 1996.

In dieser Hinsicht sind Weber wie Arendt durch die Marxsche Kapitalismuskritik geprägt.[35] Die Parallelen der Kritik verselbständigter Handlungszusammenhänge bei Weber und Arendt sind offensichtlich in Arendts Bezeichnung der Bürokratie als „Niemandsherrschaft“, die die tyrannischste Staatsform überhaupt sei, weil in ihr keine Person oder Gruppe mehr für irgend etwas verantwortlich gemacht werden kann (Arendt 1990: 39f.).

Ausgehend von ihrer Unterscheidung zwischen den drei Grundtätigkeiten des Handelns, Herstellens und Arbeitens versteht Arendt die moderne Wirtschaftsgesellschaft als einen durch natürliche Notwendigkeiten bestimmten oikos im erweiterten Maßstab der Nation (Arendt 1981: 31, 105). Die Auslieferung der modernen Menschen an den funktional bestimmten, naturhaften Reproduktionsprozess der Gesellschaft zerstört sowohl die Pluralität ihres „Bezugsgewebes“ als auch die Stabilität und Verlässlichkeit ihrer gemeinsamen Welt.

3.3 Arendts existentialphilosophischer Weltbegriff als Grundlage ihres Bruches mit dem herrschaftszentrierten Politikverständnis

Bei Weber ist die Welt stets Chiffre für die dem Subjekt entgegengesetzten Zwänge und Eigengesetzlichkeiten, wie sie letztlich aus dem, wie er formuliert, „ewigen Kampf des Menschen mit dem Menschen auf der Erde“ (Weber 1988: 29) resultieren und an denen sich jeder Versuch der ethischen Rationalisierung brechen muss.[36] Bei Arendt bezeichnet der Begriff der Welt ein „Zwischen“, ein Beziehungsgeflecht, das sinnhaftes Handeln erst ermöglicht.

Damit sind wir bei dem vielleicht grundlegendsten Unterschied zwischen den Politikbegriffen von Arendt und Weber angelangt. Ernst Vollrath hat darauf hingewiesen, dass sich im Weltverständnis Webers nicht nur ein „nietzscheanisches Willens-, Macht- und Kampfmotiv“ reflektiere, sondern grundsätzlicher noch die im deutschen Kulturraum dominierende realpolitische, herrschaftskategorial bestimmte Apperzeption des Politischen. Aus ihr folge ein komplementär-antagonistisches Verhältnis von realistischer Macht- und ethischer Idealpolitik, in dessen Bezugsrahmen eine zivilpolitische, auf Zustimmung, Assoziation und differentielle Einheit bezogene Qualität des Politischen nicht zu denken sei (Vollrath 1990a:

35 Arendt wirft Marx vor, mit seinem Begriff des „Gattungswesens“ diese Naturalisierung zum kollektiven Lebensprozess einer vergesellschafteten Menschheit befördert zu haben. Dabei lässt sie völlig außer Acht, dass Marx den Charakter einer „zweiten Natur“, den ihm zufolge die kapitalistische Warenwirtschaft angenommen hat, in der Zweckrationalität einer geplanten Ökonomie auflösen wollte. Zu Arendts Fehlinterpretation der Marxschen Verdinglichungskritik siehe Parekh 1979.

36 Webers Weltbegriff wird besonders deutlich in der „Zwischenbetrachtung“ (Weber 1920: 552f.) und in der bekannten Diskussion des Verhältnisses von Gesinnungs- und Verantwortungsethik (Weber 1988a: 547.).

103).[37] Es ist unschwer zu erkennen, wie sich ein entsprechend komplementär-antagonistisches Verhältnis auch in Webers berühmter Gegenüberstellung von Gesinnungs- und Verantwortungsethik[38] und, auf unser Thema bezogen, im Verhältnis zwischen der freien Willensentscheidung des Individuums für letzte Werte und den Sachgesetzlichkeiten der Welt wiederfindet.

Arendt verortet den Ursprung der herrschaftskategorialen Wahrnehmung des Politischen weit hinter irgendwelchen Besonderheiten der deutschen Geschichte in den Anfängen der abendländischen Philosophie. Bereits das Denken Platons habe das plurale politische Handeln der griechischen Polis nach dem Vorbild des Herstellens transformiert und in Befehlen und Gehorchen aufgelöst (Arendt 1981: 219). Wie zuvor nur im Verhältnis zwischen Herr und Sklave können damit dann auch im politischen Bereich Gewalt sowie Befehls-Gehorsamsbeziehungen durch Zweckrationalität und Herrschaftswissen gerechtfertigt werden. Offenkundig gründet für Arendt der Herrschaftsbegriff des politischen Denkens in technischer Rationalität und der ihr entsprechenden Teilung von Wissen und Tun.[39]

Arendt scheint damit lediglich eine Variante der bekannten neoaristotelischen Kritik an einem herrschafts- statt bürgerschaftszentrierten Begriff des Politischen zu vertreten. Die Originalität ihres Denkens, insbesondere aber der von ihr hergestellte Zusammenhang von Kulturkritik und Demokratie erschließt sich jedoch, sobald wir ihre Uminterpretation des Heideggerschen Weltbegriffes berücksichtigen, durch die sie den Bruch mit einer herrschaftskategorialen Wahrnehmung des Politischen vollzieht. Zunächst einmal bezeichnet der Begriff der „Welt" bei Arendt nicht eine dem Willen des Subjektes und seinen Werten entgegengesetzte Wirklichkeit, sondern ein „Zwischen", das freiheitliches Handeln erst ermöglicht. Mit diesem „Zwischen" meint sie zweierlei: zum einen die gegenständliche Welt, auf die sich Menschen aus verschiedener Perspektive handelnd beziehen, zum anderen den Erscheinungsraum, in dem sich Menschen aneinander richten und ein „Bezugsgewebe menschlicher Angelegenheiten" (Arendt 1981: 173) bilden. Beide Aspekte des Weltbegriffes bedingen sich gegenseitig. Während der Erscheinungsraum und ein Minimum des Vertrauens in Sprechen und Handeln als Weisen des Miteinander für uns erst Wirklichkeit konstituieren, kann umgekehrt der Erscheinungsraum überhaupt erst entstehen durch die verschiedenen Bezüge der Vielen auf ein ihnen gemeinsam Entgegenstehendes. Arendt vergleicht diese Funktion der gegenständlichen Welt mit einem Tisch, der diejenigen, die um ihn herumsitzen, zugleich verbindet und trennt (Arendt 1981: 52). Wo die Welt diese Fähigkeit zu versammeln, das heißt zu verbinden und zu trennen zugleich, verliert, kommt es

37 Siehe dazu auch Vollrath 1995.

38 Siehe dazu ausführlich und kenntnisreich Waas 1995.

39 Mit explizitem Hinweis auf Heidegger formuliert Arendt dies auch in den „Denktagebüchern" in einer Interpretation des Gerechtigkeitsdialogs in Platons *Politeia* (Arendt 2002: 206).

dazu, dass die Menschen atomisiert werden oder in eins fallen (Arendt 1981: 52). Beide Phänomene kennzeichnen die moderne Massengesellschaft und bilden nach Arendt die Voraussetzung für den Erfolg totalitärer Bewegungen.[40]

Mit Heideggers Begriff der Welt übernimmt Arendt auch dessen Kritik an der Epistemologie der modernen Wissenschaft, insbesondere an der mit Descartes identifizierten Trennung zwischen Subjekt und Objekt der Erkenntnis. Die „Welt" ist nicht der Gegenstand eines erkennenden oder wollenden Subjektes, sondern ein Bezugsgewebe, das stets Um-welt und Mit-welt zugleich ist.[41] Für Arendt wie für Heidegger ist deshalb das „In-der-Welt-Sein" immer schon ein „Mitsein mit Anderen". Während jedoch Heidegger im Mitsein eine inauthentische Form des Daseins sieht, eine Verfallenheit an das „Man", wertet Arendt den Weltbegriff so um, dass das Mitsein mit Anderen sowohl zur Möglichkeitsbedingung als auch zum immanenten Ziel politischen Handelns wird. Der Begriff einer interpersonal konstituierten Welt, wie ihn Arendt aus den existentialphilosophischen Einflüssen von Heidegger und Jaspers entwickelt,[42] eröffnet ihr einen Weg aus der Zweckrationalität von Subjekt-Objekt-Beziehungen und damit aus den Aporien der Weberschen Rationalisierungstheorie. Er ermöglicht es, politisches Handeln als diesseitige Erzeugung von Sinn und – wie gleich zu begründen sein wird – als Verwirklichung von Freiheit zu verstehen. Mit anderen Worten, Arendt kann Politik als Praxis unter Gleichen denken.

3.4 Freiheit als nichtsouveränes Handeln

Entsprechend versteht Hannah Arendt Freiheit als ein politisches Phänomen, „das primär weder im Wollen noch im Denken, sondern im Handeln erfahren wird" (Arendt 1994a: 210). Dabei geht sie von Montesquieus Unterscheidung zwischen philosophischer und politischer Freiheit aus, wonach die erste eine Freiheit des Willens bezeichne, die zweite eine des Könnens innerhalb gesetzlich begrenzter Möglichkeiten (Arendt 1974: 380 und ähnlich Arendt 1998: 425).

> „Die politische Freiheit unterscheidet sich also von der philosophischen Freiheit dadurch, daß sie eindeutig eine Sache des Ich-kann und nicht des Ich-will ist. Da sie dem Bürger und nicht dem Menschen überhaupt zukommt, kann sie sich nur in Gemeinschaften zeigen, wo die vielen Zusammenlebenden in Wort und Tat miteinander verkehren, geregelt durch viele rapports – Gesetze,

40 Der Analyse der modernen Weltentfremdung kommt bereits in Arendts erstem Hauptwerk, in „Elemente und Ursprünge totaler Herrschaft" zentrale Bedeutung zu (Arendt 1986). Ausführlicher zur Weltentfremdung bei Arendt siehe Thaa 1997.

41 Der Weltbegriff bei Arendt und seine Wurzeln in der Philosophie Heideggers sind während der letzten Jahre verstärkt in den Mittelpunkt der Arendtforschung gerückt. Dazu etwa: Villa 1996, insbes.: 117-129; Jaeggi 1997, Benhabib 1996 sowie Hämäläinen 2000.

42 Zu Jaspers Einfluss auf Arendt siehe Hinchman/Hinchman 1994.

Sitten, Gebräuche und Ähnliches. Mit anderen Worten, die politische Freiheit ist nur möglich in der Sphäre der menschlichen Pluralität ..."(Arendt 1998: 426).

Gegen die philosophische und christliche Tradition, aber auch gegen moderne Vorstellungen betont Arendt immer wieder, politische Freiheit sei nicht als Willensfreiheit oder Souveränität, das heißt als ein Phänomen des Selbstbezuges im Sinne von „Ich tu, was ich will" zu verstehen. Vielmehr sei Freiheit ein Phänomen des Verkehrs mit anderen.[43] Der Singularität des Ich- will entspringe die Tyrannis (Arendt 1994a: 213), und die Souveränität, die säkularisierte Idee göttlicher Allmacht, stehe in diametralem Gegensatz zur politischen Freiheit, weil „Souveränität, nämlich unbedingte Autonomie und Herrschaft über sich selbst, der menschlichen Bedingtheit der Pluralität widerspricht" (Arendt 1981: 229).[44]

„Wie die Souveränität des einzelnen ist letztlich auch die Souveränität einer Gruppe oder eines politischen Körpers immer nur Schein; sie kann nur dadurch zustande kommen, daß eine Vielheit sich so verhält, als ob sie *einer* wäre und dazu noch ein einziger ... Wo Menschen, sei es als einzelne, sei es in organisierten Gruppen, souverän sein wollen, müssen sie die Freiheit abschaffen. Wollen sie aber frei sein, so müssen sie auf Souveränität geradezu verzichten" (Arendt 1994a: 215).

Freiheit, die als Willensfreiheit gedacht wird, ist letztlich die Fähigkeit, die eigenen Ziele gegen andere durchzusetzen. Das aber ist nicht nur antipluralistisch und für Arendt damit antipolitisch, es verweist zugleich auf Gewalt als das wirkungsvollste Mittel, andere zu etwas zu zwingen, was sie nicht wollen.

3.5 Die amerikanische Revolution

Erst von dieser, im existentialphilosophischen Begriff der Welt gründenden Kritik der Gleichsetzung von Freiheit und Souveränität erschließt sich Arendts Interpretation der amerikanischen Revolution bzw. ihre für eine deutsche Emigrantin so erstaunliche „Entdeckung der Freiheit" in der amerikanischen Demokratie (Thaa/ Probst 2003). Für Arendt gelang es der amerikanischen Revolution, „den Anspruch der Macht auf Souveränität im politischen Körper der Republik konsequent zu eliminieren" (Arendt 1974: 200), sowie in Verfassung und politischen Institutionen einen pluralen öffentlichen Raum zu schaffen, in dem Menschen handeln und ihre Macht im Rahmen von Regeln und Gesetzen ausüben konnten. Nach Arendt bestand bereits vor der Revolution die Einzigartigkeit der amerikanischen Politik darin, dass die Siedler sich als „civil Bodies Politick" oder „politische Bürgerschaf-

43 In diesem Sinn etwa Arendt 1994a: 201, 210ff; Arendt 1974: 194; Arendt 1993: 38ff.

44 Dazu u.a. Arendt 1981: 229. Auch hier liegt der Argumentation Arendts eine existentialistisch geprägte Kritik an der Identitätsphilosophie zugrunde. Sofern Freiheit vom Ideal der Selbstidentität aus gedacht wird, kann sie die Welt als Bedingung alles Handelns und damit auch Pluralität nur als Schranke wahrnehmen. Zu diesem Zusammenhang ausführlicher Vollrath 1982.

ten" zusammenschlossen, in denen es keine Herrscher und Beherrschte gab, die vielmehr einen politischen Raum bildeten, „in dem Macht und die Beanspruchung von Rechten möglich war, ohne daß man doch Souveränität besaß oder auch nur nach ihr verlangte" (Arendt 1974: 218). Auf dem Hintergrund dieser Erfahrung hätten die Gründungsväter, und hierbei insbesondere Madison, Montesquieus Lehre von der Gewaltenteilung neu interpretiert und eine föderative republikanische Staatsform entwickelt, die als Zusammenschluss oder „cosociation" verschiedener politischer Handlungsräume zu verstehen sei (Arendt 1974: 218).

Während Max Weber, wie wir vorne gesehen haben, diese bürgerschaftlichen Formen der Politik dazu verurteilt sah, dem doppelten Druck der unvermeidlichen Rationalisierung und Bürokratisierung auf der einen, sowie dem Element des „Kampfes" in der großen Politik auf der anderen Seite zu weichen, erkannte Arendt in ihnen eine neuzeitliche, pluralistische Form des Republikanismus, die nicht nur eine Alternative zur Herrschaftslogik des abendländischen politischen Denkens bot, sondern ihr darüber hinaus geeignet schien, den Zerfall verbindlicher Werte in modernen Gesellschaften politisch, das heißt durch plurales Handeln unter Gleichen, statt durch dezisionistische Willkür und Befehls-Gehorsamsbeziehungen zu bewältigen. Bei aller Kritik an der amerikanischen Politik ihrer Zeit und dem Konsumismus der amerikanischen Gesellschaft, war Arendt doch überzeugt davon, in den Institutionen der Republik und dem politischen Geist des amerikanischen Gemeinwesens das entscheidende Gegenprinzip zum Sinn- und Freiheitsverlust der Moderne gefunden zu haben: nämlich „die dauerhafte Teilnahme an allen Angelegenheiten von öffentlichem Belang" (Arendt 1989: 144). Diese Perspektive politischer Partizipation richtet sich bei Arendt allerdings nicht auf die möglichst unverfälschte Durchsetzung eines wie immer gearteten Volkswillens, sondern auf die Möglichkeiten der Bürger, sich im Austausch mit anderen eine Meinung zu bilden und an der Gestaltung ihrer gemeinsamen Angelegenheiten teilzunehmen. Durch das Eindringen vermeintlicher Notwendigkeiten in den öffentlichen Raum, genauer durch die Naturalisierung der Ökonomie zum gesellschaftlichen Lebensprozess, werden diese Handlungsmöglichkeiten untergraben.

Ein entscheidendes Versäumnis der amerikanischen Revolution liegt Arendt zufolge darin, dass sie die Möglichkeiten zur direkten Bürgerbeteiligung nicht in dem Maße, wie es Jefferson gefordert hatte, institutionalisierte (Arendt 1974: 319f.). In den dennoch vorhandenen Formen der Selbstverwaltung und Beteiligung, vor allem aber in den mit der Bürgerrechts- und Studentenbewegung der sechziger Jahre wieder stärker hervortretenden informellen Zusammenschlüssen und Vereinigungen konnte sie jedoch spezifisch amerikanische Phänomene sehen, die es dem Einzelnen zumindest zeitweise erlaubten, in öffentlichen Räumen zu handeln und damit sowohl Gemeinsinn wie Urteilsfähigkeit auszubilden (Arendt 1989: 155f.). Mit Bezug auf die amerikanische Regierung stellte Arendt allerdings schon vor dreißig Jahren fest, dass sie nicht mehr im Sinne der Gründungsväter, sondern im Sinne des europäischen nationalstaatlichen Denkens und dessen Souveränitätsbegriff handle. Wenn wir an die jüngsten Konflikte zwischen Europa und den USA denken, lässt sich darüber hinaus behaupten, die Fronten hätten sich regelrecht umgekehrt: Ein auf Gewalt gegründetes Politikverständnis und das Prinzip nationalstaatlicher Souveränität werden heute von den USA verteidigt (sofern es um die eigene Souveränität geht), von Europa die Begrenzung nationaler Souveränität durch das internationale Recht.

4 Autonome Dezision oder erweiterte Denkungsart

Der Gegensatz zwischen Max Weber und Hannah Arendt tritt nirgendwo klarer hervor, als in den jeweiligen Lösungen, mit denen sie dem Verfall letzter Werte in modernen Gesellschaften begegnen wollen. Zunächst einmal stimmen jedoch beide darin überein, dass die Politik eine gesicherte normative Grundlage in Religion oder Metaphysik verloren hat und uns kein Rückweg zu den unstrittigen Werten der Tradition offen steht. Insofern stellen sie sich der ernüchternden Einsicht, wonach die Moderne „ihre Normativität aus sich selbst schöpfen [muss]" (Habermas 1985: 16). Die Frage, wie dies geschehen und nach welchen Kriterien Politik beurteilt werden kann, erhält für beide eine besondere Dringlichkeit daraus, dass sie politische Handlungsmöglichkeiten gegen die Versachlichungs- und Funktionalisierungstendenzen moderner Gesellschaften erhalten bzw. zurückgewinnen wollen.

Webers Lösung, die willkürliche Entscheidung des Individuums bzw. des charismatischen Führers zwischen letzten Werten, schließt in Verbindung mit seiner entschiedenen Ablehnung jedes Kompromisses oder Mittelwegs im Konflikt von Wertordnungen eine wie auch immer geartete Rationalisierung ethischer Entscheidungen im politischen Raum aus. Webers wiederholte Appelle zur ehrlichen und rückhaltlosen Selbsterforschung der eigenen Wertaxiome relativieren die radikale Individualisierung und Beliebigkeit der Entscheidung keineswegs. Ebenso wenig kann die nüchterne Kalkulation möglicher Handlungsfolgen, die Weber von der empirischen Wissenschaft erhoffte, normative Kriterien zu ihrer Beurteilung liefern. Das „Augenmaß", das Weber vom Politiker fordert (Weber 1988a: 560) als „Urteilskraft" oder „praktische Klugheit" zu interpretieren,[45] täuscht über diese Schranke hinweg. Denn im Unterschied zur vormodernen praktischen Philosophie fehlen Webers Politiker die Maßstäbe des Urteils. In „Politik als Beruf" findet sich eine Anspielung auf Martin Luther: Mit einem „Ich kann nicht anders, hier stehe

45 So etwa Hennis 1987: 229f.

ich", kennzeichnet Weber die letzte Wertbindung des verantwortlichen Politikers (Weber 1988a: 559). Der Protestant Webers ist allerdings eine höchst dubiose Gestalt, kam ihm doch schon lange die Heilige Schrift abhanden, mit der er seine Gewissensentscheidung vor sich und anderen begründen könnte.

Im Gegensatz dazu lässt sich Arendts Werk als Versuch lesen, im „Denken ohne Geländer", wie sie es wiederholt formuliert,[46] einen Weg zwischen dem Abgrund dezisionistischer Willkür und der freiheitszerstörenden Suche nach einem neuen Absoluten zu finden. Arendt ging es um die spezifische Rationalität des Politischen unter Bedingungen der Moderne, d.h. um die Möglichkeit, die Entscheidungen, die im Bereich des Politischen gefällt werden, nicht in die Autonomie des Individuums zu stellen, sondern nach interpersonal gültigen Maßstäben zu beurteilen.[47] Freiheit im Sinne Arendts setzt voraus, dass die Menschen jenseits von individueller Dezision auf der einen, sowie der objektiven Rationalität von Sachzwängen auf der anderen Seite, aus unterschiedlicher Perspektive zu gemeinsamen Urteilen gelangen können. An die Stelle des Rationalitätsprinzips der Einheit mit sich selbst, der Identität, soll ein Vernunftprinzip der Pluralität treten (Vollrath 1987: 20f.).

Den Anknüpfungspunkt hierzu findet Arendt in Kants Unterscheidung zwischen *bestimmender* und *reflektierender* Urteilskraft (Kant 1990: 15). Anders als die bestimmende Urteilskraft, die nach Regeln und Gesetzen verfährt, das Besondere unter das Allgemeine subsumiert und zu zwingenden Schlüssen gelangt, muss die reflektierende Urteilskraft, die nach Kant unseren Geschmacksurteilen zugrunde liegt, ohne feste Maßstäbe und Regeln auskommen. Sie kann sich nicht auf logisch zwingende Verstandesoperationen gründen, sondern muss durch das Angeben von Gründen um Zustimmung werben. Dazu bedarf es der „erweiterten Denkungsart". Kant meint damit, wir könnten in Fragen der Ästhetik zu verallgemeinerungsfähigen Urteilen kommen, indem wir von den „subjektiven Privatbedingungen unseres Urteils" abstrahieren und den Gegenstand, um den es geht, aus der Sicht anderer betrachten (Kant 1990: § 40). Arendt glaubt, hier den Ansatzpunkt für ein politisches Rationalitätskonzept gefunden zu haben, das den Bedingungen säkularisierter und unwiderruflich pluralisierter moderner Gesellschaften entspricht. Wenn wir in der Lage sind, „die Dinge nicht nur aus der eigenen, sondern aus der Perspektive aller anderen, die präsent sind, zu sehen" (Arendt 1994: 299), wird der Verlust fester, allseits anerkannter Maßstäbe weder zum normativen Nihilismus noch zum „unüberbrückbaren tödlichen Kampf" der Werte (Weber 1988: 507) führen.

46 So etwa in Arendt 1986: 35, Arendt 1979: 336.

47 In diesem Sinn hat vor allem Ernst Vollrath das Werk Hannah Arendts interpretiert und daran anknüpfend seine „philosophische Theorie des Politischen" entfaltet. Dazu insbesondere Vollrath 1987.

Allerdings kann das reflexive Urteilen nicht so einfach funktionieren wie die Tätigkeit des Verstandes beim logischen Schließen und Kalkulieren. Es bedarf der Präsenz anderer.

„Was die Präsenz des Selbst für die formale Widerspruchslosigkeit der Gewissensethik ist, ist die Präsenz der anderen für das Urteilen. Ihm kommt daher eine gewisse konkrete Allgemeingültigkeit zu, aber niemals eine universale Gültigkeit überhaupt. Der Anspruch auf Geltung kann nie weiter reichen, als die anderen, an deren Stelle mitgedacht wird" (Arendt 1994: 298).

Damit liegt eine offensichtliche Schwäche der Hoffnung auf die politische Rationalität des reflexiven Urteils in seinen Voraussetzungen, die nach Arendts eigener kulturkritischer Analyse ja der Siegeszug der modernen Arbeitsgesellschaft und ihres Konformismus untergräbt. Zwar benötigt das reflexive Urteil weder eine verbindliche Tradition noch gemeinsame letzte Werte. Damit es sein Rationalitätspotential entfalten kann, bedarf es jedoch eines pluralen öffentlichen Raumes, einer geteilten Welt, einschließlich gemeinsamer politischer Institutionen sowie subjektiv der Bereitschaft und des Vermögens der Individuen, sich in die Perspektive anderer zu versetzen. Obwohl Arendts Gesellschaftskritik das Schwinden dieser Voraussetzungen diagnostiziert, sieht sie in den Institutionen der amerikanischen Republik und dem Gemeinsinn ihrer Bürger noch Gegenkräfte, die ihr immer wieder Anlass zur Hoffnung geben.[48]

Ob Hannah Arendt mit ihrer Anleihe bei Kants Ästhetik tatsächlich einen modernitätsgerechten Ausweg aus dem Dilemma der Letztbegründung weist, ist in der Literatur grundsätzlich umstritten.[49] Unabhängig davon, wie diese Frage beantwortet wird, liegt der für uns entscheidende Gesichtspunkt in Arendts Bestimmung des Politischen als eines Bereiches, in dem das Handeln Verschiedener eine eigene, beschränkt verallgemeinerbare Vernunft hervorbringt. Den Maßstab für die Rationalität politischen Handelns bildet damit nicht mehr seine Zweckmäßigkeit für willkürlich und vorpolitisch gewählte Werte, sondern die Zustimmung im Urteil der anderen.

48 Am deutlichsten etwa in ihrer Interpretation der amerikanischen Studentenbewegung (Arendt 1989). Ähnlich aber auch bereits in ihren frühen Eindrücken von amerikanischen Durchschnittsbürgern, die Gemeinsinn zeigten und sich etwa für die Rechte ihrer Mitbürger einsetzten (Arendt/Jaspers 1985: 66.).

49 Der Streit geht einmal darum, ob Arendt zu den „anti-foundationalists zu rechnen sei, oder aber ihr Denken in einem anthropologischen Universalismus gründe, der eine Ethik radikaler Intersubjektivität impliziere. Die erste Position vertritt etwa Margaret Canovan (Canovan 1992: 191), die zweite etwa Seyla Benhabib (Benhabib 1996: 195). Unterstützt man die erste Position, so lässt sich streiten, ob Arendt damit nicht in gefährliche Nähe zu Nietzsche und der postmodernen Destruktion jeder Moralität gerät, oder aber mit ihrem auf eine gemeinsame, plurale Welt beschränkten Anspruch der Verallgemeinerung nicht gerade einen Ausweg zwischen den Absolutheitsansprüchen eines moralischen Universalismus und den jede Moral in Macht auflösenden Dekonstruktivisten weist. Für die erste Position steht vor allem Kateb (Kateb 1984 und 1995) für die zweite prominent Villa (etwa Villa 1992 und 1996) und Curtis (Curtis 1997 und 1999).

Die dezisionistische Perspektive Webers habe ich weiter vorne als formal, pessimistisch-elitär und, im Gegensatz zu den versachlichten Verhältnissen moderner Gesellschaften, als direkt-herrschaftlich bezeichnet. Die ersten beiden Charakterisierungen treffen auf den ersten Blick auch auf Hannah Arendts Denken zu. Tatsächlich wurde ihr „enthusiastischer Politikbegriff" (Vollrath 1990: 19) wiederholt als formal und elitär kritisiert. Auf Unverständnis stößt insbesondere, dass Arendt das Politische nicht von Inhalten her bestimmt und spezifischer noch, dass sie das Gesellschaftliche als einen Bereich quasi naturhafter Notwendigkeit explizit aus dem Bereich des Politischen ausschließen will.[50]

Diese Parallele hat einen Grund darin, dass Weber wie Arendt versuchen, das Politische durch einen Handlungstyp zu bestimmen, der gegen die Verselbständigung formaler Rationalität hier, bzw. das „automatische Funktionieren" moderner Arbeitsgesellschaften dort, Sinn stiften und Freiheit ermöglichen soll. Für beide gilt auch, dass der jeweilige Handlungstyp, bei Weber die willkürliche Entscheidung des Individuums für letzte Werte und deren zweckrationale Verwirklichung, bei Arendt das Handeln vor und mit anderen, Selbstzweck ist. Dies setzt beide dem Vorwurf der Amoralität aus, was insoweit auch plausibel scheint, als sie in der Tat die Bindung der Politik an allgemeingültige letzte Werte ablehnen, bzw. unter modernen Bedingungen für unmöglich halten. Im Gegensatz zu den Vertretern der Frankfurter Schule haben sich Weber wie Arendt von jeder, auch von einer melancholischen Orientierung auf eine „objektive Vernunft" (Horkheimer 1974: 162f.) gelöst. Während jedoch Webers Dezisionismus die Gefahr birgt, mit der Lösung von allgemeingültigen letzten Werten Zweckrationalität und Herrschaft normativ zu entgrenzen und zu radikalisieren, kann Arendt mit ihrer Bestimmung des Politischen als Sprechen und Handeln vor und mit anderen nicht nur eine fundamentale Kritik der herrschaftskategorialen Wahrnehmung des Politischen leisten, sondern darüber hinaus eine Perspektive seiner immanenten Rationalisierung und normativen Selbstbeschränkung weisen.

Erstaunlicherweise geht dieser Gegensatz einher mit einer positiven Würdigung der amerikanischen Demokratie, durch die sich beide Autoren deutlich von anderen kulturkritischen Denkern des 20. Jahrhunderts unterscheiden. Bei Weber wie Arendt lässt sich von einer Demokratisierung der Kulturkritik sprechen, und bei beiden kommt dabei der jeweiligen Interpretation der amerikanischen Demokratie eine Schlüsselrolle zu.

Weber sieht in den zeitgenössischen Entwicklungen zur plebiszitären Führerdemokratie die Möglichkeit, die wertrationalen Entscheidungen der politischen

50 Entsprechende Einwände finden sich knapp und verständlich zusammengefasst im Gespräch Arendts mit Richard Bernstein, Hans Jonas, Mary MacCarthy u.a. (Arendt 1979).

Führer herrschaftlich durchzusetzen. Für ihn bildet dies das entscheidende Gegengewicht zur rationalisierten Fremdbestimmung des modernen Menschen durch Markt und Bürokratie.

Arendt geht zurück zur amerikanischen Revolution und sieht dort im freien Handeln unter Gleichen, in den Formen politischer Selbstorganisation und Partizipation das neuzeitliche Gegenmodell zum Funktionalismus der Arbeitsgesellschaft.

In beiden Fällen handelt es sich um deutsche Lesarten der amerikanischen Politik: Webers herrschaftskategoriale, in der Tradition des deutschen Staatsrechts stehende Wahrnehmung des politischen Kampfes in der Demokratie kann das bürgerschaftliche oder zivilgesellschaftliche Element in den angelsächsischen Ländern nur als unzeitgemäßes Relikt wahrnehmen. Demokratie wird zur Auslese von dezisions- und herrschaftsfähigen Führern.

Arendt politisiert die existentialistische Kulturkritik, indem sie die bürgerschaftlichen Formen der amerikanischen Republik als Überwindung der bis zu Platon zurückreichenden Tradition interpretiert, Politik in den Kategorien von Subjekt und Objekt, von Zweck und Mittel und damit herrschaftszentriert zu denken. Herrschaft und Gewalt kann sie so als Abweichung von den revolutionären Ursprüngen neuzeitlicher Politik normativ kritisieren, ohne auf eine wie immer geartete geschichtsphilosophische Verkörperung der Vernunft zurückgreifen zu müssen.

In Bezug auf beide, Weber wie Arendt, stellt sich allerdings die grundsätzlichere Frage, ob wir ihr kulturkritisches Ausgangsproblem, nämlich die zunehmende Erosion von Sinn und Handlungsmöglichkeiten durch die funktionale Organisation moderner Gesellschaften, überhaupt noch teilen.

III Kontingenz, Handeln und Entscheidung. Zu Kari Palonens und Michael Grevens kontingenztheoretischer Bestimmung des Politischen

1 Handlungsfreiheit als Motiv der Gesellschaftskritik

Max Weber wie Hannah Arendt geht es darum, gegen den Funktionalismus moderner Gesellschaften Handlungsmöglichkeiten zu verteidigen oder wiederzugewinnen. Obwohl sie gegensätzliche Vorstellungen von sinnhaftem und freiheitlichem Handeln vertreten, hoffen beide zu ihrer Verwirklichung auf die Sphäre demokratischer Politik. Trotz des von Weber wie Arendt immer wieder angeschlagenen Klagetons, sei es über das Verschwinden der freien, zu Wertentscheidungen fähigen Persönlichkeit, sei es über den Niedergang der Formen direkter politischer Beteiligung, orientieren sie sich nicht an vormodernen Gesellschaften. Das vorhergehende Kapitel sollte deutlich gemacht haben, dass es beiden um Entscheidungs- und Handlungsmöglichkeiten geht, die im vollen Sinn erst in der Neuzeit entstehen. Bei Weber erwachsen sie auf dem Boden der rationalisierten westlichen Kultur und ihrer selbstverantwortlichen Persönlichkeit, bei Arendt setzen sie eine pluralistische, die Politik nicht länger einem Absoluten unterordnende Gesellschaft voraus. Bedroht sind diese Handlungsmöglichkeiten, wiederum bei beiden, nicht durch vorgesellschaftliche Zwänge, sondern durch die Verselbständigung gesellschaftlicher Tätigkeiten zu vermeintlich notwendigen Prozessen, denen sich die Menschen wie einer zweiten Natur unterwerfen.

Nach diesem Muster kritisiert bereits Marx den Kapitalismus, als dessen eigentlichen Skandal, nämlich als Verrat an den Emanzipationsversprechen der Aufklärung, er eine Form der Produktion anprangert, die den Menschen die eigene Tat zu einer fremden Macht, bzw. ihre eigene Bewegung zu einer Bewegung von Sachen verkehrt.[51] Die von ihm angestrebte „Assoziation der Produzenten“ kennt zwar keinen institutionell gesicherten Raum politischen Handelns. Das Grundmotiv des Marxschen Denkens bildet jedoch die Rücknahme der gesellschaftlichen Entwicklung in die Handlungskompetenz der Menschen, die er sich von der plan-

51 Bekanntermaßen geschieht dies besonders emphatisch in seinen frühen Schriften, zieht sich aber durch sein gesamtes Werk hindurch und prägt auch die Kritik der Politischen Ökonomie. Für viele andere Stellen vgl. etwa: Marx/Engels 1973: 33, Marx 1972a: 89.

mäßigen und rationalen Organisation einer gebrauchswertorientierten Produktion erhofft.[52]

Die Sorge um die Gefährdung von Handlungsmöglichkeiten nicht durch äußere Zwänge, sondern durch menschliches Tun und dessen verselbständigte Folgen beschäftigte aber nicht erst Marx und die modernen Gesellschaftskritiker. Sie liegt bereits der aristotelischen Unterscheidung von Praxis und Poiesis zugrunde, die wegen dieser Entsprechung wohl auch zum Ausgangspunkt der Renaissance aristotelischer Denkfiguren im 20. Jahrhundert werden konnte.[53] Ernst Vollrath formuliert, die Wiederaufnahme der aristotelischen Unterscheidung zweier Tätigkeitsklassen sei „durch ein einziges Motiv veranlasst: die Befürchtung der Überwältigung unserer natürlichen und kulturellen Lebenswelt durch Technik“ (Vollrath 1989: 16). Eine derartige Zuspitzung der Bedrohung auf Technik trifft allerdings nur zu, wenn wir unter Technik einen Rationalitätstyp verstehen, der Ökonomie, Bürokratie und wissenschaftliche Technik gleichermaßen auszeichnet und eine Eigendynamik freisetzt, die alles nicht-instrumentelle Handeln – wie immer es bei verschiedenen Autoren im einzelnen bestimmt sei – dominiert oder marginalisiert. Bekanntlich sah auch bereits Aristoteles in der Ökonomie eine Wurzel der Gefährdung des Lebens als Praxis. Die „widernatürliche“ Kunst des Gelderwerbs mit ihrer ziel- und maßlos gewordenen Eigenlogik zerstöre die Orientierung auf das „gute Leben“ und degradiere „alles zu Mitteln des Gelderwerbs, als wäre dies der Zweck und als gälte es hier, dass doch auf seinen Zweck alles bezogen werden müsse“ (Aristoteles 1994: 1258a 10).[54]

Das aristotelische Praxis-Konzept lässt sich interpretieren als Reaktion auf die Bedrohung eines durch Optionalität, d.h. durch Wahl und Entscheidung geprägten Tätigkeitsmodus, der in der griechischen Polis seinen zentralen Ort hatte. Dabei muss diese Bedrohung weder auf das „Gezwungene“ des Gelderwebs (Aristoteles 1985: 1096a 8), noch auf die Zweck-Mittel-Logik des Herstellens beschränkt sein. Nach Vollrath stellt das Praxis-Konzept den Optionscharakter von Tätigkeit heraus, „um ihn sowohl vor dem Rückfall in zeremonielle Praktiken des Kultus als auch vor dem Untergang in die reine Logik einer wahrheitsfähigen Theorie oder die Aufsaugung durch bloße Technizität zu bewahren“ (Vollrath 1989: 13). Dass der Optionscharakter menschlichen Handelns während des 20. Jahrhunderts durch die verschiedenen Formen totaler Herrschaft nicht nur von Ökonomie oder Technik, sondern in historisch beispiellosem Ausmaß auch von Seiten des „Kultus“ und einer „reinen Logik“ vermeintlich objektiver historischer Gesetzmäßigkeiten bedroht

52 Vgl. dazu etwa Marx 1973: 828. Zur Kritik an Marx’ Vorstellung einer Aufhebung der Politik auch Sternberger 1978: 269-282 sowie Euchner 1990.

53 Vgl. dazu Markus 1988, Vollrath 1989 und ausführlich Gutschker 2002.

54 Zur Beziehung Aristoteles - Marx vgl. etwa Castoriadis 1983.

war, bedarf keiner weiteren Erläuterung. Ohne diese Katastrophenerfahrung in der Moderne wäre die Renaissance des aristotelischen Denkens kaum vorstellbar.

Die Sorge um die Handlungsfreiheit des modernen Menschen bildet demnach ein gemeinsames Grundmotiv der Kulturkritik Max Webers, der marxistischen Verdinglichungskritik sowie der neoaristotelischen Praxisphilosophie, zu der im weiteren Sinn ja auch Hannah Arendt zu rechnen ist.[55] Die zeitgenössische Gesellschafts- und Politikwissenschaft thematisiert das Problem des Handeln-Könnens neuerdings jedoch weniger unter Rückgriff auf die marxistische oder aristotelische Tradition als unter dem Begriff der Kontingenz. Insbesondere der Praxisbegriff scheint aufgrund seiner Verwurzelung im „alteuropäischen" Denken sowie seiner Nähe zu hermeneutischen und normativ-ontologischen Theoriekonzeptionen problematischer als der unmittelbar auf Säkularisierungs- und Modernisierungsprozesse beziehbare Begriff der Kontingenz. Im Folgenden möchte ich diskutieren, ob sich der Kontingenzbegriff zur Grundlegung eines demokratischen Politikbegriffs nutzen lässt. Dazu werde ich mich zunächst mit der Interpretation Webers als Kontingenztheoretiker durch Kari Palonen auseinandersetzen, um dann auf die ebenfalls mit dem Kontingenzbegriff argumentierende Theorie der „politischen Gesellschaft" von Michael Greven einzugehen. Zusammenfassend werde ich drei Defizite einer kontingenztheoretischen Bestimmung des Politischen darstellen. Insgesamt möchte ich zeigen, dass eine vom Kontingenzbegriff ausgehende Konzeptualisierung des Politischen dem Weberschen Typus des zweckrationalen Handelns verhaftet bleibt und deshalb nicht geeignet ist, die demokratische Qualität politischer Phänomene zu erfassen.

2 Max Weber als Kontingenztheoretiker

2.1 Die Konjunktur des Kontingenzbegriffes

Als kontingent lässt sich in einer ersten Annäherung all das bezeichnen, was auch anders möglich ist, weil es keinen notwendigen Existenzgrund hat.[56] Der Begriff der Kontingenz bezeichnet keinen Tätigkeitsmodus wie die für den Praxisbegriff konstitutive Optionalität, sondern einen Bereich der Unbestimmtheit, in dem sich sowohl Handlungen als auch Zufälle realisieren (Makropoulos 1997: 15).

Was jeweils als kontingent gilt, was also dem Zufall oder Handlungen und nicht der Notwendigkeit unterliegt, wird selbstverständlich historisch unterschiedlich

55 Einen hervorragenden Überblick über die Hauptströmungen der Aristotelesrezeption im 20. Jahrhundert und dabei auch zu verschiedenen Interpretationen des Praxisbegriffes bietet das Buch von Thomas Gutschker (Gutschker 2002).

56 Eine knappe Zusammenfassung der philosophischen Diskussion zum Kontingenzbegriff findet sich bei Makropoulos 1997: 13ff.

wahrgenommen. In seiner großen Studie zur Geschichte Athens zeigt Christian Meier, wie sich dort die Polisbürger in einer langanhaltenden Entwicklung Schritt für Schritt aus der Befangenheit in Vorgegebenes befreien und im 5. Jahrhundert vor Christus schließlich ein Bewusstsein der Macht über ihre eigenen Verhältnisse gewinnen (Meier 1993). Die Ausweitung eines solchen „Könnenbewusstseins“ auf den Bereich des Zusammenlebens begründet Meier interessanterweise durch die Schaffung der Demokratie, mit der „auch die Ordnung der Stadt Sache bewusster Setzung wurde“ (Meier 1993: 476). In dem Maße, in dem das menschliche Leben nicht mehr durch eine göttlich verbürgte Ordnung geregelt, sondern durch Handlungen und Handlungsfolgen bestimmt ist, wächst auch das Bewusstsein von Unbestimmtheit und Unsicherheit. Handeln kann durchkreuzt werden, am Zufall scheitern oder zu ganz anderen als den beabsichtigten Ergebnissen führen.

In der politischen Philosophie steht die Verwendung des Kontingenzbegriffes deshalb traditionell im Zeichen der Kontingenzabwehr oder -reduktion zur Eindämmung des Zufälligen und Unbestimmten. Dies gilt so nicht für den geradezu inflationären Gebrauch des Begriffes in der neueren philosophischen und gesellschaftswissenschaftlichen Diskussion.[57] Insbesondere von postmodernen Theorien wird die Kontingenzerfahrung moderner Gesellschaften, der Verlust allgemein akzeptierter, überlieferter oder religiös verbürgter Normen und die Auflösung der „Metaerzählungen“ der Moderne als möglicher Freiheitsgewinn gesehen. Die neuere Verwendung des Kontingenzbegriffes steht deshalb weniger im Zeichen der Kontingenzabwehr als vielmehr der Kontingenznutzung.

Wie Kari Palonen ausführt, wird Kontingenz damit als „eine dem Handeln eigene Chance verstanden, die sich in eine Figur der Freiheit verwandelt“ (Palonen 1998: 15). Statt mit Indeterminismus wird sie mit der Wahl zwischen Handlungsalternativen verbunden. Eine derartige „Kontingenz im Handeln“ (Palonen 1998: 15) stellt Palonen ins Zentrum seiner Interpretation des Werkes von Max Weber und versucht, von da aus einen Begriff des Politischen zu entwickeln, der sich als Handlungsbegriff kritisch gegen die Allmacht der Gesellschaft wenden lässt. Ähnlich argumentiert Michael Greven, der seiner Theorie der „politischen Gesellschaft“ ebenfalls einen an Max Weber gewonnenen Kontingenzbegriff zugrundelegt und argumentiert, von ihm aus wäre eine modernitätsadäquate, historische Theorie politischen Handelns zu gewinnen, welche die Probleme einer auf neoaristotelischen oder existentialistischen Ontologien basierenden Interpretation des Praxisbegriffes vermeiden könne.[58] Ich werde im folgenden auf diese Debatte ein-

57 Um nur einige der Veröffentlichungen zu nennen, die den Kontingenzbegriff schon in Titel oder Untertitel nennen: Bubner/Scheibe 1985, Rorty 1989, Makropoulos 1997, Palonen 1998, Greven 1999 und 2000, Hesse 1999, Bonacker 2000 und 2003, Holzinger 2006 und Rüb 2006.

58 Vgl. dazu Greven 1999 und spezifischer in Abgrenzung zum Handlungsbegriff Arendts Greven 2003: 133ff.

gehen und zeigen, dass und weshalb der Kontingenzbegriff dieses Versprechen nicht halten kann und von ihm aus ein demokratisch qualifiziertes politisches Handeln nicht zu konzeptualisieren ist.

2.2 Ursprünge und Bedeutungen des Kontingenzbegriffes

Fragen wir etwas genauer nach den philosophischen Ursprüngen des Kontingenzbegriffes, so ist auf den ersten Blick nicht zu erkennen, weshalb er im Gegensatz zur aristotelischen Unterscheidung von Praxis und Poiesis die Grundlage für eine modernitätsadäquatere Theorie des Politischen sollte abgeben können. Denn der Begriff führt nicht nur ebenfalls auf die aristotelische Philosophie zurück, sondern ist dort auch noch aufs engste mit dem Begriff der Praxis verwoben. Genauer verhält es sich so, dass Aristoteles in seiner Zufallslehre die Formel „wie es sich gerade ergibt" benutzt, die von den mittelalterlichen Aristotelikern Boethius und Thomas von Aquin dann mit dem lateinischen „contingere" übersetzt wurde.[59] Die Zufallslehre des Aristoteles wiederum steht im Kontext seiner praktischen Philosophie und ruht damit auf den ontologischen Unterscheidungen auf, die der aktuelle Gebrauch des Begriffes gerade vermeiden will. Das Kontingente wird von Aristoteles als das onto-logisch Mögliche abgegrenzt vom Notwendigen. Mit dieser Unterscheidung zieht er zugleich die Grenze zwischen zwei Arten der Erkenntnis, nämlich zum einen der praktischen Klugheit, die sich auf das Einzelne, Konkrete, Wandelbare und Nur-Ungefähr-Fassbare bezieht und zum anderen der theoretischen Wissenschaft, die sich mit dem Allgemeinen, Unveränderlichen und Zwingend-Beweisbaren beschäftigt (Aristoteles 1985: 1140a 24-1141b 24; Hesse 1999: 33ff.). Die Praxis ist also dem Bereich des Kontingenten, die Theorie dem Bereich des Notwendigen zuzuordnen und beiden Bereichen entspricht ein besonderes Rationalitätskonzept, nämlich die praktische Klugheit oder „phronesis" der Praxis, die „sophia" oder „sapientia sive scientia" der Theorie (Vollrath 1989: 15).

Wie vorne bereits erwähnt, realisieren sich im Bereich des Möglichen sowohl Handlungen als auch Zufälle. In den Worten von Rüdiger Bubner vermag sich Handeln „nur dort zu vollziehen, wo die Dinge auch anders sein können und es muss sich dort aufhalten, solange es Handeln ist. Zwangsläufige Geschehnisse pflegen wir ebensowenig Handeln zu nennen wie das schlechterdings gesetzmäßige und prognostizierbare Verhalten" (Bubner 1984: 38). Handeln können wir demnach nur vor einem Horizont alternativer Möglichkeiten, zwischen denen wir uns entscheiden müssen. Wer die eine Möglichkeit wählt, schließt die anderen aus. Der von diesem Horizont abgesteckte Bereich des Anders-sein-könnens ist zugleich der

59 Zur Begriffsgeschichte vgl. Bubner 1984: 35.

Bereich des Zufalls. Zufall und Handeln teilen jedoch nicht nur diesen Bereich, sondern stehen – wenn wir Bubners Interpretation folgen – in einem inneren Zusammenhang zueinander. Als zufällig bezeichnen wir nämlich nicht alles, was auf der Welt anders ist als es sein könnte, sondern nur dasjenige, was in irgendeiner Weise auf unser Handeln bezogen ist (Bubner 1984: 39). Der Zufall tritt an einem zweckmäßig bestimmten Prozess auf, ohne intendiert worden zu sein, „so dass sein Auftreten zwar in der Perspektive zweckmäßiger Begründbarkeit wahrgenommen wird, der Grund aber unbestimmbar bleibt ... Deshalb gehen im Zeichen des Zufalls die Ereignisse anders aus, als das Handeln für sich intendierte“ (Bubner 1984: 37).

Wer handelt, setzt sich demnach dem Zufall aus, er muss damit rechnen, dass seine Pläne durchkreuzt werden und er seine Ziele verfehlt. Deshalb stand, wie oben bereits erwähnt, die Beschäftigung mit der Kontingenz auch jahrhundertelang unter dem Vorzeichen der Kontingenzabwehr oder –bewältigung. Was uns darauf bezogen interessiert und in wenigen Schritten zu unserem Thema des demokratischen politischen Handelns zurückbringen wird, ist die von Palonen und Greven vertretene These einer Umwertung der Kontingenz im modernen politischen Denken, die es erlaube, den Kontingenzbegriff einer Theorie des Politischen zugrunde zu legen. Im Unterschied zu anderen Versuchen, Politik in modernen Gesellschaften vom Kontingenzbegriff aus zu denken,[60] bestimmen sie Kontingenz dabei positiv als Handlungsfreiheit.

2.3 Chance und „operative Kontingenz“ bei Max Weber

Palonen entwickelt sein Argument ausgehend von einer Interpretation Machiavellis. Dessen Republikanismus fasse Kontingenz im Gegensatzpaar von „fortuna“ und „virtù“.

60 Eine breite Diskussion des Kontingenzbegriffes in der politischen Theorie findet sich bei Markus Holzinger. Holzinger versteht die typisch zeitgenössische Kontingenzerfahrung allerdings in erster Linie als einen Prozess der Radikalisierung und Bewusstwerdung von Ungewissheit, der nun auch die Ligaturen moderner Gesellschaften (wie Kleinfamilie, Erwerbsarbeitsgesellschaft und Nationalstaat) erfasse. Gegen Greven argumentiert er, dass die radikalisierte Kontingenzerfahrung, statt die Möglichkeiten politischen Handelns zu erhöhen, eher die Gefahr einer Erosion von Öffentlichkeit berge und einen unpolitischen Privatismus begünstige. Im Modell deliberativer Demokratie sieht er demgegenüber ein modernes Äquivalent zur Metaphysik, das es erlaube, gegen die reine Kontingenz ein unverzichtbares Minimum an Normativität zu schöpfen (Holzinger 2006). Friedbert Rüb knüpft an Palonen und Greven an und geht davon aus, dass Kontingenz zunehmend die Prinzipien einer zielorientierten Rationalität in der Politik erfasse. Er versucht von da aus jedoch nicht, einen positiven Begriff des politischen Handelns zu gewinnen, sondern will vielmehr im Sinne einer „Wirklichkeitswissenschaft“ Politik als „prinzipienlose und zeitorientierte Reaktivität“ beschreiben (Rüb 2006: 2).

Dabei bezeichne „fortuna“ die Kontingenz, „virtù“ das Verhalten ihr gegenüber (Palonen 1998: 26). Aus der berühmten Stelle im „Principe“, an der Machiavelli die „fortuna“ mit einem reißenden Strom vergleicht, den man durch Wälle und Dämme lenken oder doch zumindest mildern kann, schließt Palonen, dass für Machiavelli die „fortuna“ noch die primäre Rolle in der Geschichte spiele und durch menschliches Handeln nur eingegrenzt und kontrolliert werden könne. Auch wenn Machiavelli die Chancen der Eindämmung durch die „virtù“ positiv sehe (so weit, dass wir nur noch zur Hälfte vom Schicksal abhängen), so bliebe bei ihm Politik doch ein Spiel gegen die Kontingenz (Palonen 1998: 41f.). Der Handelnde kann nach Machiavelli zwar die Kontingenz zum eigenen Vorteil nutzen, das Primäre bleibt jedoch die Situation: „Virtù ist eine Figur der Eindämmung, sie enthält also nichts vom liberum arbitrium“ (Palonen 1998: 41). Die Kontingenz bleibe deshalb ein Hintergrund, den man erkennen und ausnutzen könne, im eigenen Handeln jedoch nur von außen betrachte. Handlungskontingenz als Kontingenz im eigenen Handeln werde von Machiavelli noch nicht thematisiert (Palonen 1998: 46).

Bei Max Weber dagegen komme es zu einer „Doppelwende“ in Bezug auf die Kontingenz. Erstens sei durch die Tendenz zur Bürokratisierung die „fortuna“ in der modernen Welt weitgehend ausgeschaltet, zweitens gehe es nun statt um die Kontingenz des Handelns um eine Kontingenz im Handeln, d.h. Weber verstehe Kontingenz als eine dem Handeln eigene Chance, wodurch sie sich in eine „Figur der Freiheit“ verwandle. Von der bloß formalen Möglichkeit des Anders-Handeln-Könnens werde Kontingenz nun „zu einer Figur, die die Suche nach und die Wahl zwischen den Alternativen hervorhebt“ (Palonen 1998: 15). Die Offenheit des Ausgangs der Politik werde damit in erster Linie nicht mehr als Mangel oder als Bedrohung, sondern positiv als Möglichkeit gesehen (Palonen 2001: 12).[61]

Palonen präzisiert den Stellenwechsel der Kontingenz bei Weber unter Bezugnahme auf dessen Bürokratisierungsthese in „Politik als Beruf“. In seinem etwas verschlungenen Argumentationsgang zitiert er zunächst Sheldon S. Wolin, der bereits 1960 feststellt, die politische Welt Webers habe sich gegenüber der Machiavellis verkehrt, insofern ihr durch bürokratische Verfahren die Kontingenz ausgetrieben worden sei. Die Interpretation Wolins, die Webers politischen Führer in einen tragischen Gegensatz zur Funktionalisierung des Handelns in einer bürokratisierten und durchrationalisieren Welt stellt, stimmt mit der im vorigen Kapitel dargestellten Sicht auf Webers Kulturkritik prinzipiell überein. Wolin sieht jedoch in der Weberschen Figur des starken politischen Führers einen romantischen Helden, der gegenüber der bürokratisierten Welt ebenso zum Scheitern verurteilt sei,

61 Gegenüber der „fortuna“ Machiavellis, die noch deutlich Züge eines den Menschen und ihrem Handeln vorausgesetzten Schicksals trägt, mag dieses Moment in der Tat neu sein, aus Sicht einer an Aristoteles anknüpfenden Praxisphilosophie bezeichnet der Begriff der Kontingenz, wie oben ausgeführt, bereits ursprünglich einen Bereich, in dem sich die Optionalität des Handelns und damit auch Freiheit verwirklichen kann.

wie der klassische Held gegenüber der „fortuna“.[62] Demgegenüber habe ich im vorigen Kapitel betont, dass Weber im herrschaftlichen Dezisionismus seiner plebiszitären Führerdemokratie einen Ausweg sieht, auf dem wertrationales Handeln gegenüber den Zwängen von Ökonomie und Bürokratie möglich bleiben soll. Palonen wiederum geht es in einer weiteren Interpretationsvariante darum, durch eine Differenzierung des Kontingenzbegriffes Weber als Theoretiker eines freiheitlichen politischen Handelns neu zu lesen. Der Webersche Politiker nutze „ ... die Abkehr von der ‚fortuna' als Gelegenheit, um die Kontingenz auf die Seite der Politik zu bringen und ihr eine neue Form zu geben. Hier fängt das `Webersche Moment′ an“ (Palonen 1998: 58). Die Pointe der ausführlichen Neuinterpretation Palonens erschließt sich am besten, wenn wir von den aus seiner Sicht zentralen Kategorien der „Chance“ und der „Nebenfolgen“ ausgehen. Nach Palonen liegt der Schlüssel zur entscheidenden Innovation der Weberschen Handlungstheorie in den beiläufigen und eher sporadischen Thematisierungen der Chancen eines Handelns. Mit ihnen erweitere Weber das herkömmliche Zweck-Mittel-Denken, indem er Zwecke und Mittel auf die objektiven Möglichkeiten der Situation beziehe (Palonen 1998: 132f.). Als entscheidende Aussage zitiert Palonen folgende Stelle aus Webers berühmtem Aufsatz zur Objektivität sozialwissenschaftlicher Erkenntnis:

> „Da wir (innerhalb der jeweiligen Grenzen unseres Wissens) gültig festzustellen vermögen, *welche* Mittel zu einem vorgestellten Zwecke zu führen geeignet und ungeeignet sind, so können wir auf diesem Wege die Chancen, mit bestimmten zur Verfügung stehenden Mitteln einen bestimmten Zweck überhaupt zu erreichen, abwägen und mithin indirekt die Zwecksetzung selbst, auf Grund der jeweiligen historischen Situation, als praktisch sinnvoll oder aber als nach Lage der gegebenen Verhältnisse sinnlos kritisieren“ (Weber 1988: 149, zitiert bei Palonen 1998: 133, Hvhbg. v. Weber).

Chance bedeute bei Weber nicht Gelegenheit oder „occasione“ wie bei Machiavelli, sondern ein Charakteristikum des Handelns, ein allgegenwärtiges Anders-Tun-Können. Eine solche Hereinnahme der „Chance“ in die finalistische Perspektive seiner Handlungstheorie impliziere nun aber eine „...Umwandlung der Finalität: es geht nicht um eine Rechenaufgabe, sondern um die Abschätzung der Chancen, etwas mit bestimmten Mitteln zu erreichen“ (Palonen 1998: 134). Zwecke und Mittel verlören ihre Verfügbarkeit, könnten nicht mehr nach Belieben gesetzt, sondern müssten im Lichte von Möglichkeiten bestimmt werden. Statt um eindeutige zweckrationale Hierarchisierungen, gehe es nun um ein Einschätzen und Abwägen (Palonen 1998: 134).

62 Die entscheidende Stelle bei Wolin lautet: „Weber plaintively pleaded for a conception of political leadership, rising to heights of moral passion and grandeur, harried by a deep sense of responsibility. But, at bottom, he is a figure as futile and pathetic as his classical counterpart ... the special irony of the modern hero is that he struggles in a world where contingency has been routed by bureaucratized procedure and nothing remains for the hero to counted against ... even charisma has been bureaucratized“ (Sheldon Wolin: Politics and Vision, London 1960, 423, zitiert nach Palonen 1998: 57).

Die Abschätzung der Chancen bildet demnach ein eigenständiges Moment im Handeln, das geeignet sei, das Zweck-Mittel-Denken zu relativieren. Ähnliches gelte für die Nebenfolgen, die, sozusagen als unerwartete Chancen, ebenfalls dazu führen können, Zwecke und Mittel situationsadäquat neu zu bestimmen.[63] Damit stelle Weber die Kontingenz, die traditionell in Gestalt der schicksalsähnlichen „fortuna" oder als unbeabsichtigte Handlungsfolge gefürchtet wurde, nun in eine ganz andere Perspektive.

> „Die Chance ist bei Weber ‚das Symbol der Kontingenz', so wie nach Pocock *fortuna* es im Machiavellischen Moment ist. Die Chance ist die Figur, die bei der Sprengung der Opposition zwischen *fortuna* und *virtù*, der Zufallskontingenz und ihrer Zurückdrängung oder Eingrenzung die Schlüsselrolle spielt" (Palonen 1998: 134f.).

Eine regelrechte Umkehrung im Verhältnis zur Kontingenz ergibt sich dann daraus, dass die „fortuna" oder Zufallskontingenz zurückgedrängt und eingegrenzt, Chancen dagegen positiv genutzt werden. Die „Chance" mit ihrer Priorität des Möglichen gegenüber dem Wirklichen ermögliche deshalb einen operativen Umgang mit der Kontingenz. Als dessen Schlüsselbegriffe identifiziert Palonen bei Weber das „Streben" als offene, primär auf Veränderung gerichtete Finalität, den „Kampf" als radikale Alterität und Pluralität sowie die „Macht" als Spielraum oder Verfügung über Handlungsmöglichkeiten (Palonen 1998: 156-175). Im Ergebnis führe Webers Handlungstheorie zu einem neuen Freiheitsbegriff, der Freiheit weder voluntaristisch noch liberal bestimme, sondern als „eine Öffnung ins Neue, Unsichere und Unbekannte", zugleich aber „eine Kompetenz im Handeln mit Nebenfolgen" voraussetze (Palonen 1998: 141).

> „Es ist eben eine Freiheit des Handelns, in dem die Öffnung der Spielräume mit der korrelativen Forderung nach der Bereitschaft und Kompetenz zum Spielen in der Kontingenz verbunden wird" (Palonen 1998: 141).

Diesen Freiheitsbegriff nennt Palonen „situationell oder existentiell" (Palonen 1998:141). Politik ist bei Weber demzufolge vor allem bestimmt durch die operative oder Chancenkontingenz des „Auch-Anders-Tun-Könnens" (Palonen 2002: 144f.). Da jedoch, anders als es Weber aufgrund seiner Bürokratisierungsthese erwartete, auch die Hintergrund- oder „fortuna"-Kontingenz nicht gänzlich verschwunden sei, habe es Politik heute mit einem „Doppelspiel der Kontingenzen" (Palonen 1998: 333) zu tun. Sie muss Handlungs- und Hintergrundkontingenz bewältigen, also nicht nur Chancen nutzen, sondern auch Risiken eindämmen.

63 Zusammenfassend formuliert Palonen: „Mit den Chancen und Nebenfolgen wird die Webersche Handlungstheorie erheblich bereichert. Die konventionelle Teleologie von Zwecken und Mitteln wird von beiden Enden her relativiert, das Handeln wird auf den Horizont des Möglichen und der denkbaren Folgen bezogen. Zusammen steigern diese Aspekte das situationale Moment als eine potentielle Bruchstelle im Handeln, von der das normativ-finalistische Moment der Zwecke und Mittel abhängig wird" (Palonen 1998: 139).

Für unsere weitere Argumentation bleibt festzuhalten, dass Weber aus der Sicht Palonens der entscheidende Schritt zur Konzeptualisierung der operativen Kontingenz des politischen Handelns gelungen ist. Mit diesem Politikbegriff gewinne Weber eine der Gesellschaft und ihren totalisierenden Tendenzen entgegengesetzte Kategorie zum Verständnis des Politischen. Während die Sozialwissenschaften im 20. Jahrhundert unter dem Primat der Kategorie der Gesellschaft ein Ausschalten der Kontingenz im Leben der Menschen anstrebten, sei von Weber aus eine postgesellschaftliche Konzeption des Politischen zu entwickeln, die Ähnlichkeiten zu älteren republikanischen und vertragstheoretischen Traditionen aufweise. Mit ihr könne an der Kritik der Allmacht des Sozialen angeknüpft werden, wie sie die französische Philosophie während der letzten Jahrzehnte formuliert habe. Im Zeichen des Verhältnisses von Politik und Kontingenz ließe sich eine Begriffsgeschichte des Politischen schreiben, die eine handlungstheoretische Gegengeschichte zu den die gegenwärtige politische Theorie dominierenden soziologistischen Deutungen darstelle (Palonen 1998: 18f.). Für uns wird weiter zu klären sein, ob sich von einer solchen Konzeption aus auch demokratisches politisches Handeln unter Bedingungen einer modernen, durch ökonomische Funktionalität geprägten Gesellschaft begründen lässt. Bevor ich zur Beantwortung dieser Frage ausführlicher auf die zum Teil mit Palonen argumentierende Theorie der Politischen Gesellschaft von Michael Greven eingehen werde, möchte ich jedoch die Weberinterpretation Palonens hinterfragen.

2.4 Zweck-Mittel-Rationalität oder „Spielen mit der Kontingenz"?

Palonens Lesart widerspricht in einem entscheidenden Punkt meiner eigenen, im vorigen Kapitel entwickelten Interpretation Webers. Nach Palonen erweitert und relativiert Weber, wohl mehr als ihm selbst bewusst war, vom Begriff der „Chance" aus die konventionelle Zweckrationalität und zwar sowohl in Bezug auf den Horizont des Möglichen, als auch in Bezug auf die nichtintendierten Folgen einer Handlung. So gesehen überwindet Weber die prinzipielle Heteronomie zwischen der freien Wahl letzter Werte und den daraus gewonnenen Handlungszielen einerseits und ihrer zweckrationalen Verwirklichung andererseits. Damit wäre der Weg frei für die Entwicklung einer modernen, dem Verlust absoluter Maßstäbe und verbindlicher Traditionen gerecht werdenden Version praktischer Klugheit. Hier scheint Palonen die bereits vorne kritisierte Interpretation von Wilhelm Hennis, wonach das von Weber geforderte „Augenmaß des Politikers" der praktischen Klugheit oder Urteilskraft entspricht, aus ihren aristotelischen Bezügen zu lösen und mittels der Figur der „doppelten Kontingenz" zeitgemäß umzuformulieren. Vom Theoretiker der gesellschaftlichen Rationalisierung wird Weber zum Ideengeber einer postmodern aufgeklärten Neubestimmung des politischen Handelns im Zeichen der Kontingenz.[64]

Demgegenüber halte ich beide Versionen, die aristotelische von Hennis wie die moderne von Palonen, für unvereinbar mit der durchgängigen Dominanz des teleologischen Handlungsmodells bei Weber. Das „Einschätzen“ und „Abwägen“, das Palonen so hervorhebt, bleibt bei Weber ein situationsbezogenes Kalkül im Verhältnis von Zwecken und Mitteln. Dass Weber in der oben mit Palonen zitierten Stelle seines Aufsatzes zur Objektivität sozialwissenschaftlicher Erkenntnis von der Abwägung der Chancen, „mit bestimmten zur Verfügung stehenden Mitteln einen bestimmten Zweck überhaupt zu erreichen“ (Weber 1988: 149) spricht, stellt das Zweck-Mittel-Denken lediglich in einen Kontext empirischer Bewährung. Grundsätzlich tut Weber dies im übrigen bereits in seiner Definition zweckrationalen Handelns in „Wirtschaft und Gesellschaft“:

> „Zweckrational handelt, wer sein Handeln nach Zweck, Mitteln und Nebenfolgen orientiert und dabei sowohl die Mittel gegen die Zwecke, wie die Zwecke gegen die Nebenfolgen, wie endlich auch die verschiedenen möglichen Zwecke gegeneinander rational *abwägt*: also *weder* affektuell (und insbesondere nicht emotional) *noch* traditional handelt“ (Weber 1947: 13, Hvhbg. v. Weber).

Weber fährt fort, dass die Entscheidung zwischen konkurrierenden Zwecken entweder wertrational erfolgen kann oder nach dem Prinzip des Grenznutzens, orientiert an der Dringlichkeit subjektiver Bedürfnisse (Weber 1947: 13). Es geht also offensichtlich darum, dass die Wahl solcher Handlungszwecke, die bei gegebenen Mitteln unerreichbar sind oder gegenüber anderen möglichen Zwecken weniger erwünschte Folgen (und Nebenfolgen) zeitigen, bzw. einen geringeren Nutzen versprechen, schlicht Webers Begriff der Zweckrationalität widerspräche. Die Öffnung eines solchen teleologischen Abwägens zur Handlungssituation und ihren Chancen, die Palonen so sehr betont, erweitert dann zwar die reflexive Dimension,

64 Damit rückt Weber in die Nähe des amerikanischen Pragmatismus. Hans Joas, der in zahlreichen Schriften gegen die funktionalistischen Tendenzen der zeitgenössischen Gesellschaftstheorie eine pragmatische Handlungstheorie verteidigt, sieht einen entscheidenden Bruch des Pragmatismus mit dem teleologischen Denken darin, dass es Erkenntnis und Zwecksetzung der eigentlichen Handlung nicht länger vorordnet, sondern als situationsbezogene Phase des Handelns auffasst. Intentionalität sei dann nicht mehr dem Handeln in völliger Unabhängigkeit vorausgesetzt, sondern bestehe in „einer selbstreflexiven Steuerung unseres laufenden Verhaltens“ (Joas 1992: 232). Entsprechend sieht auch Dieter Hartmann den Kern des Praxisbegriffes von Dewey darin, dass er den Zweck situativ an den jeweils vorhandenden Mitteln bricht und damit umgekehrt die vorhandenen Mittel Einfluss auf die Konstitution der Zwecke ausüben (Hartmann 2003: 101). Die Einsicht in den konstitutiven Situationsbezug jedes Handelns mag in der Tat die Vorordnung der Theorie gegenüber der Praxis relativieren oder, wie Joas meint, die cartesianischen Trennungen zwischen Ich und Welt, Geist und Körper überwinden und es unmöglich machen, Handlungsmotive weiter in einem strengen Sinn als Ursache von Handlungen zu verstehen (Joas 1992: 231; 237). Die apolitische, monologische Struktur des zweckrationalen Handelns ist damit jedoch, wie unten ausgeführt, nicht überwunden.

die das zweckrationale Handeln bei Weber ohnehin hat, es verschafft ihm aber keine politische Qualität.

Palonens Weberlektüre unterstreicht deshalb lediglich, dass Weber, wie von einem Dezisionisten auch nicht anders zu erwarten, keine feste, von Tradition oder Religion verbürgte und theoretisch bestimmbare Hierarchie von Handlungszwecken mehr kennt. Er muss Handlungszwecke vielmehr, immer bezogen auf die letzten Wertentscheidungen, abwägen. Dazu will er möglichst alle Folgen, welche die Anwendung der erforderlichen Mittel nach sich zieht, im Voraus kennen. Eine derart fundierte und damit rationalisierte Prüfung der Realisierungschancen von Zwecken sowie der intendierten und nicht intendierten Folgen der zum Einsatz kommenden Mittel bezieht zwar die Handlungssituation ein, verbleibt jedoch innerhalb der Perspektive eines zwecksetzenden und –realisierenden Subjekts. Weber mag die Kontingenzbestimmung von der „fortuna“ oder dem Handlungshintergrund lösen und auf die Handlung selbst, bzw. auf das Verhältnis von Zwecken und Mitteln, Folgen und Nebenfolgen ausdehnen. Dies impliziert jedoch nicht, wie Palonen meint, eine Relativierung der Zweck-Mittel-Rationalität, sondern dient ihrer Perfektionierung.

Ein Begriff politischen Handelns wäre demgegenüber erst von einem Abwägen zu gewinnen, das verschiedene Akteure und ihre unterschiedlichen Perspektiven, Interessen und Werte einschlösse. Die von Weber ins Auge genommene Abwägung relativiert aber in keiner Weise seine Überzeugung vom „absoluten Polytheismus“ bzw. dem „unüberwindbaren tödlichen Kampf“ der letzten Werte, zwischen denen der Handelnde willkürlich entscheiden muss (Weber 1988: 507). Seine Abwägung erstreckt sich nicht auf konfligierende Handlungsalternativen in einem durch Pluralität und Perspektivenvielfalt konstituierten politischen Raum, sondern bleibt als situationsbezogenes zweckrationales Kalkül wesentlich technisch.[65] Von daher bietet Webers „Chance“ auch keinen Ansatzpunkt für die Konzeptualisierung einer Interaktion, die nicht als instrumentelle und strategische Einwirkung auf ein objektiviertes Gegenüber, sondern als Beziehung zwischen sprach- und handlungsfähigen Subjekten zu denken wäre. Zu Recht stellt Habermas fest, Webers Rationalitätsbegriff bliebe an die Zwecktätigkeit eines monologischen Handlungssubjekts gebunden (Habermas 1981: I, 378). Von der Hereinnahme der Kontingenz ins Handeln, die Palonen Weber attestiert, ließe sich jedoch nur dann ein Handlungsbegriff des Politischen gewinnen, wenn sie über die Unbestimmtheit der Wertrealisierung durch ein Handlungssubjekt hinaus auch die Ebene des Wertepluralismus unter verschiedenen Subjekten umfassen würde.

Dass dies bei Weber nicht der Fall ist, bestätigt sich auch an der Rolle der Wissenschaft, mit deren Hilfe er es möglich machen will, die Entscheidung für ein

65 Dies belegte Hella Mandt mit vielen Textstellen bereits vor mehr als dreißig Jahren (Mandt 1974: 267-273).

Handeln aufgrund der Kenntnis seiner Folgen und Nebenfolgen zu treffen und damit die Rationalität der Mittel im Verhältnis zu den frei gewählten Zwecken zu beurteilen. So fährt Weber nach der von Palonen zitierten Stelle zu den Chancen, die das Überwinden bloßer Rechenhaftigkeit innerhalb eines starren Zweck-Mittel-Denkens belegen soll, wie folgt fort:

> „Wir bieten alsdann dem Handelnden die Möglichkeit der Abwägung dieser ungewollten gegen die gewollten Folgen seines Handelns und damit die Antwort auf die Frage: was „kostet" die Erreichung des gewollten Zweckes in Gestalt der voraussichtlich eintretenden Verletzung anderer Werte? Da in der großen Überzahl aller Fälle jeder erstrebte Zweck in diesem Sinn etwas „kostet" oder doch kosten kann, so kann an der Abwägung von Zweck und Folgen des Handelns gegeneinander keine Selbstbesinnung verantwortlich handelnder Menschen vorbeigehen, und sie zu ermöglichen, ist eine der wesentlichsten Funktionen der technischen Kritik, welche wir bisher betrachtet haben. Jene Abwägung selbst nun aber zur Entscheidung zu bringen, ist freilich nicht mehr eine Aufgabe der Wissenschaft, sondern des wollenden Menschen: er wägt und wählt nach seinem eigenen Gewissen und seiner persönlichen Weltanschauung zwischen den Werten, um die es sich handelt" (Weber 1988: 150, Hvhbg. v. Weber).

Statt für eine Relativierung zweckrationalen Denkens steht diese Textstelle doch wohl eher für den Versuch, es idealiter, in aller Klarheit und Konsequenz auszuleuchten. Selbst eine Relativierung der Heteronomie zwischen der freien Wahl der letzten Werte und der zweckrationalen Verwirklichung der durch sie bestimmten Ziele lässt sich hier nicht herauslesen.

Entsprechend bleibt auch der Freiheitsbegriff Webers aufs engste an sein teleologisches Handlungsmodell gebunden. Freiheit umfasst für Weber die freie Wahl der letzten, zweckbestimmenden Werte, nicht weniger aber auch die konsequente Unterordnung des Handelnden unter die instrumentelle Rationalität der Zweckrealisierung.

> „Je ‚freier', d.h. je mehr auf Grund ‚eigener', durch ‚äußeren' Zwang oder unwiderstehliche ‚Affekte' nicht getrübter ‚Erwägungen' der ‚Entschluss' des Handelnden einsetzt, desto restloser ordnet sich die Motivation ceteris paribus den Kategorien ‚Zweck' und ‚Mittel' ein, desto vollkommener vermag also ihre rationale Analyse und gegebenenfalls ihre Einordnung in ein Schema rationalen Handelns zu gelingen, desto größer aber ist infolgedessen auch die Rolle, welche – beim Handelnden einerseits, beim analysierenden Forscher andrerseits – das nomologische Wissen spielt, desto ‚determinierter' ist ersterer in bezug auf die ‚Mittel'. Und nicht nur das. Sondern je ‚freier' in dem hier in Rede stehenden Sinn das ‚Handeln' ist, d.h. je weniger es den Charakter eines ‚naturhaften Geschehens' an sich trägt, desto mehr tritt damit endlich auch derjenige Begriff der ‚Persönlichkeit' in Kraft, welcher ihr ‚Wesen' in der Konstanz ihres inneren Verhältnisses zu bestimmten letzten ‚Werten' und Lebens-‚Bedeutungen' findet, die sich in ihrem Tun zu Zwecken ausmünzen und so in teleologisch-rationales Handeln umsetzen ... " (Weber 1988: 132, Hvhbg. v. Weber).

Von einem postmodernen „Spielen mit der Kontingenz" scheint mir diese Haltung denkbar weit entfernt. Mit der Zurückweisung der Weberinterpretation Palonens ist allerdings die Frage, ob sich vom Begriff der Kontingenz aus eine adäquate Theorie politischen Handelns gewinnen lässt, noch nicht entschieden. Palonen selbst nennt die Kontingenz ein formales Prinzip, das zum Politischen allein noch nicht genüge, aber eine Perspektive zu seiner Konzeptualisierung biete. In eine solche Perspektive stellt sich die Theorie der „politischen Gesellschaft" von Michael Greven, mit der ich mich deshalb auf den nächsten Seiten beschäftigen werde.

3 Michael Grevens „Politische Gesellschaft"

3.1 Die politische Selbstproduktion der Gesellschaft

Michael Greven konfrontiert die weit verbreitete Überzeugung von einer abnehmenden Handlungsfähigkeit und Gestaltungsmacht der Politik mit der provozierenden Behauptung, wir lebten „heute in einer politischen Gesellschaft, in der virtuell alles von politischen Entscheidungen abhängig geworden ist" (Greven 1999: 14). Er begründet diese starke These in erster Linie mit dem dramatisch gesteigerten Maß an Kontingenz in spätmodernen Gesellschaften, in denen vorpolitische Konsense und Institutionen zunehmend erodierten. Aufgrund dessen seien die Grundlagen des Zusammenlebens nur noch durch politische Entscheidungen hervorzubringen.[66] Gegen die verkürzte Rationalität ökonomischer Theorien und den Funktionalismus der Systemtheorie will Greven Politik weder auf rationale Kalküle noch auf gesamtgesellschaftliches Problemlösungsverhalten verengen, sondern als ein konstitutives Charakteristikum heutiger Gesellschaften verstehen, in denen prinzipiell alles zur Entscheidung stehe (Greven 1999: 10, 68f.).

Greven sieht wie Palonen in Max Weber einen Theoretiker der modernen politischen Kontingenz. Ausdrücklich widerspricht er jedoch Palonens These, Webers Theorie der Kontingenz sei aus einem Begriff des politischen Handelns zu rekonstruieren.[67] Stattdessen gründe Webers Theorie moderner politischer Kontingenz in seiner strikten Lösung des Machtbegriffes von jeder Normativität sowie einem Verständnis von Demokratie als einer rein prozeduralen Methode des gewaltfreien Regierungswechsels. Das entspreche im übrigen vollkommen seiner eigenen Diagnose der „politischen Gesellschaft": Durch die komplexe Entwicklung reflexiver Modernisierung habe sich jede normative Orientierung für ein gemeinsames politisches Handeln oder ein „bonum communis" in irreduziblen Pluralismus verflüchtigt (Greven 2004: 197f.) Während die Rekonstruktion eines Begriffes *politischen* Handelns im Sinne Palonens, vor allem über seine Interpretation der „Chance"und des „Abwägens", noch Anschlussmöglichkeiten zur Entwicklung norma-

66 Vgl. insbesondere Greven 1990, 1992, 1999, 2000 und 2004.

67 Auch Greven bestreitet, dass sich Webers Ausführungen zu Handlungschancen im Sinne einer Öffnung der Finalität, d.h. einer Relativierung der Zweck-Mittel-Rationalität interpretieren lassen (Greven 2004).

tiver Kriterien der politischen Qualität eines Handelns bietet, schließt Greven einen solchen Weg von vornherein aus. Er erhebt für die Politik einerseits den denkbar stärksten Gestaltungsanspruch und verneint andererseits jede begründbare Möglichkeit, ihn normativ zu qualifizieren oder zu begrenzen.

Weit hinter Weber zurückgreifend, knüpft Greven am „Könnenbewusstsein" an, das Christian Meier der griechischen Polis zuschreibt.[68] Er weitet es jedoch im Sinne des aufklärerischen Anspruches auf Selbstbestimmung über einen abgegrenzten politischen Bereich auf die zeitgenössische Gesellschaft insgesamt aus. Bekanntermaßen liegt nach Horkheimer und Adorno der Grundgedanke der Aufklärung bereits im einfachen „Es ist der Mensch", mit dem Ödipus das Rätsel der Sphinx löst (Horkheimer/Adorno 1971: 10). Wie eng Greven an diese anthropozentrische Perspektive gebunden bleibt, zeigt die Argumentation, mit der er seine quer zum Zeitgeist liegende These von der „politischen Gesellschaft" zu begründen sucht. Greven nennt eine Gesellschaft dann „politisch", wenn sich in ihr angesichts der Säkularisierung und Pluralisierung aller normativen Sinnbezüge sowie der Ausdifferenzierung von Lebenslagen und Milieus die gesamtgesellschaftliche Geltung von Normen nur noch über politische Prozesse erzeugen lässt (Greven 1992: 195). Eine politische Gesellschaft ist demnach eine Gesellschaft, die sich durch Entscheidungen selbst hervorbringt und dies – prinzipiell zumindest – auch durchschaut. Sie unterscheidet sich also von historisch früheren Gesellschaften durch ihr Kontingenzbewusstsein. So formuliert Greven, sein ganzes Buch „Die politische Gesellschaft" handle davon, wie die Kontingenz „seit der frühen Neuzeit dramatisch zugenommen hat und offenkundig noch weiter zunimmt" (Greven 1999: 19). Greven, so könnte man sagen, übernimmt von Marx den Grundgedanken der Selbsthervorbringung der Gesellschaft, überträgt ihn jedoch vom gesellschaftlichen Produktionsprozess auf die politische Entscheidung.

Auch wenn er also die Politik zum Prometheus macht, betont Greven wiederholt, sein Begriff der „politischen Gesellschaft" sei nicht präskriptiv, sondern deskriptiv gemeint und beruhe auf einer „historischen und wirklichkeitswissenschaftlichen Diagnose" (Greven 1999:14). Neben der bereits genannten Säkularisierung und Pluralisierung nennt er insbesondere drei weitere Entwicklungen, aus denen die „politische Gesellschaft" hervorgehe:

Erstens verdränge die Durchsetzung eines interessenbasierten Handlungsmodells im Zuge der gesellschaftlichen Rationalisierung moralische und emotionale Motive des Handelns. Dieser Reduktionismus ermögliche eine Konvertibilität von Interessen, die wiederum zusätzliche Kontingenz erzeuge. Die Interessenbasiertheit der modernen Politik befördere eine bis zur „Gesinnungslosigkeit gehende Flexibilität und Gestaltungsfähigkeit politischer Programme" (Greven 1999: 38).

68 So etwa in Greven 1997: 237.

Angesichts des Fehlens jedes transzendenten, über die Vereinbarkeit oder Unvereinbarkeit von Interessen hinausgehenden Kriteriums könne nur die politische Entscheidung selbst dem Relativismus „wenigstens einen zeitweise verlässlichen prozessuralen Rahmen setzen, dessen Geltung freilich immer aufs neue politisch bestätigt und bekräftigt werden muß“ (Greven 1999: 39).

Wirklichkeit wird die „politische Gesellschaft“ jedoch erst durch zwei weitere Entwicklungen, nämlich durch die wohlfahrtsstaatliche Inklusion der Gesellschaft „von oben“ sowie ihre Fundamentalpolitisierung „von unten“. Mit dem ersten dieser beiden Prozesse bezieht sich Greven auf die seit der frühen Neuzeit staatlich initiierte, geförderte und gelenkte wirtschaftliche Modernisierung und wendet sich gegen die „Legende von der ‚autonomen' Entwicklung der kapitalistischen Produktionsweise“ (Greven 1999: 47). Mit der wohlfahrtsstaatlichen Durchdringung der Ökonomie im 20. Jahrhundert habe die Politisierung der Gesellschaft dann den materiellen Kernbereich im Leben jedes Einzelnen erfasst. Die „Fundamentalpolitisierung“ schließlich bestehe in der Ausdehnung politischer Beteiligungsrechte auf alle erwachsenen Bürger. Die Gesellschaftsmitglieder werden zu politischen Subjekten, unabhängig davon, wie weit es ihnen gelingt, auch reale Einwirkungsmöglichkeiten auf die Ausübung politischer Macht zu gewinnen.

Zusammenfassend umreißt Greven die Architektur der „politischen Gesellschaft“ wie folgt:

> „Alles ist politisch entscheidbar geworden, alles Entscheidbare stellt sich als Interessenkonflikt dar, für alles kann die Politik ihre Zuständigkeit erklären und jedes erwachsene Gesellschaftsmitglied gilt als politisches Subjekt. Zusammen ergeben diese vier tiefgreifenden Qualitäten der politischen Gesellschaft seitdem der Epoche eine historisch einzigartige Dynamik und Kontingenz, erlauben ganz neuartige Mobilisierungsprozesse, lassen aber auch moralische Katastrophen ohne Präzedenz zu“ (Greven 1999: 55).

3.2 Demokratischer Dezisionismus

Greven geht in seiner Weberinterpretation, wie oben erwähnt, nicht von einem politischen Handlungsbegriff, sondern von einem radikalen Wertepluralismus aus. Stärker als Palonen rückt er deshalb die willkürliche Entscheidung ins Zentrum seines Politikbegriffes. Damit sieht er sich in einem Gegensatz zur weitverbreiteten Tendenz, den dezisionistischen Charakter der Politik zu verdrängen. Denn obwohl niemand ernsthaft bestreiten könne, „dass verbindliches Entscheiden und die Organisation und der Einsatz von physischer Gewalt zu den grundlegenden Aspekten des Politischen gehören“, versuche man, dem Zwang zur Entscheidung in Praxis und Theorie meist auszuweichen und tabuisiere geradezu den Zusammenhang von Entscheidung und Gewalt (Greven 1999: 67).

Wer Kontingenz, Dezision und Gewalt zu den Schlüsselbegriffen seines Politikbegriffes macht, muss sich des Vorwurfs erwehren, im Kielwasser von Carl Schmitt die Unterscheidung von Willkür und rationaler Begründung aufzugeben,[69] oder gar einem totalen Staat das Wort zu reden.[70] Greven kontert diese Vorwürfe, indem er gewissermaßen den Spieß umdreht und seinen Kritikern vorhält, den Kontingenz- und Dezisionscharakter der „politischen Gesellschaft" zu leugnen und an seine Stelle unbegründbare vorpolitische Normen, selbsttragende Institutionen oder „prozessurale Arrangements des Diskurses mit Wahrheits- oder Vernunftanspruch zu setzen" (Greven 1999: 64).

Vor diesem Hintergrund benutzt Greven den Begriff des Dezisionismus offensiv und unterstreicht, dass es ihm in der Tat nicht um ein Entscheiden gehe, das sich mit Rückgriff auf eine objektive Wertebene, eine geltende Moral oder anerkannte Vernunft begründen ließe. Damit will er nicht implizieren, es gebe in der Politik keine normbegründeten oder zielorientierten Entscheidungen, die in Bezug auf diese jeweils vorausgesetzten Kriterien als rational oder irrational bewertet werden können. Sie bestimmten vielmehr den Alltag jedes politischen Systems. Eine Position, die dies außer Acht lässt und mit Carl Schmitt die Ausnahme zum „Wesen" des Politischen macht, kritisiert Greven als existentialistisch und bezeichnet sie als „emphatischen Dezisionismus". Davon will er seinen „demokratischen Dezisionismus" abgrenzen, demzufolge lediglich die Entscheidungen über die Geltung fundamentaler Normen ohne allgemein anerkannte normative Prinzipien auskommen müssen (Greven 1992: 198f.). Für diese teilt er Schmitts Diagnose, wonach unter Bedingungen der Moderne die allgemeine Geltung von Normen weder vorausgesetzt noch „vernünftig" erzeugt, sondern allenfalls politisch gestiftet werden kann. Greven will also „Geltung" und „Wahrheit" im politischen Entscheidungsprozess auseinanderhalten. Denkt man an die totalitären Erfahrungen des 20. Jahrhunderts finden sich dafür in der Tat gute Argumente. Es fragt sich allerdings, woher die von Greven vertretene Version des Dezisionismus die beanspruchte demokratische Qualität nehmen will. Aus dem im Vergleich zu Carl Schmitt unterschiedlich gewichteten Verhältnis von Ausnahme und Regel allein kann sie schwerlich stammen.

Zu dieser Frage findet sich bei Greven zunächst einmal das Postulat, der politische Prozess müsse allgemeine Normgeltung „aus der normativen Pluralität der politischen Gesellschaft heraus ... hervorbringen" (Greven 1992: 199). Damit wäre zwar Inklusivität, aber noch keine demokratische Qualität bestimmt. Die Schriften Grevens insgesamt lassen jedoch keinen Zweifel, dass es ihm mit seinem demo-

69 In diesem Sinn kritisiert etwa Schmalz-Bruns die Theorie Grevens (Schmalz-Bruns 1995: 145).

70 So etwa die Kommentare von Johannes Agnoli und Jürgen Gebhardt zu Michael Greven in: *Die politische Gesellschaft als Gegenstand der Politikwissenschaft* 1990: 230 bzw. 239.

kratischen Anspruch um die (Rück-)Gewinnung von Handlungs- und Entscheidungsmöglichkeiten der Bürger geht.[71] Spezifischer will er den Ausfall allgemein akzeptierter Geltungsgründe durch eine Ausweitung von Partizipationsmöglichkeiten ausgleichen und damit Chancen der aktiven Zukunftsgestaltung eröffnen.[72] Der „beanspruchte ‚Primat der Politik' ist keine Rechtfertigung irrationaler Herrschaft, sondern über Partizipationserweiterung eine Alternative zum post-modernen Quietismus" (Greven 1992: 205).

Die Normen der Inklusion und Partizipation bleiben bei Greven allerdings im Status einer durch die politische Gesellschaft lediglich abstrakt gesetzten Möglichkeit. Sie bilden eine Präferenz des Autors, werden jedoch weder aus einer begrifflichen Bestimmung noch aus einer Analyse realer Widersprüche und ihrer Entfaltung entwickelt. Greven zog deshalb den Vorwurf auf sich, eine „normativ gehaltvolle Theorie der Politik, die sich auf Demokratie bezieht", nicht zu bieten (Bermbach 1990: 232). Er kontert diese Kritik, indem er mit einem an Max Weber erinnernden Pathos auf die Notwendigkeit verweist, den „kalten, sezierenden, distanzierenden Blick der Wissenschaft" (Greven 1990: 259) von seinen radikal-demokratischen Wertprämissen zu trennen.[73] Allgemeine Geltungsgründe, die eine Entscheidung für oder gegen Demokratie zwingend machten, ließen sich nicht anführen, weshalb er formuliert: „Der Demokratie helfen am Ende nur Demokraten" (Greven 1990: 259).

Es kann nicht weiter verwundern, dass die prononcierte Theorie Grevens ambivalente Reaktionen hervorrief. Grundsätzliches Lob für die klare Diagnose des Zustands zeitgenössischer Demokratien geht einher mit der Kritik an zu abstrakten Grundbegriffen und einem rein negativ bleibenden Gestus, der weitgehend darauf verzichte, institutionelle Alternativen vorzuschlagen.[74] Dass Grevens Position bisweilen Ratlosigkeit erzeugt, scheint nicht zuletzt an der unaufgelösten Spannung zwischen der Diagnose einer Zunahme von Kontingenzbewusstsein und politischen Gestaltungsräumen auf der einen und dem Fehlen positiver Perspektiven, ja einer ausgesprochen pessimistischen Sicht auf die realen Chancen demokratischer Gestaltung auf der anderen Seite zu liegen. Was bleibt, sind dann Appelle wider besseres Wissen. Dieses Missverhältnis wird deutlich an Grevens zeitdiagnosti-

71 Knapp und deutlich findet sich das normative Demokratieverständnis Grevens etwa in Greven 2000.

72 Vgl. dazu Greven 1999: 66 und 1992: 205.

73 Ganz konsequent ist Greven mit seiner strikten Dichotomie zwischen Norm und „Wirklichkeit" allerdings auch nicht. Wenn er etwa formuliert, er halte, „mehr Partizipation und mehr Inklusion ... aufgrund der historischen und strukturellen Bedingungen der sich durchsetzenden politischen Gesellschaft (für) möglich, ja wahrscheinlich" (Greven 1995: 81), dann liegen die Werte eben nicht nur in der Willkür des frei über sie entscheidenden Subjekts, sondern offensichtlich auch im Gegenstand.

74 In diesem Sinn etwa Benz 2001, aber auch bereits einige der Beiträge in: *Die politische Gesellschaft als Gegenstand der Politikwissenschaft* 1990.

scher These vom Ende des Citoyens als möglichem Träger demokratischer Selbstbestimmung. Vereinfacht gesagt zerstören dieselben Prozesse, die mehr Kontingenz und Gestaltungsmöglichkeiten hervorbringen – Säkularisierung, Individualisierung, Interessenreduktionismus – zugleich die subjektiven Dispositionen für eine über den eigenen partikularen Horizont hinausgehende Partizipation an politischen Prozessen.[75] Ohne an einen Erfolg zu glauben, fordert Greven dann in traditionell republikanischer Manier die Erziehung der Individuen zu Bürgerinnen und Bürgern.[76] Dieses gewissermaßen heroische „Dennoch" in seinen Veröffentlichungen der 1990er Jahre wandelt sich in den folgenden Jahren zur resignierenden Überzeugung, die Demokratie sei, wie übrigens auch die Revolution, ein „Relikt der Vormoderne" (Greven 2009: 73). Sie beruhe auf „restmetaphysischen Aprioris" wie etwa der Annahme eines der Demokratie vorgängigen Demos oder der Differenzierung zwischen gesellschaftlicher Ungleichheit und politischer Gleichheit. Da diese jedoch angesichts der „ungebremsten Prozesslogik fortlaufender Modernisierung" erodierten, verblasse auch die normative Strahlkraft der Demokratie (Greven 2009: 68). Um einer neuen historisch prägenden Idee Platz zu machen, gelte es von der vertrauten normativen Idee der Demokratie gedanklich Abschied zu nehmen (Greven 2009: 73).[77]

Ich werde im Folgenden zu zeigen versuchen, dass die hier deutlich werdende Hilflosigkeit einer unvermittelten Entgegensetzung von Wirklichkeit und Norm nicht nur der Orientierung an Webers strikter Trennung zwischen Sein und Sollen geschuldet ist, sondern zugleich eine Konsequenz der ihren Gegenstand, das Politische, verfehlenden Grundkategorien der Kontingenz und der Willensentscheidung.

4 *Defizite einer kontingenztheoretischen Bestimmung des Politischen*

4.1 Das normative Defizit dezisionistischer Positionen

Greven kontert den gegen ihn erhobenen Einwand fehlender Normativität und unzureichender Thematisierung der Demokratie als Grundkategorie der Politikwissenschaft mit dem Hinweis auf das Webersche Wissenschaftsideal einer strikten Trennung zwischen (willkürlichen) Wertprämissen und dem „theoretischen Be-

75 Ausführlicher dazu Greven 1997.
76 Wie er wisse, gleiche dieses Unterfangen „Münchhausens Versuch, sich selbst am eigenen Schopf aus dem Sumpf zu ziehen" (Greven 1999: 209).
77 Zu einer ausführlichen Kritik dieser Position vgl. auch Linden 2010.

greifen der geschichtlichen Wirklichkeit" (*Die politische Gesellschaft* 1990: 259).[78] Demgegenüber ist zu fragen, ob nicht auch das „theoretische Begreifen der geschichtlichen Wirklichkeit" normative Kriterien hervorbringen kann. Wenn Greven „Fundamentalpolitisierung" als „Verbreitung, Verallgemeinerung und Anerkennung politischer Teilhaberechte für alle Gesellschaftsmitglieder" (Greven 1999: 56) definiert, verweist er implizit selbst auf Kriterien für die demokratische Qualität politischer Entscheidungen, die sich im Zuge von Säkularisierung und Modernisierung entfalten und der geschichtlichen Entwicklung nicht unvermittelt entgegengestellt zu werden brauchen. Als konstitutives Faktum für die „politische Gesellschaft" lässt Greven in diesem Zusammenhang dann aber lediglich die „Politisierung der Gesellschaftsmitglieder, die dadurch zu politischen Subjekten werden" gelten (Greven 1999: 58). Wie sie sich untereinander verhalten, welche Rechte sie sich wechselseitig gewähren, welche Herrschaftsform sie wählen - all das wird von Greven dagegen ins Reich der Kontingenz, d.h. der willkürlichen Entscheidung verlegt. Die Politisierung ist demnach ein durch „wirklichkeitswissenschaftliche Diagnose" (Greven 1999: 14) belegbares Faktum, die Durchsetzung von Menschenrechten und Demokratie eine Frage der wertrationalen Entscheidung. Ob sich eine eher demokratische oder eher totalitäre Regimeform der „politischen Gesellschaft" durchsetzt, erscheint Greven deshalb auch als reine Machtfrage (Greven 1999: 57f.). Die moderne politische Gesellschaft sei, wie die grauenhafte Bilanz des 20. Jahrhunderts zeige, „ethisch bodenlos" (Greven 1999: 132).

Nun soll hier keineswegs das zerstörerische, herrschaftliche und totalitäre Potential moderner Gesellschaften bestritten werden. Indem Greven jedoch die demokratische Qualität der politischen Gesellschaft als Ergebnis wertrationaler Entscheidungen fasst, schließt er die normativen Gehalte der Moderne von der eigentlichen wissenschaftlichen Betrachtung der politischen Gesellschaft aus. Dieses Vorgehen scheint nur deshalb plausibel, weil Greven mit den Begriffen der Kontingenz und Entscheidung innerhalb des handlungstheoretischen Rahmens bleibt, wie er von Webers Idealtypen der Zweck- und Wertrationalität abgesteckt wird. Dazu gehört die willkürliche Entscheidung für die (eigenen) letzten Werte einerseits sowie die kalkulierende Berücksichtigung der Außenwelt, einschließlich anderer Menschen, bei der Wahl angemessener Ziele und ihrer Realisierung andererseits.[79] Insofern trifft die im vorigen Kapitel referierte Kritik Habermas' am monologisch gefassten Handlungsmodell Webers auch den linken Dezisionismus Grevens. Die Neukonzeptualisierung der Politik im Zeichen der Kontingenz, egal ob bei Palonen oder Greven, mag deshalb geeignet sein, den hohen Politisierungs-

78 Gegen die Kritik Udo Bermbachs führt er weiter aus, so wenig, wie er als junger Marxist seinen Vater vom Übel der kapitalistischen Mehrwertaneignung überzeugen konnte, könne er heute allgemeine Geltungsgründe für seine radikal-demokratische Wertprämisse anführen (*Die politische Gesellschaft* 1990: 259).

79 Zu den Idealtypen sozialen Handelns vgl. Max Weber 1947: § 2, S. 12f.

grad moderner Gesellschaften zu unterstreichen. Sie bleibt aber dem Modell eines einzelnen Handlungssubjektes verpflichtet, das frei gewählte Zwecke rational verwirklicht. Dafür bezahlt sie den Preis einer herrschaftskategorialen und gewaltnahen Konzeption des Politischen, die nicht in der Lage ist, das für *politisches* Handeln in modernen Gesellschaften ebenfalls konstitutive Element des Zusammenwirkens rechtlich gleicher, aber nach Perspektive und Interessenlage verschiedener Individuen anders zu erfassen denn als zweckrationale Verwirklichung subjektiver Präferenzen. Ein *demokratischer* Dezisionismus müsste aber gerade dieses Element näher bestimmen und von strategischer Instrumentalisierung unterscheiden können.

Diese Forderung setzt keineswegs die Möglichkeit voraus, politische Entscheidungen im Sinne von Habermas durch wahrheitsfähige Geltungsansprüche zu ersetzen. Ganz im Gegenteil: während Konsenstheorien unterstellen, es ließe sich durch die diskursive, am Modell der Wissenschaft orientierte Prüfung von Geltungsansprüchen eine einheitliche Grundlage gemeinsamen Handelns schaffen, bestünde die Aufgabe einer *politischen* Handlungstheorie gerade darin, Handeln unter der für das Politische konstitutiven Bedingung der Pluralität zu konzeptualisieren. Ein wie auch immer gearteter Dezisionismus kann dies jedoch nicht leisten. Er denkt das freiheitsverwirklichende Handeln unter Bedingungen der Kontingenz als willkürliche Entscheidung eines Handlungssubjekts, das seine Absichten durchzusetzen versucht. Damit bleibt der Wille die Grundkategorie auch des linken Dezisionismus. Der Wille aber bezeichnet, wie von Hannah Arendt gelernt werden kann, ein Verhältnis des Selbstbezugs, er ist keine Kategorie des Verkehrs mit anderen,

> „weil er die vielfältigen Prozesse des Meinungsaustausches, des Hörens und Gehörtwerdens, und der daraus sich ergebenden begrenzten Übereinstimmung prinzipiell ausschließt. Der Wille kann in der Tat nur funktionieren, wenn er ungebrochen einer und in sich unteilbar ist" (Arendt 1974: 96).

Dezisionistische Theorien können die für moderne säkularisierte Gesellschaften konstitutive Pluralität von Interessen und Meinungen deshalb nur als Kampf denken, in dem sich der eine Wille auf Kosten des anderen durchsetzt. Insofern ist Webers wiederholte Rede vom „unlöslichen" oder gar „unüberbrückbaren tödlichen Kampf" der Werte (Weber 1988: 603, 507) durchaus konsequent und keineswegs nur dem Einfluss Nietzsches oder des darwinistischen Zeitgeistes geschuldet. Dezisionistische Theorien sind Machttheorien. Homogenisierung des politischen Raumes im Namen des einheitlichen Willens, Hierarchisierung im Namen der Rationalität von Zweck und Mittel und schließlich auch Gewalt in der Durchsetzung des Willens sind deshalb naheliegende Konsequenzen jeder dezisionistischen Theorie des Politischen, gegen die keine innertheoretischen Sicherungen oder Schranken, sondern lediglich subjektive Wertprämissen und Absichtserklärungen ins Feld geführt werden können.

Mit Ernst Vollrath verweist Michael Greven zurecht darauf, dass alles Zusammenhandeln im öffentlichen Raum auch Entscheidungscharakter besitzt (Greven 2003: 124). Daraus folgt jedoch nicht, dass sich politisches Handeln als Willensentscheidung einzelner Subjekte adäquat verstehen ließe. Vielmehr stellt sich die Frage, ob es nicht einen spezifischen Modus gibt, der Handeln im Verkehr mit anderen auszeichnet und dadurch erst als politisches Handeln qualifiziert. Darauf wird zurückzukommen sein.

4.2 Das Problem der Kontingenzbeschränkung

In engem Zusammenhang mit der Frage nach den normativen Kriterien eines demokratischen Dezisionismus steht das Problem der Kontingenzbeschränkung. Eine Gesellschaft, in der alles politisch entscheidbar geworden ist, muss sich vor den Konsequenzen totaler Machbarkeit schützen. Dies ist sowohl Palonen wie Greven bewusst und braucht nach der Bilanz der totalitären Ordnungen des vergangenen Jahrhunderts nicht weiter begründet zu werden. Mit der seit dem Ende des Ost-West-Gegensatzes beschleunigten Auflösung der „westfälischen" Staatenwelt ist nun allerdings ein weiterer Schritt der Kontingenzsteigerung vollzogen, der nicht nur den normativen Aspekt betrifft, sondern mit der nationalstaatlichen „polity" den bislang vorausgesetzten Rahmen politischen Handelns selbst kontingent und umstritten werden lässt.[80] Damit stellt sich verstärkt die Frage, ob ohne einen begrenzenden Rahmen, stabile Institutionen und allgemein akzeptierte Spielregeln plurales politisches Handeln überhaupt möglich ist.

Obwohl er dieses Problem selbst aufwirft, begnügt sich Palonen mit sehr vagen Hinweisen auf eine Lösung. Er fordert, sich von normativen Grundsätzen im Politischen zu verabschieden, da Grundsätze in bezug auf Nebenfolgen und Chancen stets relativ seien und plädiert stattdessen dafür, Politikformen nicht primär nach Inhalten, sondern „ästhetisch", nach „Stilalternativen" zu beurteilen (Palonen 1998: 335). An anderer Stelle argumentiert er, der Kontingenzbegriff selbst erlaube es, der Gewaltsamkeit des politischen Handelns Grenzen zu setzen. Wenn Gewalt ihren instrumentellen Charakter verliere und zum Selbstzweck werde, zerstöre sie mit der Pluralität und Alterität der anderen Akteure zugleich wichtige Dimensionen der Kontingenz (Palonen 2001: 16). Aber trug die totalitäre Gewalt im 20. Jahrhundert wirklich Selbstzweckcharakter? Vernichtet nicht auch instrumentell eingesetzte Gewalt Pluralität und Alterität? Weder der Schutz von Menschen- und

80 So argumentiert etwa auch Palonen 2002: 136f.

Bürgerrechten, noch die Stabilität politischer Institutionen und Verfahren werden sich so plausibel begründen lassen.

Michael Greven will das Problem der Begrenzung und normativen Bindung der Politik durch einen zweistufigen Dezisionismus lösen. Er hält die Begrenzung oder Bindung der Politik durch Naturrecht, Grundrechte oder andere letzte Prinzipien für eine Fiktion. Deshalb bliebe nur die Möglichkeit, verschiedene Stufen der Verbindlichkeit und Dauer von Entscheidungen zu unterscheiden. Demokratisches Entscheiden reduziere Kontingenz nicht durch Wahrheit oder Rationalität, sondern durch Prinzipien, deren Geltung von ihrer permanent zu erneuernden Anerkennung abhängig sei.

> „Der einzige Geltungsgrund konkreter Entscheidungen können frühere Entscheidungen über Geltung wie zum Beispiel Anerkennung der Menschenrechte, der Verfassung oder einzelner Gesetze sein – also eine institutionalisierte Selbstbindung und Entscheidungsbegrenzung. Diese Selbstbindungen gelten historisch nur so lange bis anders entschieden wird“ (Greven 1992: 196). [81]

Wie wenig mit einem solchen zweistufigen Dezisionismus gewonnen ist, demonstriert Greven selbst, wenn er anmerkt, dass derjenige, der entscheidet, etwas will, sich damit aber keineswegs festgelegt habe, in Zukunft dasselbe zu wollen (Greven 1992: 196). Die interessante Frage lautet doch aber, worin sich die Entscheidungen der einen (Grundrechte, Verfahren, Institutionen festlegenden) Ebene von denen der anderen, des politischen Tageskampfes, unterscheiden. Woraus beziehen die erstgenannten Entscheidungen ihre stärkere Bindungskraft, und was sind die - über die zeitliche Abfolge offensichtlich hinausreichenden - Gründe dafür, sie mit einem übergeordneten Status zu versehen?

Der kontingenztheoretische Dezisionismus meint, derartige Fragen erledigen zu können, indem er auf den keineswegs unumstrittenen und damit letztlich kontingenten Charakter nationalgeschichtlicher, kultureller oder auch philosophischer Begründungsversuche von Grundrechten und Verfassungsprinzipien verweist. Nach dem Argumentationsmuster „bei Nacht sind alle Katzen grau“ schließt er daraus, dass normative Letztbegründungen keineswegs zwingend sind, auf ihre Beliebigkeit. Er konfrontiert die Säkularisierung und Pluralisierung normativer Sinnbezüge in modernen Gesellschaften mit der transzendental verbürgten Gewissheit und Allgemeinverbindlichkeit gesellschaftlicher Normen in vormodernen Gesellschaften. Dabei vergisst er einerseits, dass selbst in der katholischen Kirche Papst und Konzile entscheiden, nicht aber der liebe Gott persönlich, und andererseits auch moderne Gesellschaften, nicht zuletzt aus dem Prozess der Säkularisierung selbst, über ein - wenn auch interpretationsbedürftiges - Orientierungswissen verfügen.

81 Ähnlich auch Greven 2000: 196.

Solange allerdings der Wille der letzte Geltungsgrund bleibt, können Normen, Institutionen und Verfahren das politische Handeln nicht überzeugend eingrenzen - alles bleibt möglich. Der Dezisionismus, der auf den ersten Blick die Handlungsmöglichkeiten auszuweiten scheint, droht damit bei genauerem Hinsehen die in Rechten und Prinzipien liegenden Voraussetzungen des politischen Handelns zu untergraben. Für Hannah Arendt charakterisiert die Formel „Alles ist möglich" totale Herrschaft, und zwar in erster Linie, weil sie Pluralität als Grundvoraussetzung politischen Handelns der Fiktion beliebiger Herstellbarkeit opfere. Demzufolge ermöglicht erst die institutionelle Beschränkung der Handlungskontingenz politisches Handeln. Eine dezisionistische, im Willen fundierte Theorie des Politischen kann eine solche Beschränkung nicht *begründen*, sondern lediglich mit Verweis auf beliebig bleibende Wertpräferenzen *befürworten.*

4.3 Systemische Verselbständigung und Handlungsfähigkeit der Akteure

Die These zunehmender Handlungskontingenz und die auf ihr gründende Theorie der politischen Gesellschaft scheinen, wie vorne schon erwähnt, kaum mit der weitverbreiteten Wahrnehmung einer abnehmenden Handlungsfähigkeit der Politik vereinbar zu sein. Insbesondere jedoch widersprechen sie der längst zum Allgemeinplatz gewordenen Überzeugung vom Primat der Ökonomie gegenüber der Politik. Wenn wir Michael Greven folgen, dann existiert spätestens seit dem 20. Jahrhundert keine selbständige Ökonomie mehr, und wenn doch, dann nur aufgrund politischer Entscheidungen, also lediglich scheinbar. Marxistisch gesprochen gibt es demzufolge keine ökonomische Basis mehr, deren Eigengesetzlichkeiten die Politik determinieren, systemtheoretisch formuliert kann es ein autopoietisches System der Ökonomie gar nicht geben.[82]

Greven räumt zwar ein, dass die kapitalistische Ökonomie durch „Blindheit" gegenüber nicht intendierten Handlungsfolgen charakterisiert sei und ihre Eigenlogik durch die Internationalisierung der Geld- und Kapitalmärkte an Dynamik gewonnen habe (Greven 1999: 94f.). Ein Verdinglichungsphänomen im marxistischen Sinn, oder Webers Problem der Verselbständigung formal rationalisierter gesellschaftlicher Organisationen gegenüber den Handlungszwecken der Individuen scheint für ihn dennoch nicht zu existieren, bzw. lediglich das Ergebnis einer Fehlwahrnehmung zu sein. Denn ist erst einmal erkannt, dass in den säkularisierten modernen Gesellschaften tendenziell alles kontingent und damit politisch entscheidbar geworden ist, wandelt sich das vermeintliche Primat der Ökonomie in eines der Politik.

82 Vgl. Greven 1990: 224 und Greven 1999: 100.

Die Kontingenz moderner Gesellschaften zu diagnostizieren und diese dann als Handlungschance zu begreifen, führt m. E. jedoch über die bereits von Marx formulierte abstrakte Einsicht, wonach die Menschen ihre Geschichte selbst machen, nicht hinaus. Greven versucht, seiner These vom Primat der Politik zusätzlich empirische Evidenz zu verleihen, indem er zum einen auf die grundsätzliche politische Entscheidbarkeit der Produktionsweise verweist, für die u.a., trotz seines Scheiterns, der Sozialismus in Osteuropa stünde. Zum zweiten führt er für „politische Gesellschaften" mit kapitalistischer Produktionsweise an, die ökonomischen Prozesse bedürften nicht nur politisch gesetzter Rechtsverhältnisse, sondern würden darüber hinaus aufgrund zahlreicher Regulierungen, die von der Geldpolitik bis zur umverteilenden Sozialpolitik reichen, auch politisch beeinflusst (Greven 1999: 94-102).

Der Hinweis auf politisch herzustellende Voraussetzungen der kapitalistischen Produktionsweise und Einzelbeispiele für politische Regulierungen und Umverteilungen sind allerdings schwache Argumente für ein Primat der Politik. Noch der dogmatischste Marxist kann sie als notwendige Funktionen des kapitalistischen Staates einordnen, ohne die These vom Primat der kapitalistischen Vergesellschaftungsform aufgeben zu müssen. Darüber hinaus vergisst Greven, wenn er seine Kontingenzthese immer wieder mit dem Hinweis auf die Säkularisierung und Pluralisierung moderner Gesellschaften zu stützen versucht, dass die kapitalistische Gesellschaftsordnung in der Institution des Marktes und dem Prinzip des Äquivalententausches einen ideologischen Ersatz für religiös begründete und kulturell überlieferte Weltbilder gefunden hat. Politische Herrschaft legitimiert sich durch ihre Funktionalität für die Produktions- und Reproduktionsprozesse. Oder wie es Habermas 1968 formuliert, die „Legitimation der Herrschaft (wird) nicht mehr vom Himmel kultureller Überlieferung herabgeholt, sondern von der Basis gesellschaftlicher Arbeit heraufgeholt" (Habermas 1968a: 69).[83] In Bezug auf dieses Verdinglichungsproblem bleibt bei Greven lediglich die Behauptung einer grundsätzlichen Alternative, die ungeachtet ihrer ökonomischen Rationalität durch das exklusiv der Politik zur Verfügung stehende Mittel, nämlich Gewalt, durchgesetzt werden könne (Greven 1999: 103f.). Das ist zwar abstrakt richtig, aber was ist damit für eine Theorie demokratischer Politik gewonnen?

Durch den Kontingenzbegriff überträgt die Theorie der politischen Gesellschaft die Perspektive eines zwischen verschiedenen Alternativen wählenden Handlungssubjekts auf die Gesellschaft als Ganze. Dabei setzt sie unzulässigerweise Kontingenz mit Optionalität gleich. Als kontingent wird ein Bereich oder Sachverhalt

83 An dieser Ablösung einer Legitimation von „oben" (durch Berufung auf kulturelle Überlieferung) durch eine Legitimation von „unten" (durch die Organisationsprinzipien der Ökonomie) anknüpfend, bezeichnet Habermas dann auch die traditionale Herrschaft als politische Herrschaft, die Herrschaftssysteme moderner Gesellschaften dagegen als „nur mittelbar politisch und unmittelbar ökonomisch" (Habermas 1968a: 70).

bezeichnet, der real ist, aber nicht notwendig, und deshalb auch anders sein könnte. Optionalität dagegen ist ein Tätigkeitsmodus, der durch Alternative, Wahl und Entscheidung charakterisiert ist. Kontingenz ist dann eine notwendige, keineswegs aber hinreichende Voraussetzung optionalen Handelns. Ein Sachverhalt kann kontingent sein, ohne dass er aus der Akteursperspektive Optionen bietet, sei es weil sie von den Akteuren nicht erkannt oder aufgrund ihrer subjektiven Verfasstheit nicht wahrgenommen werden können,[84] sei es weil sie außerhalb ihrer Handlungsmöglichkeiten liegen. Die Theorie der politischen Gesellschaft übersieht diese Differenz und blendet systemische Verselbständigungen aus, die zwar prinzipiell kontingent, dennoch aber allen Akteuren als quasi naturhaft vorausgesetzt sein können. Zugleich suggeriert sie, die Gesellschaft könne als Subjekt handeln, auch wenn Greven betont, dass ein zentraler Ort der politischen Entscheidung nicht mehr existiere und es stattdessen eine nur noch empirisch zu ermittelnde, netzwerkartige Vielfalt von Akteuren, Institutionen und Aktivitäten im politischen Raum gäbe, über die und durch die bewusste Entscheidungen über verbindliche Regelungen zustande kommen (Greven 1999: 91). Die interessante Frage, wie dies geschieht, und in welchem Verhältnis diese Entscheidungen zum Vergesellschaftungsmodus der kapitalistischen Produktionsweise stehen, wird durch die populäre Netzwerkmetapher jedoch eher zugedeckt als erhellt. Auch hier stoßen wir also darauf, dass hinter dem Hinweis auf die grundsätzlich mögliche Dezision der Modus demokratischen politischen Handelns und sein Verhältnis sowohl zur systemischen Integration der Gesellschaft als auch zur subjektiven Verfasstheit der Akteure weitgehend unklar bleibt. Anders war dies, wie wir vorne gesehen haben, bei Weber und Arendt. Weber setzt gegen die Verselbständigung formaler Rationalität die wertrationale Entscheidung der Führungspersönlichkeiten und deren Verwirklichung in herrschaftlichen Befehls-Gehorsamsbeziehungen, Arendt stellt gegen den Funktionalismus der Arbeitsgesellschaft das öffentliche Handeln unter Gleichen, das sie insbesondere in basisdemokratischen Initiativen, freiwilligen Assoziationen, kommunaler Selbstregierung und revolutionären Arbeiterräten ausmachte. Ungeachtet ihrer Defizite gelingt es beiden, das Politische nicht nur von der abstrakt bleibenden Kategorie der Kontingenz aus zu konzeptualisieren, sondern Akteure und Modus des politischen Handelns konkreter zu bestimmen.

84 Zur Handlungschance wird eine offene, nicht durch Notwendigkeiten bestimmte Situation erst aus der Perspektive eines Akteurs, der über Ziel- und Wertorientierungen verfügt. Werden auch letztere kontingent, droht Beliebigkeit und Apathie an die Stelle politischen Handelns zu treten. Darauf weist Holzinger hin, der gegen Greven und Ulrich Becks These von der Subpolitisierung der Gesellschaft anführt, dass die Radikalisierung von Kontingenz eine nihilistische Komponente habe, aus der Beliebigkeit und soziale Apathie folgen könne (Holzinger 2006: 14 f.).

IV Die Praxis-Poiesis-Unterscheidung als kritischer Maßstab der Demokratietheorie

Die Auseinandersetzung mit Palonen und Greven hat gezeigt, dass eine den Kontingenzbegriff ins Zentrum stellende Neuinterpretation Webers nicht in der Lage ist, politisches Beteiligungshandeln adäquat zu konzeptualisieren. Kari Palonen meint, in Webers Begriff der „Chance" und seiner Forderung nach einem „Abwägen" von Mitteln und Zwecken eine Relativierung des teleologischen Denkens ausmachen zu können. Er verkennt jedoch, dass Webers Forderung über eine technische Reflexivität im Verhältnis von Mitteln und Zweck nicht hinausgeht und deshalb nicht geeignet ist, die plurale Dimension politischen Handelns zu erfassen. Michael Greven will die kontingenztheoretische Begründung seines Dezisionismus nicht auf eine allenfalls rudimentäre Theorie politischen Handelns bei Weber stützen, sondern auf dessen Machtbegriff und seine konsequente Lösung des Staates von allen verallgemeinerbaren normativen Bindungen. Damit kommt er jedoch erst recht nicht über den bereits kritisierten Rahmen eines monologischen, zweckrationalen Handlungsmodells hinaus und bleibt einem herrschafts- und gewaltzentrierten Politikbegriff verhaftet.

Was Palonen und Greven durch den Kontingenzbegriff an Entscheidungs- und Handlungsperspektiven zu eröffnen scheinen, wird also durch die im Modell zweckrationalen Handelns weiter mitgeführte herrschaftskategoriale Wahrnehmung des Politischen gleich wieder geschlossen.[85] Vor diesem Hintergrund stellt sich deshalb erneut die Frage, ob die Konzeptualisierung optionalen politischen Handelns nicht doch besser an der alten aristotelischen Unterscheidung von Praxis und Poiesis ansetzen sollte. Wie vorne bereits erwähnt, lässt sich das aristotelische Praxiskonzept mit Ernst Vollrath als Versuch verstehen, den Optionscharakter von Tätigkeit herauszustellen, um ihn „sowohl vor dem Rückfall in zeremonielle Praktiken des Kultus als auch vor dem Untergang in die reine Logik einer wahrheitsfähigen Theorie oder die Aufsaugung durch bloße Technizität zu bewahren" (Vollrath 1989: 13).

Ich werde im folgenden zunächst darauf eingehen, welche positiven Ansatzpunkte der aristotelische Praxisbegriff und insbesondere seine Unterscheidung von der Poiesis, dem Hervorbringen oder Herstellen, und dem dazugehörenden Rationalitätskonzept der Techne oder der Kunst für eine Theorie demokratischen Beteiligungshandelns bietet. In einem zweiten Schritt werde ich die wichtigsten Ein-

85 Zur herrschaftskategorialen Wahrnehmung des Politischen vgl. Kap. II.

wände gegen eine Aktualisierung aristotelischer Kategorien diskutieren und schließlich drittens fragen, ob eine Neuinterpretation der Unterscheidung von Praxis und Poiesis diese Einwände entkräften und einen wichtigen Beitrag für eine partizipationsorientierte Demokratietheorie leisten kann.

1 Die Versprechen der Praxis-Poiesis-Unterscheidung

1.1 Optionalität und Selbstzweckcharakter des praktischen Handelns

Bekanntermaßen beginnt die Nikomachische Ethik des Aristoteles mit der Feststellung des teleologischen Charakters allen menschlichen Handelns: „Jede Kunst und jede Lehre, desgleichen jede Handlung und jeder Entschluß, scheint ein Gut zu erstreben ... “ (Aristoteles 1985: 1094a, 1). Handeln im weitesten Sinn verfolgt also stets ein Ziel. Ein solches Ziel kann aber entweder in der Tätigkeit selbst liegen, oder außer ihr, in einem von der Tätigkeit hervorgebrachten Resultat oder Produkt, das nach ihrem Abschluss unabhängig von ihr Bestand hat. Den ersten Fall, eine Tätigkeit, die ihr Ziel in sich selbst findet, nennt Aristoteles „praxis“, Handeln im engeren Sinn, den zweiten Fall „poiesis“, Hervorbringen oder Herstellen.[86] Die Beispiele für praktische Tätigkeiten, die Aristoteles anführt, scheinen recht disparat und umfassen das Sehen, das Spielen eines Musikinstruments, das Denken und schließlich, für uns entscheidend, das richtige Leben in der Polis.[87] Diese praktischen Tätigkeiten verbindet, dass sie etwas Gutes an sich selbst haben, das sie bereits im Vollzug verwirklichen. Eine Verständnisschwierigkeit besteht hier allerdings insofern, als auch praktische Tätigkeiten wie das Spielen einer Flöte oder politisches Handeln etwas außer ihnen liegendes bezwecken können – etwa den Beifall der Zuhörer oder Veränderungen in der Polis. Im Gegensatz zum Herstellen, das seinen Zweck erst verwirklicht, wenn es abgeschlossen ist, erfüllt jedoch Praxis einen (wenn auch nicht unbedingt den einzigen) Zweck im Vollzug selbst. Im Englischen wird die Unterscheidung häufig mit „making“ und „doing“ wiedergegeben,[88] was im Deutschen durch „machen“ und „tun“ auch ganz gut auszudrücken ist. Praxis besitzt als Tätigkeit einen inhärenten Wert, sie ist nicht in erster Linie „zweckdienlich“, also instrumentell, sondern „zweckerfüllt“.[89]

86 Vgl. Aristoteles 1985: 1140 a und b. Zur Diskussion um verschiedene Interpretationen dieser Unterscheidung vgl. Hesse 1999: 36-50.

87 Verbunden mit dem Vorwurf mangelnder Konsistenz zählt Markus (1988: 73f.) die Beispiele in verschiedenen Schriften des Aristoteles auf.

88 Lobkowicz formuliert: „ ...‘making’ has not achieved its end until it has reached the point at which it may stop, while ‘doing’ only fulfils its end while it is being done” (Lobkowicz 1967: 10).

89 Mit diesen Bezeichnungen unterscheidet sie Hesse 1999: 46.

Für Aristoteles steht diese Unterscheidung zwischen Tätigkeiten, die Selbstzweckcharakter tragen, und solchen, die auf ein anderes, außer ihnen liegendes Ziel gerichtet sind, im Kontext der Bestimmung der „eudaimonia“, der Glückseligkeit als dem höchsten erwirkbaren Gut. Logischerweise kann eine Tätigkeit, die außer ihr liegende Ziele anstrebt und deshalb den Status eines Mittels hat, als „höchstes Gut“ nicht in Frage kommen. Ein „höchstes Gut“ muss um seiner selbst willen erstrebt werden, es muss einen „Endzweck“ oder „Zweck an sich“ bilden.[90]

Mit derartigen Überlegungen befinden wir uns offensichtlich in einer Diskussion über den Sinn menschlichen Lebens, welcher der zeitgenössische Leser vielleicht manche Einsicht entnehmen kann, der aber zunächst nicht anzusehen ist, was sie zur Begründung eines auf moderne Gesellschaften anwendbaren Politikbegriffes beitragen könnte. Es ist jedoch gerade der von Aristoteles hervorgehobene Selbstzweckcharakter praktischer Tätigkeit, von dem aus verschiedene Theoretiker ihre Neuinterpretationen des Praxisbegriffes entwickeln, um gegen die Herrschaft technologischer, formaler oder funktionalistischer Rationalität den optionalen Charakter politischen Handelns zu stellen.

Nun haben bei Aristoteles allerdings Praxis *und* Poiesis ihren Ort im ontologischen Bereich des Kontingenten: „Was sich anders verhalten kann, ist teils Gegenstand des *Hervorbringens*, teils Gegenstand des *Handelns*“ (Aristoteles 1985: 1140a 1, Hvhbg. v. Aristoteles). Wenn dies so ist, dann fragt sich, warum es zur Sicherung eines optionalen, also durch Alternative, Wahl und Entscheidung charakterisierten Tätigkeitsmodus[91] überhaupt der obigen Unterscheidung von Praxis und Poiesis und damit der Bestimmung der Praxis als Selbstzweck bedarf? Die Antwort liegt im Rationalitätskonzept der Poiesis. Ist das Ziel, das die Poiesis verfolgt, erst einmal gewählt, weist sie als Tätigkeit keinen Optionalitätscharakter mehr auf, sondern wird technisch und gerät damit unter den Bann der Notwendigkeit. Die Wahl der Ziele, in der sich Optionalität zu realisieren scheint, kann jedoch selbst nicht nach dem Muster eines zweckrationalen Hervorbringens gedacht werden, weil es dazu eines übergeordneten Zweckes bedürfte, auf den bezogen die zweckbestimmende Tätigkeit wiederum nur Mittel wäre und ebenfalls ihren Optionalitätscharakter verlöre. Die Sicherung optionalen Handelns erfordert also die Durchbrechung des endlosen Zweck-Mittel-Progresses durch eine Tätigkeit, die selbst nicht Glied einer Zweck-Mittel-Kette ist und davon ausgehend ein Primat gegenüber der Poiesis und ihrer technischen Rationalität beanspruchen kann. Für Aristoteles ist dies keine Einzelhandlung, sondern das richtige und tugendhafte

90 Dazu ausführlicher Aristoteles 1985: I. Buch, 5. Kapitel.
91 Ich übernehme hier die Charakterisierung von Ernst Vollrath (vgl. Vollrath 1989: 13).

Leben in der Polis insgesamt, das es erlaubt, die Poiesis in Praxis einzubinden.[92] Dessen Platz nehmen in den modernen Aktualisierungen des Praxisbegriffes dann etwa der Eigenwert partizipatorischen Handelns (Barber), das plurale Handeln im öffentlichen Raum (Arendt) oder eine am herrschaftsfreien Diskurs orientierte politische Deliberation (Habermas) ein.[93]

Wie immer Praxis im Einzelnen bestimmt ist, die Faszination der Dichotomie zur Poiesis liegt darin, dass sie es erlaubt,

> „den doppelten Imperativ der Selbsterhaltung und Selbstbestimmung, unter dem unser endliches Leben steht, auf zwei unterscheidbare, im Prinzip trennbare Arten und Bereiche menschlichen Handelns zu beziehen. Dadurch ... erhält unser Verlangen nach einer guten Gemeinschaft oder Gesellschaft eine sinnvolle, wohldefinierte Richtung: Wir sollen jene Formen der Einrichtung gesellschaftlichen Lebens finden, die es der *praxis* ermöglichen, das *poietische* Handeln zu kontrollieren, zu beherrschen, und ihm ‚Anweisungen zu erteilen'" (Markus 1988: 88, Hvhbg. v. Markus).

1.2 Spontaneität und Kreativität

Zur Optionalität praktischen Handelns gehört nicht nur die spezifisch menschliche Fähigkeit der Zielsetzung, sondern auch die, etwas Neues zu beginnen. Von diesem Gedanken ausgehend betonen verschiedene, im weitesten Sinn durch die Praxis-Poiesis Unterscheidung inspirierte Theorien die Kreativität menschlichen Handelns. Die marxistische Praxisphilosophie setzt gegen die naturalisierten Zwänge der kapitalistischen Produktionsweise die Vorstellung individueller und kollektiver Selbstverwirklichung in einem nach dem Vorbild der handwerklichen oder künstlerischen Produktion gedachten geschichtlichen Prozess.[94] Hans Joas attestiert allen antifunktionalistischen Gesellschaftstheorien, die er als „Konstitutionstheorien" zusammenfasst, allein schon deshalb eine kreative Dimension ihres Handlungsbegriffs, weil jedes nicht ausschließlich durch Strukturen determinierte Handeln schöpferische Eigenleistungen erfordere (Joas 1992: 290-378). Spezifischer zum Handlungsbegriff Arendts fasst Harald Bluhm die Elemente des Neubeginns

92 Villa spricht von der „self-sufficiency" oder der „self-containedness" der Polis als Arena des guten Lebens. Daraus entwickelt er den aristotelischen Maßstab für die politische Qualität eines Handelns: „Any form of 'politics' that replicates relations or functions appropriate to the household is unpolitical, since it would reintroduce the coercive force of necessity into the realm of freedom. The distinction between *praxis* and *poiesis* also brackets all essentially instrumental or strategic action. Wherever action is *primarily* purposive, defined by its results, success, or failure, it ceases to be genuinely political" (Villa 1996: 29, Hvhbg. v. Villa).

93 Habermas lehnt den Praxisbegriff als Grundbegriff einer kritischen Gesellschaftstheorie ab. Wie wir im nächsten Kapitel sehen werden, lässt sich seine Theorie des kommunikativen Handelns aber dennoch als eine Art sprachphilosophisch begründeter Umformulierung der Aristotelischen Unterscheidung verschiedener Tätigkeitsarten verstehen.

94 Dazu ausführlicher weiter unten in diesem Kapitel. Zur Kritik am Produktionsparadigma des Marxismus Lange 1980.

sowie der Welt- und Selbstveränderung als Kreativität zusammen. Da politisches Handeln zukunftsbezogen sei, spielten in ihm die Kreativitätsfiktionen neuer Antworten und Lösungen immer eine Rolle (Bluhm 2001: 12, 15). Cornelius Castoriadis, der zu den zeitgenössischen marxistischen Praxisphilosophen zu rechnen ist, stellt die Kreativität des Handelns ganz ins Zentrum seiner an Marx *und* Aristoteles anknüpfenden Interpretation des Praxisbegriffes (Castoriadis 1984: 128).[95] Wie Joas zwar richtig feststellt, aber nicht problematisiert, lädt er damit den Praxisbegriff mit dem hervorbringenden, neu-schöpfenden Charakter der Poiesis auf (Joas 1992: 152). Praxis wird zu einem autonomen Schöpfungshandeln. Nun gehört ein Moment des Neuen, nicht kausal Determinierten zweifellos zu den konstitutiven Momenten des Praxisbegriffes. Insofern enthält jede Praxis ein Moment der Spontaneität. Während der Begriff der Spontaneität jedoch darauf abhebt, dass Handeln nicht, oder zumindest nicht vollständig, als notwendige Folge vorausgehender Ursachen zu verstehen ist und sich deshalb der Vorhersagbarkeit und Berechenbarkeit entzieht, richtet sich der Begriff der Kreativität auf die Handlungsergebnisse und deren Neuartigkeit. Dabei verwischt er, wie in den folgenden Ausführungen zur Subjektphilosophie und dem marxistischen Produktionsparadigma noch deutlicher werden wird, die differentia specifica des *politischen* Handelns, das sich an Andere richtet, die wiederum selbst (reagierend) handeln. Politisches Handeln kann deshalb nie vollständig über seine Ergebnisse verfügen. Seine Spontaneität liegt darin, etwas Neues zu beginnen, das jedoch, sobald es in die Welt tritt, dem Handeln Anderer ausgesetzt ist. Kreativität dagegen ist auch in der Subjekt-Objekt-Beziehung einer poietischen Tätigkeit möglich, ja sie wird, wenn wir an das künstlerische Schaffen denken, sogar bevorzugt mit der Herstellung von Kunstwerken als dem schöpferischen Hervorbringen von etwas Neuem verbunden. Handeln ohne ein Moment der Kreativität mag schwer vorstellbar sein. Auch wer politisch handelt, handelt in der Regel um etwas zu verändern. Dieses kreative Moment qualifiziert ein Handeln jedoch nicht als politisch, ja es kann, wie oben an der Unterscheidung von Praxis und Poiesis ausgeführt, durch die implizierte Zweck-Mittel-Relation die politische Qualität eines Handelns sogar gefährden, indem es eine herrschaftliche Befehls-Gehorsamsstruktur legitimiert und damit das Handeln

95 Castoriadis versucht zwar eine intersubjektive Dimension in den Praxisbegriff einzufügen, indem er postuliert, bei der Entfaltung der eigenen schöpferischen Autonomie sei die Autonomie des oder der anderen anzuerkennen. Wie das eine mit dem anderen zusammengehen kann, bleibt aber unklar. Castoriadis Hauptaugenmerk in der Entfaltung des Praxisbegriffes liegt darauf, sie aus der Abhängigkeit von der Theorie zu lösen. Statt als deren Anwendung will er sie als praktischen, zur Selbstkorrektur und Erweiterung fähigen „Entwurf“ verstehen (Castoriadis 1984: 128-135). Von der Struktur her erinnert das an den Versuch Palonens, aus der situationsbezogenen, chancenorientierten Reflexivität des zweckrationalen Handelns bei Weber eine politische Qualität abzuleiten (vgl. das vorhergehende Kapitel). Ähnlich wie dort gilt aber auch hier, dass aus der Reflexion der Zwecksetzung und dem Ersetzen der Theorie durch einen korrigierbaren „Entwurf“ noch keine politische Qualität des Handelns folgt.

der Anderen zur ausführenden Tätigkeit degradiert. Als charakteristisches Moment des politischen Handelns sollte deshalb nicht seine Kreativität, sondern seine Initiativität gelten.[96]

1.3 Pluralität und Gleichheit

Der Praxisbegriff verspricht jedoch nicht nur die Sicherung der Optionalität des Handelns gegenüber Poiesis und Technik, sondern er steht in seinen Aktualisierungen auch für ein nichtherrschaftliches Verhältnis der handelnden Personen untereinander. Diese intersubjektive Dimension ist in der aristotelischen Unterscheidung von Praxis und Poiesis weniger offensichtlich, und es lässt sich darüber streiten, ob der aristotelische Praxisbegriff ein Gegenkonzept zu dem der Herrschaft enthält, oder ob diese Bedeutung erst durch neuere Interpretationen, insbesondere durch Hannah Arendts, vom Standpunkt neuzeitlicher Pluralität entwickelten Begriff des politischen Handelns erfasst wird.[97]

Es besteht jedoch kein Zweifel, dass ein Hauptmotiv der „Politik" des Aristoteles darin liegt, die platonische Forderung nach einer größtmöglichen Einheit des Staates zurückzuweisen.

> „Denn eine Vielheit seiner Natur nach ist der Staat, und um zu einer Einheit zu werden, müßte er vielmehr aus dem Staat zur Familie (oikia) und aus der Familie zum Einzelmenschen werden" (Aristoteles 1994: 1261a 15).

In der Vielheit und Artverschiedenheit der Bürger sowie ihrem Status als Gleiche liegt für Aristoteles die besondere Qualität der Polis gegenüber der Familie. Dementsprechend unterscheidet er grundsätzlich zwischen zwei Arten des Regierens, nämlich der despotischen des Herrn und der politischen des Staatsmannes (Aristoteles 1994: 1254b 1). Aus dieser Abgrenzung des *politischen* Regierens gegen-

96 Auch Hannah Arendt spricht nicht von der Kreativität, sondern vom Moment des Neuanfangs, das jedem echten Handeln zukomme (Arendt 1981: 166). Vollrath nennt dies die „Initiativität" des Handelns (Vollrath 1992: 235).

97 Dazu kontrovers etwa Villa 1996 und Gutschker 2002. Während Hannah Arendt Aristoteles vorwirft, trotz seiner Kritik an der platonischen Gleichsetzung von Oikos und Polis und der Bestimmung der Polis als einer „Gemeinschaft von Gleichen" am Herrschen und Beherrschtwerden als Grundkategorien des Politischen festgehalten zu haben (Arendt 1990: 185), meint Gutschker, Arendt ebne zu Unrecht die aristotelische Unterscheidung zwischen Regieren und Herrschen ein und verkenne deshalb, dass für Aristoteles die Polis eine Vielheit sei. Im Grunde übernehme sie aber die in der „Politik" geäußerte Einsicht in die irreduzible Vielfalt des politischen Prozesses und wende sie „gegen alle Elemente des aristotelischen Denkens, die dahinter zurückzufallen scheinen" (Gutschker 2002: 143). Villa dagegen betont, der Handlungsbegriff des Aristoteles unterstelle ein letztlich objektives Telos und schließe deshalb eine wirklich pluralistische Praxis aus. Arendt gewinne ihren Begriff des politischen Handelns aus einer durch Nietzsches agonales Denken beeinflussten Dekonstruktion des aristotelischen Denkens (Villa 1996: 51ff.).

über der *despotischen* Herrschaft und damit des Regierens unter Gleichen von den Befehls-Gehorsamsverhältnissen zwischen Ungleichen, lässt sich zunächst ein bürgerzentriertes Gegenmodell zur herrschaftszentrierten Wahrnehmung der Politik gewinnen. Wenn Aristoteles den Staat als „eine Gemeinschaft von Gleichen, und zwar zum Zweck des möglichst besten Lebens“ (Aristoteles 1994: 1328a 35) definiert, so fasst er die Interaktion unter Gleichen offensichtlich als Selbstzweck oder Praxis. Auch in dieser Bedeutungsdimension steht Praxis in Opposition zur Poiesis. Denn die auf Platon zurückgehende Wahrnehmung politischen Handelns im Modus der Poiesis oder des Herstellens enthält nicht nur eine analytische Unterscheidung zwischen Zielbestimmung und Zielrealisierung, sondern impliziert auch eine soziale Differenzierung zwischen den für die jeweiligen Tätigkeiten zuständigen Gruppen, also zwischen denjenigen, die entscheiden und befehlen auf der einen, sowie denjenigen, die gehorchen und ausführen auf der anderen Seite. Demgegenüber schließt der Selbstzweck des politischen Zusammenlebens von Gleichen in der Polis eine auf Dauer gestellte hierarchisierende Instrumentalisierung zwischen ihren Mitgliedern aus.[98] Von daher erlaubt es der Begriff der Praxis an die neuzeitliche Vorstellung einer naturrechtlich begründeten Gleichheit anzuknüpfen und sie als Norm des Verkehrs zwischen politisch Handelnden festzuschreiben.

Hierbei wird auch deutlich, dass es zur Gewinnung eines „bürgerschaftlichen Politikbegriffs“ (Gebhardt 1996: 67) keineswegs der Wiederbelebung der klassischen praktischen Philosophie als Ganzer, samt ihrer für moderne Gesellschaften zweifellos problematischen normativen Setzungen, bedarf. Mit dem Aufgreifen der aristotelischen Unterscheidungen lassen sich vielmehr die modernen Gesellschaften selbst immanenten Spannungen zwischen Optionalität und Instrumentalisierung sowie zwischen Gleichheitsnorm und Herrschaftszentrierung des Politischen erhellen, ohne die antiken Vorstellungen vom „guten Leben“ mit zu übernehmen.

1.4 Praktische Klugheit

Dies gilt auch für die der Unterscheidung von Poiesis und Praxis entsprechenden Typen der Handlungsrationalität bei Aristoteles, nämlich Techne und Phronesis. Obwohl die Poiesis, wie wir gesehen haben, auch im Bereich des Kontingenten anzusiedeln ist und es deshalb nicht mit dem Notwendigen und Unveränderlich-Ewigen zu tun hat, das nach Aristoteles den Gegenstand der Theorie bildet, ist ihr Rationalitätstyp, die Techne, in der Festlegung der Beziehungen zwischen Zweck

98 Nicht aber die abwechselnde Besetzung von Regierungsämtern und die damit verbundene Bereitschaft einerseits zu regieren, andererseits aber auch sich regieren zu lassen (Aristoteles 1994: 1277b).

und Mittel doch exakt, zwingend und „objektiv". Demgegenüber befasst sich die Phronesis nicht damit, wie etwas zu machen oder herzustellen ist, sondern mit einzelnen Handlungen, die „unter keine Kunst und keine Lehrüberlieferung fallen" (Aristoteles 1985: 1104a 5), in denen es vielmehr darum geht, in einer bestimmten Situation das für den Einzelnen Richtige zu finden und zwar „in bezug auf das, was das menschliche Leben gut und glücklich macht" (Aristoteles 1985: 1140a 25). Nach Vollrath verdeutlicht Aristoteles die zwei Wissens- und Rationalitätstypen einerseits an der Person des Perikles, andererseits an Anaxagoras und Thales (Vollrath 1989: 15). Die Phronesis oder praktische Klugheit, der prudentielle Rationalitätstyp, ermögliche es Perikles und seinesgleichen, „für das, was ihnen und anderen gut ist, einen richtigen Blick zu haben" (Aristoteles 1985: 1140b 10), der technische oder szientistische Rationalitätstyp, durch den sich ein Anaxagoras oder Thales auszeichne, erkenne dagegen zwar das Außerordentliche, Erstaunliche und Schwierige, nicht aber das menschlich Gute.

Die Attraktivität dieser bei Aristoteles nicht immer klaren und deshalb auch unterschiedlich interpretierbaren praktischen Klugheit[99] für eine zeitgenössische politische Theorie liegt vor allem in Dreierlei: Erstens steht sie für einen erfahrungsbezogenen, am Einzelfall ansetzenden Typ des Wissens, der besser geeignet scheint, die komplexen, ihrerseits durch Handeln konstituierten Gegenstände der Politikwissenschaft zu verstehen, als dies durch die isolierende Rekonstruktion und empirische Überprüfung einzelner Kausalbeziehungen möglich wäre. Zweitens steht die Phronesis für ein perspektivisches Wissen, das deshalb nur bedingt verallgemeinerbar und nicht zwingend ist, also der konstitutiven Pluralität alles Politischen gerecht zu werden scheint. Und drittens geht es hier um ein handlungsorientiertes Wissen, das verspricht, den Einzelfall auf ein normativ Richtiges zu beziehen und damit begründete Urteile zu ermöglichen.

2 Einwände gegen ein aktualisierendes Aufgreifen des Praxisbegriffes

Der Praxisbegriff scheint also zumindest Orientierungspunkte und Kriterien für die Entwicklung eines Politikbegriffes zu bieten, der ein Handeln im Modus der Optionalität sowie unter Bedingungen der Pluralität und der Gleichheit konzeptionalisiert und darüber hinaus einen eigenen, erfahrungsbezogenen und pluralitätsverträglichen Rationalitätstypus aufweist. Allerdings lassen sich sowohl gegen die aristotelische Version als auch gegen neuere Interpretationen der Unterscheidung

99 Heidrun Hesse etwa formuliert zur Klugheit: „Es ist ein raffiniertes und schwer durchschaubares Amalgam aus Urteils- und Handlungsfähigkeit, reflektierter Dezision und unauflöslicher ethischer Einbettung, dem Aristoteles diesen Ehrennamen zuerkennt" (Hesse 1999: 135).

von Praxis und Poiesis eine ganze Reihe von Einwänden anführen. Die wichtigsten sollen im Folgenden kurz dargestellt und diskutiert werden. Der *erste* grundsätzliche Einwand bezieht sich auf die subjektphilosophische Prägung, die der Praxisbegriff in der Traditionslinie von Hegel über Marx zur neueren Praxisphilosophie erfahren hat. Er wird prominent von Jürgen Habermas vorgetragen, der daraus den Schluss zieht, der Praxisbegriff sei einer modernen, funktional ausdifferenzierten Gesellschaft unangemesssen und begünstige die gefährliche Vorstellung eines gesellschaftlichen Großsubjektes. Eine *zweite Gruppe von Einwänden* richtet sich auf den Charakter und den erkenntnistheoretischen Status der Unterscheidung, ihre Verankerung im teleologischen Weltbild des Aristoteles und bezweifelt insbesondere die Angemessenheit des Selbstzweckcharakters politischer Praxis für moderne, durch Wertepluralismus und Interessenkonflikte geprägte Gesellschaften.

2.1 Der subjektphilosophische Hintergrund des Praxisbegriffes

Die Bedeutung des Praxisbegriffs in der Gesellschaftstheorie des zwanzigsten Jahrhunderts geht weniger auf die neoaristotelischen Ansätze der politischen Philosophie zurück, als auf Versuche, den im Marxismus-Leninismus zur deterministischen Gesetzeslehre erstarrten Marxismus im Sinne einer auf gesellschaftsveränderndes Handeln orientierten Theorie zu erneuern.[100] Insbesondere nach dem zweiten Weltkrieg versuchten dann marxistische, den sozialistischen Herrschaftssystemen kritisch gegenüberstehende Intellektuelle, von der Entfremdungs- und Verdinglichungskritik ausgehend, den Marxismus als Praxisphilosophie neu zu interpretieren.[101] Obwohl er dieser Theorietradition nahe steht, wendet sich Jürgen Habermas in seinen Schriften grundsätzlich gegen eine Orientierung der Gesellschaftstheorie am Praxisbegriff. Seine Argumentation soll im Folgenden knapp skizziert und darauf befragt werden, ob sie auch triftige Einwände gegen ein Fruchtbarmachen der Praxis-Poiesis Unterscheidung für die Gewinnung eines normativen Begriffs des politischen Handelns enthält.

Wie Habermas in einer Anmerkung einräumt, ist er zwar selbst durch Hannah Arendt und Hans-Georg Gadamer „auf die fundamentale Bedeutung der Aristotelischen Unterscheidung von Technik und Praxis aufmerksam gemacht“ worden (Habermas 1978: 84). Es dürfte auch kaum zweifelhaft sein, dass die Unterscheidung zwischen Arbeit und Interaktion, die er in einer Interpretation von Hegels Jenenser Philosophie des Geistes als Grundlage seiner Marxismuskritik einführt

100 Grundlegend hierfür waren die in den 1920er Jahren entstandenen und während der 1960er und 1970er Jahre breit diskutierten Schriften Karl Korschs (Korsch 1966), des jungen Georg Lukács (Lukács 1970) und Antonio Gramscis (Gramsci 1967).

101 Einen knappen Überblick dazu bietet Joas 1992: 128-157.

(Habermas 1968), sich der aristotelischen Unterscheidung zwischen Praxis und Poiesis verdankt und mit ihr die Sorge vor dem Überhandnehmen technischer oder instrumenteller Rationalität teilt. Dennoch distanziert sich Habermas bereits in dieser frühen Schrift vom Praxisbegriff. Sein Vorwurf an Marx lautet, dass dieser

> „nicht eigentlich den Zusammenhang von Interaktion und Arbeit expliziert, sondern unter dem Titel der gesellschaftlichen Praxis eins auf das andere reduziert, nämlich kommunikatives Handeln auf instrumentales zurückführt" (Habermas 1968: 45).[102]

Damit ist das Grundmotiv der Zurückweisung des Praxisbegriffes durch Habermas genannt. Wie der zitierte Vorwurf an Marx zeigt, fürchtet er, das Marxsche „Produktionsmodell des Handelns",[103] das Praxis als produktive Selbsthervorbringung des Menschen versteht, verkehre die ursprüngliche Intention der Unterscheidung in ihr Gegenteil und reduziere praktisches auf poietisches bzw. instrumentales Handeln. Diese Befürchtung gibt Habermas indirekt auch dort zu erkennen, wo er den Praxisbegriff positiv benutzt, aber von einem „unverkürzten Begriff der Praxis" spricht, den er mit dem kommunikativen Handeln gleichsetzt (Habermas 1981: I, 485). In „Der philosophische Diskurs der Moderne" (Habermas 1985) und mehreren Entgegnungen auf verschiedene Kritiker seiner „Theorie des kommunikativen Handelns" (Habermas 1985 und 1986) erläutet er ausführlich, weshalb sich nach seiner Meinung „das leckgeschlagene Schiff der Praxisphilosophie ... nicht wieder flott machen lassen (dürfte)" (Habermas 1986: 377).

Dabei argumentiert er zunächst, erst die vom jungen Marx vorgenommene Angleichung der Arbeit an die schöpferische Produktion des Handwerkers oder Künstlers habe es erlaubt, die gesellschaftliche Arbeit als Praxis im Sinne einer kollektiven Selbstverwirklichung der Produzenten zu verstehen. Die historische Entwicklung der Industriearbeit, vor allem ihre einseitig produktivistische Rationalisierung und ihr lebensweltlicher Bedeutungsverlust habe jedoch einer derartigen Gleichsetzung von gesellschaftlicher Arbeit und Praxis den Boden entzogen (Habermas 1984: 485). Dieser empirische Einwand richtet sich in erster Linie gegen das Festhalten am dialektischen, gesellschaftsverändernden Potential der Industriearbeit und ist für unsere Frage nach einem angemessenen Begriff des politischen Handelns weniger bedeutsam als zwei weitere, grundsätzliche Argumente gegen die Brauchbarkeit des Praxisbegriffes. Zum einen hält Habermas die normativen Grundlagen der Praxisphilosophie für nicht hinreichend geklärt. Die gesellschaftliche Arbeit erhalte als Selbstverwirklichung eine produktionsästhetische Aufwertung und werde moralisch-praktisch ausgedehnt, ohne dass dies überzeu-

102 Die Vermutung liegt nahe, dass Habermas den prinzipiellen Vorwurf der Reduktion von Interaktion auf Arbeit, bzw. von kommunikativem auf instrumentales Handeln von der Marxismuskritik Arendts aus „Vita Activa" übernommen hat, auch wenn er darauf nicht verweist.

103 Zu diesem Begriff vgl. Joas 1992: 128-157.

gend begründet werden könne (Habermas 1985: 84). In anderen Worten: selbst wenn der produktiven Tätigkeit ein normatives Potential innewohne, müsste dieses sich erst im Verfahren eines gesellschaftlichen Diskurses als vernünftig erweisen.[104] Zum zweiten argumentiert Habermas, der Praxisbegriff impliziere die Vorstellung einer Gesellschaft, die sich in Gestalt eines Makrosubjektes autonom selbst steuern könne. Ausführlich geht er darauf ein (Habermas 1985: 75-82), wie Marx in der Auseinandersetzung mit Hegels Rechtsphilosophie die Perspektive einer Selbstorganisation der Gesellschaft gewinnt, welche die Spaltung zwischen öffentlichem und privatem Menschen, zwischen citoyen und bourgeois aufhebt. Dabei will er zeigen, dass der Praxisbegriff auch in seinen neomarxistischen und praxisphilosophischen Verwendungen durch die Reflexionsphilosophie des deutschen Idealismus geprägt ist. Während diese den Bildungsprozess des „Geistes“ nach dem Modell der Selbstbeziehung als Bewusstwerdung begreife, verstehe die Praxisphilosophie unter Beibehaltung derselben Struktur den Bildungsprozess der Gattung als Selbsterzeugung. Sie bleibe damit „eine Variante der Subjektphilosophie, die die Vernunft zwar nicht in der Reflexion des erkennenden, aber doch in der Zweckrationalität des handelnden Subjektes ansiedelt“ und damit einer kognitiv-instrumentellen Rationalität verhaftet (Habermas 1985: 82). Die Praxisphilosophie basiere auf der „Prämisse, daß sich die autonome Selbststeuerung einer komplexen Gesellschaft wie ein Selbstbewusstsein im großen vorstellen läßt“ (Habermas 1986: 393). Die Vorstellung eines selbstbezüglichen gesellschaftlichen Großsubjekts widerspreche aber nicht nur der Komplexität moderner, in funktional spezifizierte Teilsysteme ausdifferenzierter Gesellschaften, sondern gefährde auch die pluralistischen Züge moderner Gesellschaften (Habermas 1986: 393). So gesehen wird eine auf dem Praxisbegriff gründende Gesellschaftskritik zur Gefahr für liberale westliche Demokratien.

Gegen die referierte Zurückweisung des Praxisbegriffes lässt sich einwenden, dass seine enge Bindung an die Subjektphilosophie und, daraus abgeleitet, die Präferenz für instrumentelle Rationalität und Pluralismusfeindlichkeit allenfalls für die Traditionslinie Hegel – Marx zutrifft, nicht aber für existentialphilosophische oder pragmatische Neuinterpretationen der aristotelischen Unterscheidungen, die – etwa im Falle Hannah Arendts – gerade durch die Kritik an der neuzeitlichen Vorstellung eines einheitlichen, zweckrational handelnden gesellschaftlichen Subjekts motiviert sind. Dass Habermas hier nicht weiter differenziert, muss auf den ersten Blick erstaunen. Es mag jedoch damit zu erklären sein, dass es ihm nicht um einen normativen, pluralismustauglichen Begriff des politischen Handelns geht,

104 Ausführlich befasst sich Hans Joas mit den drei Haupteinwänden von Habermas gegen die Praxisphilosophie. Anders als mir geht es ihm dabei aber nicht um einen spezifischen Begriff des politischen Handelns, sondern darum, unter Rückgriff auf den amerikanischen Pragmatismus gegen die Hegemonie des Funktionalismus eine handlungstheoretische Perspektive der Sozialwissenschaft zu verteidigen (Joas 1992: 128-157).

sondern um die Grundlegung einer Gesellschaftstheorie, die insbesondere zwei Anforderungen gerecht wird: sie soll *erstens* die systemtheoretische Sicht auf moderne Gesellschaften aufgreifen und deren unhintergehbare Ausdifferenzierung in funktionale Teilsysteme anerkennen, und sie soll *zweitens,* um den Aporien der älteren Kritischen Theorie, die nur noch einen totalisierten Verdinglichungszusammenhang diagnostizieren konnte, zu entkommen, einen Ort gesellschaftlicher Vernunft bestimmen und damit der Gesellschaftskritik eine normative Grundlage sichern können.

Entsprechend betrachtet Habermas deshalb *erstens* Ökonomie und Staatsapparat

> „als systemisch integrierte Handlungsbereiche, die nicht mehr von innen demokratisch umgestaltet, d.h. auf einen politischen Integrationsmodus umgestellt werden könnten, ohne in ihrem systemischen Eigensinn beschädigt und damit in ihrer Funktionsfähigkeit gestört zu werden" (Habermas 1990: 36).

Daraus folgt ein Dualismus von System- und Handlungstheorie, der es ausschließt, Gesellschaft insgesamt noch als Gegenstandsbereich menschlicher Praxis zu sehen. Habermas' zweistufiges Konzept der Gesellschaft als Lebenswelt und System lässt zwar im Einzelnen noch offen, wie und in welchem Maß Lebenswelt und Teilsysteme aufeinander einwirken (und Habermas variiert dies mehrfach in seinen Veröffentlichungen),[105] es beschränkt die Reichweite der Demokratisierung jedoch prinzipiell auf die „demokratische Eindämmung der kolonialisierenden Übergriffe der Systemimperative auf lebensweltliche Bereiche" bzw. auf eine „Balance" zwischen mediengesteuerter und kommunikativer gesellschaftlicher Integration (Habermas 1990: 36).

Zweitens will Habermas im Bereich der Handlungstheorie die Subjekt- oder Bewusstseinsphilosophie durch die intersubjektive Perspektive der Sprachphilosophie ersetzen. Während der Praxisbegriff der Vorstellung verhaftet bleibe, die Selbststeuerung einer komplexen Gesellschaft ließe sich wie das Selbstbewusstsein eines Subjekts im Großen vorstellen, verschwinde in modernen dezentrierten Gesellschaften das „Selbst" der Selbstregierung „ ... in den subjektlosen Kommunikationsformen, die den Fluß der diskursiven Meinungs- und Willensbildung so regulieren, dass ihre falliblen Ergebnisse die Vermutung der Vernünftigkeit für sich haben" (Habermas 1992: 365). Ein Netzwerk von Diskursen und Verhandlungen

105 Während die Kolonialisierungsthese in der „Theorie des kommunikativen Handelns" die weitreichenden Demokratisierungsansprüche der früheren Schriften bis auf den Schutz der Lebenswelt vor den Übergriffen der mediengesteuerten gesellschaftlichen Teilsysteme zurücknimmt, enthält die Demokratietheorie, die Habermas in „Faktizität und Geltung" entwickelt, wieder eine etwas offensivere Perspektive, in der das administrative System durch das demokratisch gesetzte Recht an die deliberative Meinungs- und Willensbildung rückgekoppelt werden soll. Allerdings warnt Habermas explizit vor der Vorstellung einer „im ganzen deliberativ gesteuerten und insofern politisch konstituierten Gesellschaft" und hält an der eigensinnigen Operationsweise funktional ausdifferenzierter gesellschaftlicher Teilsysteme fest (Habermas 1992: 369).

soll rationale Lösungen gesellschaftlicher Probleme ermöglichen. Damit gewinnt Habermas einen Ort gesellschaftlicher Vernunft, in dem zwar vielfältig (kommunikativ) gehandelt wird, dessen Funktionieren insgesamt jedoch nicht mehr als ein Handeln - sei es von Individuen oder von Gruppen - zu verstehen ist. Die politische Willensbildung löst sich von zurechenbaren Handlungen. Wie im Kapitel zu Habermas ausgeführt, wird Demokratie zu einem „präsumptiv vernünftigen" *Verfahren der Problemlösung* und stellt als solches dann lediglich noch eine „reflexive Aufstufung und spezialisierte Ausformung einer allgemeinen Operationsweise gesellschaftlicher Systeme" dar (Habermas 1992: 388).

In beiderlei Hinsicht kann ein an der aristotelischen Unterscheidung gewonnener, normativer Begriff politischen Handelns nur störend wirken: da es von Aristoteles bis Arendt Handeln geradezu konstituiert, in naturalisierte gesellschaftliche Prozesse verändernd einzugreifen, droht es zum einen ständig, die Grenzziehung zwischen System und Lebenswelt zu überschreiten und damit die „Funktionsfähigkeit" der systemisch organisierten Handlungsbereiche zu beeinträchtigen; und da ein optionales Handeln immer auch Entscheidungshandeln ist, wirft es zum zweiten die Frage nach den handelnden Subjekten, ihrer Konstitution und ihrer Verantwortlichkeit auf, womit es den für die „subjektlosen Kommunikationsformen" reklamierten Vernunftcharakter untergräbt. Habermas nutzt die einleuchtende Kritik an der Subjektphilosophie und dem Praxisbegriff der marxistischen Gesellschaftstheorie, um mit ihm zugleich jedes praktische politische Handeln los zu werden und durch „subjektlose", aber vernünftige Ergebnisse generierende Kommunikationsprozesse zu ersetzen.

2.2 Charakter und erkenntnistheoretischer Status der Praxis-Poiesis-Unterscheidung

Begriffliche Unklarheiten der Praxis-Poiesis Unterscheidung

György Markus kritisiert Aristoteles, weil er ein und dieselbe Tätigkeit einmal als Praxis und das andere mal als Poiesis bezeichnet. Als Beispiel hierfür nennt er das politische Handeln, das den Zentralbereich von Praxis darstellt, von dem es bei Aristoteles aber auch heißt, dass es mit dem wahren Lebensglück für die eigene Person und die Mitbürger doch „nach einem (außerhalb liegenden) Ziel strebt und nicht an sich wählenswert ist" (Aristoteles, NE 1177b 17, zitiert nach Markus 1988: 74). Heidrun Hesse stellt in ihrer differenzierten Interpretation fest, dass nicht immer klar sei, ob Aristoteles mit seiner Unterscheidung zwei Klassen verschiedener Tätigkeiten meine oder lediglich eine analytische Differenzierung. Im ersten Fall wäre jede Tätigkeit unabhängig von den Intentionen der Handelnden oder von der

Perspektive eines Beobachters definitiv der einen oder anderen Klasse zuzuschlagen. Im zweiten Fall ließe sich dieselbe Tätigkeit je nach der Intention des Akteurs oder dem Aspekt, unter dem sie beschrieben wird, sowohl als Praxis als auch als Poiesis auffassen. Insofern wir auf den reinen Vollzug des Spielens eines Musikinstruments achten, sehen wir es als Praxis, betrachten wir es dagegen unter dem Aspekt seiner Auswirkungen, dem Beifall des Publikums oder den Konzerteinnahmen, lässt es sich als poietisches Tun verstehen (Hesse 1999: 46f.). Hesse betont, dass es für Aristoteles zwar Mischformen gebe – etwa das Handeln des tugendhaften Staatsbürgers, das in sich selbst und zudem zu etwas anderem gut sein kann, Aristoteles die Tätigkeiten aber nach ihrem „eidos", ihrer Idee oder ihrem Wesen unterscheide.[106]

Neuere Theorien, die an der aristotelischen Unterscheidung anknüpfen, reproduzieren entsprechende Unklarheiten hinsichtlich des Status der unterschiedenen Tätigkeiten. So ist etwa für Arendts Tätigkeiten der Vita activa umstritten, ob es sich um substantielle Unterscheidungen mit entsprechend abgegrenzten Tätigkeitsräumen handelt, oder um modale Bestimmungen, die sich je nach der Perspektive ihrer Wahrnehmung auch ändern können.[107] Ähnliche Unklarheiten spielen auch in der Diskussion um die Unterscheidung von analytischen Handlungstypen und gesellschaftlichen Handlungsbereichen bei Jürgen Habermas eine Rolle.[108]

Nun hindert uns aber niemand daran, ungeachtet der offenen Fragen der Aristotelesinterpretation, die grundsätzliche Unterscheidung zwischen Praxis und Poiesis nicht mit zwei Klassen substantiell unterschiedener Tätigkeiten oder gar zwei Seinsbereichen gleichzusetzen, sondern als Modi zu verstehen, die durch die Perspektive des Akteurs, sein Verhältnis zu anderen und zur eigenen Tätigkeit selbst bestimmt werden.[109] So gesehen wäre ein und dieselbe Tätigkeit - etwa die Verfolgung des Interesses x - einerseits als zweckrational zu qualifizieren, zugleich jedoch, sofern es auf eine Weise geschieht, die als Teil einer für sich geschätzten Form des Zusammenlebens gilt, auch als Praxis zu verstehen.

106 Vgl. Hesse 1999: 46f; Ähnlich argumentiert auch Vollrath 1989: 11.

107 Für die erste Position etwa Greven 2003: 125, für die zweite Vollrath 2003: 62 oder auch Gutschker 2002: 147.

108 Dazu ausführlich Honneth/Joas 1986, insbesondere der darin enthaltene Beitrag von Thomas McCarthy (McCarthy 1986) und die Entgegnung von Habermas (Habermas 1986).

109 In diesem Sinn, d.h. als analytisch zu unterscheidende Modi verstehen sowohl Vollrath als auch Gutschker die Grundtätigkeiten des Arbeitens, Herstellens und Handelns bei Hannah Arendt (Vollrath 1992: 189f.; Gutschker 2002: 147).

Säkularisierung und die Subjektivierung des „guten Lebens"

Einer der gängigsten und grundsätzlichsten Einwände gegen die Brauchbarkeit des Praxisbegriffs lautet, er lasse sich nicht vom teleologischen Weltbild des Aristoteles und damit von der Suche nach einer verbindlichen Bestimmung des „guten Lebens" lösen. Mit der neuzeitlichen Emanzipation der Individuen aus religiös oder traditional begründeten und allgemein verbindlichen Weltbildern sei jedoch jeder Versuch, eine bestimmte Lebensform als „Zweck an sich" auszuweisen, nicht nur ein hoffnungslos anachronistisches Unterfangen geworden, sondern darüber hinaus auch freiheitsbedrohend und politisch gefährlich. Tatsächlich hat sich in der Neuzeit die Frage nach dem guten Leben subjektiviert und privatisiert. Thomas Hobbes und die neuzeitliche Vertragstheorie brechen mit der Suche nach einer ethisch begründeten allgemeinverbindlichen Lebensform und machen die Selbsterhaltung des Individuums zum axiomatischen Ausgangspunkt der moralphilosophischen und politischen Reflexion. Auch wer wie Kant an einer praktischen Vernunft festhält, die nicht nur der Diener subjektiver Nutzenkalküle ist, kann diese nicht mehr aus einer inhaltlich bestimmten Lebensform gewinnen, sondern nur noch formal, im Sinne des kategorischen Imperativs und einer diesem verpflichteten Autonomie des Willens.[110] Demzufolge wären wir im Gegensatz zu Aristoteles unter modernen Bedingungen nicht mehr in der Lage, allgemeinverbindliche Wertehierarchien zu begründen und damit letzte Zwecke bzw. Tätigkeiten mit Selbstzweckcharakter zu bestimmen.[111]

Diese Position wurde allerdings gerade während der letzten Jahrzehnte von neoaristotelischen Kommunitariern in Frage gestellt, deren Arbeiten die Vorstellung eines autonomen Selbst, das partikularen Gemeinschaften mit ihren jeweiligen Wertehierarchien vorausgesetzt sei, zu widerlegen trachten.[112] Alasdair MacIntyre will darüber hinaus, explizit an Aristoteles anknüpfend, eine teleologische Sichtweise des Menschen erneuern und den Begriff der Praxis in gesellschafts- und ökonomiekritischer Absicht neu bestimmen.[113] Die ebenso komplexe wie interessante Debatte zwischen Liberalen und Kommunitariern braucht uns an dieser Stelle jedoch nicht weiter zu beschäftigen. Allein ihr Verlauf, der auch nach mehr als

110 Vgl. dazu Markus 1988: 78ff.; Hesse 1999: 155-161.

111 So schreibt Schnädelbach: „No one can simultaneously assume *both* individual autonomy of the will *and* a hierarchy of universally valid, highest values" (Schnädelbach 1987: 232, Hvhbg. Schnädelbach). Demgegenüber relativiert Hesse die Kluft zwischen antikem und neuzeitlichem Denken erstens durch die Feststellung, dass bereits die Antike keine letzten, über jeden Zweifel erhabenen Zwecke menschlichen Tuns und Lassens gekannt habe und zweitens, indem sie die Möglichkeit einer intersubjektiv verbindlichen Abstimmung von Handlungszwecken ins Spiel bringt (Hesse 1999: 151 und 81).

112 Vgl. etwa Sandel 1993 und Taylor 1994.

113 Vgl. MacIntyre 1995; Zu Differenzen zwischen seinem und dem aristotelischen Praxisbegriff vgl. Gutschker 2002: 366-370.

zwei Jahrzehnten nicht zu einem allseits akzeptierten Ergebnis führte, unterstreicht hinreichend, dass in säkularisierten modernen Gesellschaften mit einem Pluralismus von Weltbildern und Werten zu rechnen ist, dem jede überzeugende Neuinterpretation des aristotelischen Praxisbegriffes gerecht werden muss. Ein Vorrang des politischen Handelns als Praxis gegenüber anderen Tätigkeiten wird sich deshalb unter modernen Bedingungen nicht aus einem höchsten Zweck des menschlichen Daseins ableiten lassen. Aber braucht es das überhaupt? Eine überzeugende Argumentation dafür, dass die Gestaltung des Zusammenlebens durch Beratung und Entscheidung unter rechtlich und politisch Gleichen einen bestimmten Handlungsmodus erfordert, dürfte als Begründung ausreichen - jedenfalls für diejenigen, die an den Grundwerten der westlichen Moderne festhalten.

Ontologische oder modale Bestimmung des Praxisbegriffs?

Grundsätzlich lässt sich gegen Aktualisierungen des Praxisbegriffes der ontologische Ursprung der aristotelischen Kategorien anführen. Das Argument lautet dann, die ontologische Unterscheidung von Seinsbereichen und der ihnen entsprechenden Tätigkeiten sei ahistorisch und „nicht mit den tatsächlich kontingenten Formen der Reproduktion und Verquickung menschlicher Tätigkeiten und einem entsprechenden Subjektbegriff“ in modernen Gesellschaften zu vereinbaren (Greven 2003: 124). Dieser Einwand impliziert, dass lediglich die hermeneutisch erschließbare subjektive Perspektive der Handelnden einerseits sowie eine objektivierende und empirisch überprüfbare Beobachterperspektive andererseits mit einem modernen Wissenschaftsverständnis zu vereinbaren sind, nicht aber existenzialontologische Reflexionen auf grundlegende menschliche Tätigkeiten, die „conditio humana“ u.ä.m. Nun ist auch diese wissenschaftstheoretische Kontroverse keineswegs entschieden. Interessanter für uns ist aber die einfachere Frage, warum es nicht möglich und sinnvoll sein soll, unter Rekurs auf spezifische politische Erfahrungen, seien es die der antiken Polis, der mittelalterlichen Stadtrepubliken oder der neuzeitlichen repräsentativen Demokratie, einen Modus des politischen Handelns unter Gleichen von den Modi des wissenschaftlichen Erkennens, des technischen Herstellens und der Herrschaft abzugrenzen? Ein Anknüpfen an die Unterscheidung von Praxis und Poiesis muss dann weder die aristotelische noch irgendeine andere Ontologie übernehmen. Es kann auf die Bestimmung der menschlichen Natur oder verschiedener essentieller Seinsbereiche verzichten und sich darauf beschränken, menschliche Fähigkeiten und Tätigkeiten in rekonstruktiver Absicht zu beschreiben und zu analysieren. Als praktisch im Gegensatz zu technisch ließe sich dann ein Tätigkeitsmodus bezeichnen, der bestimmte Qualifikationen aufweist - insbesondere Optionalität, Pluralität, und, noch genauer zu klären, Selbstzweckcharakter. Eine solche Bestimmung wird auch der Eigentümlichkeit des Politischen gerecht, das eben keinen bestimmten Gegenstandsbereich bezeichnet, sondern einen Modus.[114] Politisch kann (fast) alles werden. Bei der Frage, was wir als politisches Handeln qualifizieren wollen, geht es deshalb primär nicht um ein „Was", sondern um ein „Wie" (Vollrath 2003: 62).

Umgekehrt scheint mir eine Theorie, die mit dem Anspruch der Wissenschaftlichkeit im Anschluss an Weber soziales Handeln idealtypisch nach den Motiven des handelnden Subjekts (zweckrational, wertrational, affektuell und traditional) unterscheidet (Weber 1947: 12f.), eine eigene Qualität des politischen Handelns von vornherein gar nicht in den Blick nehmen zu können. Die mit dem Anspruch der Universalisierbarkeit auftretende Typologie stützt sich auf verschiedene Kategorien von Handlungszielen. Dabei erfasst sie lediglich das intra-personale Hervorbringen von Handlungszielen und das daraus zu folgernde Rationalisierungspotential der jeweiligen Handlung.[115] Zweckrationales Handeln ist demnach rationalisierungsfähiger als affektuelles oder traditionales. Über den monologischen Charakter der Reflexion des Handelns auf das jeweils zugrunde liegende Handlungsziel kommt man mit einer derartigen Typologie jedoch nicht hinaus. Die von den verschiedenen Handlungstypen implizierten inter-personalen Verhältnisse und deren Qualitäten lassen sich so nicht erfassen. Jede im weitesten Sinn noch normativ zu nennende Demokratietheorie steht jedoch vor der Aufgabe, verschiedene Formen des Zusammenwirkens oder kooperativen Handelns der Individuen zu unterscheiden und Aussagen über deren Demokratieverträglichkeit zu machen. Modal verstanden scheint die Praxis-Poiesis Unterscheidung zumindest geeignet, Kriterien für eine Beurteilung der politischen Qualität verschiedener Handlungsformen anzugeben.

Der unklare Selbstzweckcharakter praktischer Tätigkeiten

Die Unterscheidung von Tätigkeiten, deren Vollzug bereits Zweck ist und solchen, die einen außer ihnen liegenden Zweck zu verwirklichen suchen, scheint schon bei Aristoteles nicht immer völlig klar zu sein. So bezweifeln verschiedene Autoren, dass die bei Aristoteles genannten Beispiele praktischer Tätigkeiten tatsächlich Selbstzweckcharakter tragen.[116] Lediglich die theoretische Kontemplation sei als sie selbst das Ziel ihres eigenen Vollzuges, und damit eine vollkommene Form der

114 „Das Politische ist kein Wesen, weil es keine Essenz oder Substanz ist, sondern eine Modalität und eine Praktik, eine adverbiale Qualifikation" (Vollrath 1987: 312f.).

115 Zur Kritik der Handlungstypologie Webers ausführlich Habermas 1981 Bd. I: 379ff. Affirmativ interpretiert und gegen Arendts phänomenologische Unterscheidung von Tätigkeiten gewandt wird sie dagegen bei Greven 2004: 190f.

116 Zu dieser Diskussion vgl. Hesse 1999: 36-50.

Praxis, zugleich sei sie aber eben gerade keine „praktische“ Tätigkeit. Abgesehen von der Kontemplation strebten wir in allen Betätigungen – und insbesondere in der Politik, die den Prototyp einer praktischen und nicht nur technischen Tätigkeit bildet – immer auch ein Ziel an, das außerhalb der Tätigkeit liegt (Vollrath 1989: 14).

Aktualisierungen des Praxisbegriffes teilen die Schwierigkeit, den Selbstzweckcharakter und die Instrumentalität der praktischen Tätigkeit in ein einleuchtendes Verhältnis zueinander zu bringen. So logisch es scheint, dass eine Form des Handelns, die der Poiesis und ihrer instrumentellen Rationalität entgegengestellt werden kann, den unendlichen Regress von Zweck und Mittel durchbrechen und deshalb Selbstzweckcharakter tragen muss, so groß sind gleichzeitig die Schwierigkeiten, Selbstzweckcharakter und eingreifendes, optionales Handeln miteinander zu vereinbaren. Das gilt umso mehr, als die für Aristoteles zweitbeste Form selbstzweckhaften Handelns, das tugendhafte Leben des Bürgers in der Polis, unter Bedingungen der Moderne als End- oder Selbstzweck nicht mehr vorauszusetzen ist. Ohne begründbare Vorstellung vom guten Leben führt die Übertragung des Selbstzweckcharakters der Praxis auf die Politik jedoch unweigerlich zu zwei Fragen: um was soll es in einer Politik, die kein übergeordnetes Ziel kennt, denn eigentlich inhaltlich gehen, und, im Anschluss daran, welcher Stellenwert soll dem Entscheiden, ohne das es doch kein veränderndes Eingreifen in den Gang der Ereignisse geben kann, in einer selbstzweckhaften Praxis zukommen?

Konkreter noch scheint der Gedanke vom Selbstzweckcharakter politischen Handelns unter den Bedingungen der neuzeitlichen Trennung von Staat und Gesellschaft allein deshalb absurd, weil die grundlegende Legitimation des Staates ja gerade in seinen Funktionen für die Selbsterhaltung und den Wohlstand seiner Bürger gesehen wird, der Staat und mit ihm das Politische also zur „Nützlichkeitsveranstaltung“ geworden sind. Aus dieser Warte dient Politik stets vor- oder unpolitischen Interessen und es fragt sich, was einem politischen Handeln denn zu tun bliebe, wenn wir es als selbstzweckhafte Praxis bestimmen. Mary McCarthy, die diese Frage in einer Diskussion an Hannah Arendt richtet, liefert die Antwort gleich mit: Es bleibt nur das Reden, aber auch im Reden muss es schließlich um etwas gehen (Arendt 1979: 315f.). Wie Villa feststellt, scheine es auf den ersten Blick paradox, das politische Handeln als selbstzweckhafte Praxis zu bestimmen, weil es damit einen außerpolitischen Referenten verliere und inhaltslos zu werden drohe (Villa 1996: 36).

Einer Lösung kommen wir eventuell näher, wenn wir die Probleme der Arendtinterpretation in dieser Frage etwas genauer betrachten. Für Arendt geht Aristoteles mit seiner Bestimmung der Praxis als Selbstzweck nicht weit genug. Sie wirft ihm vor, damit noch in den Zweck-Mittel-Kategorien des Herstellens befangen zu bleiben. Ein Selbstzweck oder „Zweck an sich" sei ein Widerspruch in sich, da ein Zweck, der erreicht ist, aufhöre, Zweck zu sein (Arendt 1981: 141). Arendt differenziert deshalb zwischen Zweck und Sinn, wobei ihr zufolge der Sinn einer Sache „immer in ihr selbst beschlossen (liegt) und der Sinn einer Tätigkeit nur so lange bestehen (kann), als diese Tätigkeit währt" (Arendt 1993: 126). Das unterscheidet sich auf den ersten Blick nicht wesentlich von einem Selbstzweck, wie wir ihn bislang kennengelernt haben. Arendt will aber mit dieser terminologischen Abgrenzung den insgesamt noch teleologisch bleibenden Rahmen des aristotelischen Handlungsmodells dekonstruieren. Indem sie das Telos aus dem Handeln entfernt, beseitigt sie mit der logischen Hierarchie von Zweck und Mittel zugleich die Möglichkeit seiner Transformation in ein soziales Verhältnis von Herrschenden und Beherrschten. Die Konsequenz einer solchen Ablösung des Handelns von Instrumentalität und Herrschaft wird aber mit der Unklarheit erkauft, was genau dann noch der „Sinn" der Handlung sein kann. Das Handeln scheint zur rein selbstbezüglichen, um ihrer selbst willen betriebenen Tätigkeit, zum Spiel zu werden, das nur noch nach Kriterien der Virtuosität zu beurteilen wäre. Im politischen Handeln ginge es dann lediglich noch um die Selbstenthüllung des Handelnden in der Öffentlichkeit. Tatsächlich sehen in einer solchen Überwindung des teleologischen zugunsten eines theatralischen oder performativen Handlungsmodells neuere poststrukturalistisch beeinflusste Interpretationen die besondere Leistung Arendts.[117] Insbesondere die Texte, in denen Arendt in einer idealisierenden Sicht auf die Lebensweise der alten Griechen den authentischen Sinn des Handelns darin bestimmt, „durch unsterbliche Taten ... unvergängliche Spuren in der Welt" zurückzulassen (Arendt 1981: 24), scheinen eine solche Interpretation nahezulegen. Sinn des politischen Handelns wäre demnach die Selbstenthüllung der handelnden Person im öffentlichen Raum. Auch Arendts Insistieren auf der Pluralität als „conditio per quam", und nicht nur als „conditio sine qua non", des Politischen (Arendt 1981: 15) unterstreicht, dass für sie Andersheit oder Alterität der Politik nicht nur zugrundeliegt, sondern die Menschen sich durch ihr Handeln aktiv von anderen unterscheiden und damit ihre Einzigartigkeit offenbaren. Darin den Sinn moderner demokratischer, von widerstreitenden Interessen geprägter Politik zu sehen, ist

117 Vgl. etwa Honig 1993 und, allerdings mit Abstrichen, Villa 1996.

schwer nachvollziehbar.[118] Allenfalls ließe sich darauf hinweisen, dass es für die Bürger auch in zeitgenössischen politischen Konflikten über die Berücksichtigung ihrer Interessen hinaus von Bedeutung sein kann, sich in die Regelung öffentlicher Angelegenheiten einzubringen oder, negativ gefasst, zu verhindern, dass die eigene Person oder Gruppe in öffentlichen Auseinandersetzungen und politischen Entscheidungen als Handelnde übergangen werden.

Neben diesem performativen Aspekt bleibt „Sinn" bei Arendt jedoch, wie wir vorne schon gesehen haben, an das Sprechen und Handeln *mit* anderen gebunden und kann nicht davon gelöst werden, dass der Handelnde ein Ziel verfolgt für das er bei anderen um Unterstützung wirbt. Gutschker kritisiert deshalb, Arendts Konzeption des Handelns oszilliere zwischen dem virtuosen Erscheinen, der Selbstenthüllung des Einzelnen in der Öffentlichkeit und dem gemeinsamen Handeln der Verschiedenen (Gutschker 2002: 164f.). Ähnlich unterscheidet Seyla Benhabib zwischen einer agonistischen und einer assoziativen Vorstellung des öffentlichen Raumes bei Hannah Arendt. Während im ersten Fall der Wettstreit um Anerkennung und Beifall im Vordergrund stehe, ginge es im zweiten Fall darum, im Einverständnis miteinander zu handeln. Knüpft man an diesem zweiten, assoziativen Element des Handelns an, dann lässt sich Arendt als konsensorientierte Theoretikerin deliberativer Demokratie interpretieren (Benhabib 1991).

Die Schwäche sowohl der performativen und agonistischen, als auch der assoziativen und deliberativen Interpretation liegt allerdings darin, dass sie sich recht willkürlich für eine der beiden Seiten entscheiden und die andere weitgehend unberücksichtigt lassen. Eine dritte Interpretation Arendts scheint hier weiterzuführen. Sie bindet den Sinn praktischen Handelns an die Prinzipien, durch die es inspiriert ist, und ermöglicht dadurch, die agonistische mit der assoziativen Seite des Handelns zu vermitteln und dem Handeln sowohl Zweckorientierung als auch intrinsischen Wert zuzusprechen.[119] Nach Arendt, die sich hier an Montesquieu orientiert, lassen sich verschiedene Regierungsformen durch die Dominanz jeweils

118 Arendt selbst spricht einschränkend von einer „ausgesprochen individualistischen" Sicht der Griechen, die „auf dem Phänomen der im Handeln sich vollziehenden Selbstenthüllung auf Kosten aller anderen Faktoren (bestehe)" und räumt ein, dass Selbstenthüllung „gemeinhin nicht das eigentliche Ziel des Handelns ist" (Arendt 1981: 187).

119 In diesem Sinn James Knauer 1980. Knauer bezieht sich auf Arendts Aussagen in ihrem berühmten Essay „What is Freedom?", die im deutschen Text nur unvollständig wiedergegeben werden. Dort heißt es: „Action insofar as it is free is neither under the guidance of the intellect nor under the dictate of the will – although it needs both for the execution of any particular goal – but springs from something altogether different which (following Montesquieu's famous analysis of forms of government) I shall call a principle. Principles do not operate from within the self as motives do – 'mine own deformity' or my 'fair proportion' – but inspire, as it were, from without. And they are much too general to prescribe particular goals, although every particular aim can be judged in the light of its principle once the act has been started. For, unlike the judgement of the intellect which precedes action, and unlike the command of the will which initiates it, the inspiring principle becomes fully manifest only in the performing act itself" (Arendt 1968: 152).

typischer Prinzipien charakterisieren. Derartige Prinzipien können Ruhm und Ehre, aber auch Freiheit, Gerechtigkeit oder Gleichheit sein (Arendt 1968: 206). Für die Revolutionen der Neuzeit nennt sie als inspirierende Prinzipien des Handelns „öffentliche Freiheit, öffentliches Glück, öffentlicher Geist“ (Arendt 1974: 284) und spezifischer, in der Gründung der amerikanischen Republik zutage tretend, das „Prinzip wechselseitigen Versprechens und gemeinsamen Beratens“ (Arendt 1974: 275). Im Charakter der Prinzipien selbst läge also eine Möglichkeit zwischen dem performativen und dem assoziativen Moment des Handelns zu vermitteln. Zum anderen und in unserem Zusammenhang entscheidend ist jedoch, dass sich derartige Prinzipien im Vollzug der Handlung selbst manifestieren und nicht erst in ihrem Resultat verwirklichen. Prinzipiengeleitetem Handeln käme demnach unabhängig vom verfolgten Ziel ein intrinsischer Wert zu. Damit ließe sich dann die Orientierung des Handelns auf ein außerhalb liegendes Ziel mit seinem Selbstzweckcharakter zusammen denken.

> „What the critics (of Arendt, W.T.) fail to understand is that action is a combination of the particular, e.g. goals, and the universal, principles of human association. Arendt's point is not that action must have no goals but that it cannot be defined in terms of them. The particular ends of action are always transcended by the general principles which give them significance and meaning" (Knauer 1980: 725).[120]

Kehren wir von den Feinheiten der Arendtinterpretation zurück zum Grundanliegen der Praxis-Poiesis-Unterscheidung. Wir haben es darin bestimmt, eine Unterordnung interpersonalen Handelns unter vorausgesetzte Zwecke zu vermeiden, da die konsequente Beurteilung eines Handelns nach Zweckmäßigkeitskriterien weder die Pluralität der Handelnden noch ihre politische Gleichheit respektieren kann. Unter Bedingungen der Moderne stehen die Aktualisierungen des Praxiskonzeptes jedoch vor der Schwierigkeit, einen Selbstzweck zu bestimmen, der die Stelle des geglückten tugendhaften Lebens in der Polis einnehmen und so die Instrumentalisierung des politischen Zusammenwirkens und die damit gesetzte Nähe zu Herrschaft und Gewalt vermeiden könnte. Vielleicht ist dazu aber eine begründbare und allgemein akzeptable Vorstellung des „guten Lebens“ gar nicht nötig. Wenn wir an die Arendtinterpretation von Knauer anknüpfen, mag es für die Qualifizierung einer Tätigkeit als politisches Handeln im Sinne einer Praxis genügen, wenn sie *nicht nur* einen außer ihr liegenden Zweck verfolgt, sondern in einem Modus vollzogen wird, der Prinzipien verwirklicht, die es erlauben, ihr einen inhärenten Wert zuzuschreiben. Der Praxischarakter politischen Handelns ergebe sich dann nicht

120 Jüngst hat auch Horst Mewes eine Interpretation Arendts vorgelegt, mit der er die Prinzipien des Handelns ins Zentrum rückt und ebenfalls versucht, durch Prinzipien zwischen dem performativen Charakter und dem Sinn des Handelns zu vermitteln. Demzufolge kann erst die Orientierung des Handelns an Prinzipien einer willkürlichen und sinnlosen Spontaneität entgehen. „Thus, nothing is more important to Arendt´s entire theory of free action and true human greatness than actions´ inspiration by principles“ (Mewes 2009: 27).

wie bei Aristoteles aus seiner übergeordneten Stellung in einer Hierarchie von Zwecken, sondern aus seiner Selbstreferentialität, genauer, aus der Orientierung auf die ihm zugrundeliegenden Prinzipien. Für eine demokratische Republik wäre dann konkreter zu formulieren: Politisches Handeln im Sinne einer Praxis qualifiziert sich, ungeachtet des jeweils verfolgten Zieles, durch den Modus, in dem es geschieht. Dieser muss sich als Manifestation der Prinzipien eines durch Optionalität geprägten Zusammenlebens von Verschiedenen als Gleiche verstehen lassen.[121] Die (zutreffende) Feststellung, wonach moderne Politik interessenbestimmt ist, bildet deshalb keinen ausreichenden Einwand gegen ihren Praxischarakter. Dieser entscheidet sich vielmehr am Tätigkeitsmodus, in dem die jeweiligen Interessen verfolgt werden. Deshalb kann sehr wohl auch das Eintreten für die materiellen Interessen einer bestimmten Gruppe, sofern es im Modus der Beratung und Entscheidung unter rechtlich und politisch Gleichen erfolgt, als praktisches politisches Handeln gelten.

Ein auf den ersten Blick ganz ähnlicher, ebenfalls durch eine selbstreferentielle Struktur gekennzeichneter normativer Begriff des politischen Handelns findet sich bei Hartmut Rosa (Rosa 2001). Rosa will im Anschluss an Charles Taylors Unterscheidung zwischen starken und schwachen Wertungen das politische Handeln von einem bloßen politischen Verhalten abgrenzen. Während schwache Wertungen unmittelbar Bedürfnisse und Wünsche ausdrückten, beantworteten starke Wertungen die Frage, „was wichtig, wertvoll oder erstrebenswert … im Leben ist, und daher nach der Art von Person, die wir sein wollen" (Rosa 2001: 25). Starke Wertungen beurteilen demnach die eigenen Wünsche und Bedürfnisse aufgrund einer intersubjektiv vermittelten, für die handelnden Personen konstitutiven Weltdeutung. Rosa überträgt diese auf jedes menschliche Handeln anwendbare Unterscheidung auf den Bereich der Politik und bezeichnet die an schwachen Wertungen orientierte Durchsetzung partikularer Interessen als politisches Verhalten. Ein solches entspreche dem liberalen Modell, das den politischen Prozess als Marktplatz konzipiere, auf dem die Parteien zu Unternehmern und die Wähler zu Konsumenten würden. Im Gegensatz dazu orientiere sich genuin politisches Handeln an starken Wertungen, also immer auch an der Frage, wie die Strukturen des Gemeinwesens beschaffen sein sollten, bzw. wie die Akteure zusammen leben wollen. Es reflektiert, in anderen Worten, die starken Wertungen, die den Praktiken und Institutionen moderner Gesellschaften zugrunde liegen, statt sie, wie das politische Verhalten, als naturhaft vorauszusetzen (Rosa 2001: 36f.). Auch Rosa will seine Unterscheidung zwischen Handeln und Verhalten analytisch verstehen und betont, dass die

121 Ohne Prinzipien im Sinne Knauers anzusprechen, versteht auch Villa den Praxischarakter politischen Handelns als Selbstreferenz. Genuines politisches Handeln müsse, ungeachtet seines jeweiligen Inhaltes, immer auf die Erhaltung seiner eigenen Voraussetzungen, insbesondere einer öffentlichen Sphäre, gerichtet sein (Villa 1996: 36-41).

politische Praxis typischerweise Mischformen aufweise. Rosa allerdings bezieht die reflexive Dimension des politischen Handelns im kommunitaristischen Sinn auf die Gesamtheit des sittlichen Lebenszusammenhangs einer Gesellschaft. Damit gewinnt das politische Handeln zwar eine reflexive Struktur, reflektiert wird es jedoch nicht auf sich selbst bzw. seinen Modus, sondern auf die sittlichen Werte der jeweiligen Gesellschaft, auf die Frage, „wie ‚wir' zusammenleben wollen" (Rosa 2001: 36). Ohne die Reflektion des politischen Handelns auf sich selbst bzw. auf seine Prinzipien in dem oben von Knauer aus entwickelten Sinn, besteht damit jedoch wiederum die Gefahr seiner Instrumentalisierung für übergeordnete Werte, hießen sie nun Wohlstand, Gerechtigkeit oder Allgemeinwohl.

Zusammenfassend lässt sich feststellen, dass die Einwände gegen die Praxis-Poiesis-Unterscheidung zwar eine Reihe gravierender Probleme ihrer Übertragung auf moderne Gesellschaften benennen, keineswegs jedoch die grundsätzliche Unbrauchbarkeit dieser Unterscheidung begründen können. Vielmehr zeichneten sich in der Diskussion der wichtigsten Einwände Lösungsmöglichkeiten für eine modifizierte Beibehaltung der aristotelischen Unterscheidung ab. Auch wenn hier offen bleiben muss, ob sich von einer Neuinterpretation des Praxisbegriffes aus eine Theorie demokratischen politischen Handelns entwickeln lässt, so sollte doch deutlich geworden sein, dass eine durch die aristotelische Unterscheidung inspirierte Differenzierung von Tätigkeitssorten und ihrer Rationalität kritische Maßstäbe für die Beurteilung der Leistungsfähigkeit zeitgenössischer Demokratietheorien liefern kann. Dies gilt zumindest für diejenigen Demokratietheorien, die in der Politik noch eine „Zone der Optionalität" (Vollrath 1987: 318) sehen und bei allen Kontroversen um die genauere Bedeutung des Demokratiebegriffes an seinem Versprechen auf gleichberechtigte Partizipation der Bürger festhalten. Diese Theorien werden sich daran messen lassen müssen, ob und wie weit sie den Primat des optionalen Handelns einer pluralen Bürgerschaft gegenüber den Zwängen technischer und ökonomischer Rationalität konzeptionell sichern können.

V Erkennen statt Handeln.* Zum Verschwinden des Politischen in der deliberativen Demokratietheorie von Jürgen Habermas

1 Selbstverständnis und normativer Anspruch der deliberativen Demokratietheorien

Der Begriff der deliberativen Demokratie ist zwar neu, Deliberation oder öffentliche Beratung bildete jedoch immer schon ein wichtiges Moment der Demokratie. Dies gilt bereits für die Versammlungsdemokratie der griechischen Polis, in der nach Aristoteles der Bürgerstatus durch den Zutritt zur Teilnahme an der beratenden Staatsgewalt definiert war (Aristoteles 1994: 1275b 15-20). Es gilt in anderer Weise aber auch für die Demokratien der Neuzeit, deren Theoretiker das Repräsentationsprinzip, ihre bedeutendste Innovation gegenüber der Antike, nicht zuletzt mit der Läuterung und Verallgemeinerung der unreflektierten Meinungen und Interessen des Volkes in den Beratungen freier, nicht an Weisungen gebundener Abgeordneter rechtfertigen.[122] Dennoch bildete sich ein eigenes deliberatives Verständnis von Demokratie, das seine Vertreter sowohl gegenüber liberalen und republikanischen als auch gegenüber elitären und direkt-demokratischen Konzeptionen abgrenzen, erst vor ungefähr zwei Jahrzehnten heraus.

Während der neunziger Jahre haben deliberative Theorien in der Begründung einer Ausweitung und Radikalisierung der Demokratie die Nachfolge älterer partizipatorischer Theorien angetreten. Während sich jene noch auf eine Ausweitung der Beteiligungsmöglichkeiten für bestimmte soziale Gruppen an politischen und gesellschaftlichen Entscheidungsprozessen konzentrierten, stehen deliberative Theorien für eine grundsätzlichere Umformulierung der Demokratiekonzeption selbst. Als entscheidendes Kriterium demokratischer Legitimität gilt ihnen nicht der Mehrheitswille unter gleichermaßen entscheidungsberechtigten Bürgern, sondern die Einbeziehung aller von einer Entscheidung Betroffenen in den ihr vorausgehenden Beratungsprozess. Bernard Manin formuliert hierzu knapp: „A legi-

* Die ersten Teile dieses Kapitels, in denen ich die diskurstheoretische Begründung deliberativer Demokratie durch Jürgen Habermas rekonstruiere, sind weitgehend identisch mit den entsprechenden Teilen meines 2007 veröffentlichten Aufsatzes „Informalisierung und Kognitivierung politischer Repräsentation in deliberativen Demokratietheorien“ (Thaa 2007).

122 Vgl. etwa Federalist No. 10 und No. 71, in: Hamilton/Madison/Jay (o.J.).

timate decision does not represent the *will* of all, but is one that results from the *deliberation of all*" (Manin 1987: 352).[123]

Ungeachtet seiner genaueren Bestimmung gilt der deliberative Prozess als Alternative zur Übertragung des Marktmodells und seiner ökonomischen Rationalität auf den Bereich demokratischer Politik. An die Stelle der Konkurrenz unter strategisch handelnden Akteuren soll eine Verständigungspraxis unter Gleichen treten. Schon von daher kommen Überlegungen zum Handlungspotential politischer Demokratie nicht um eine Auseinandersetzung mit deliberativen Demokratietheorien herum. Diese Theorien enthalten zwei normative Versprechen, die in unserem Zusammenhang von größtem Interesse sind:

Zum einen beerben sie den republikanischen Anspruch auf Selbstregierung unter den spezifisch modernen Bedingungen einer funktional ausdifferenzierten Gesellschaft. Im deliberativen Verständnis ist Politik ein Bereich der bewussten Einwirkung der Gesellschaft auf sich selbst, in dem sich durch die öffentliche Meinungs- und Willensbildung die kollektive Autonomie der Bürger verwirklicht.

Zum zweiten erheben deliberative Demokratietheorien den Anspruch, deliberative Verfahren produzierten vernünftigere Ergebnisse als die marktanalog gedachte Konkurrenz widerstreitender Interessen. Die Inklusion aller von einer Entscheidung Betroffenen bzw. der von ihnen vertretenen Standpunkte und das Argumentieren als einzig angemessenes Mittel der Auseinandersetzung sollen die ursprünglich eingebrachten Präferenzen transformieren und auf ein höheres Niveau der Verallgemeinerbarkeit heben. Dieser Vorgang lässt sich auch als „moralisierender Effekt" der Beratungen verstehen.[124] Selbst wenn am Ende eines deliberativen Prozesses kein Konsens steht, soll die Mehrheitsentscheidung, die danach getroffen wird, eher einem begründeten Urteil ähneln als der Aggregation von Interessen oder einem ausgehandelten Kompromiss.

Als Ergebnis eines deliberativen Prozesses kommt politischen Entscheidungen demnach demokratische Legitimität und Rationalität zugleich zu. Allerdings unterscheiden sich die deliberativen Demokratietheorien beträchtlich hinsichtlich des erkenntnistheoretischen und moralischen Status, den sie einer derartigen öffentli-

123 Ähnlich James Bohman: „Deliberative democracy, broadly defined, is thus any one of a family of views according to which the public deliberation of free and equal citizens is the core of legitimate political decision making and self-government" (Bohman 1998: 401). Spezifischer und den Vernunftbegriff einschließend definiert Seyla Benhabib Demokratie „als eine Organisationsform kollektiver und öffentlicher Machtausübung in den wichtigsten Institutionen einer Gesellschaft ..., und zwar auf der Grundlage des Prinzips, dass Entscheidungen, die das Wohlergehen einer Gesellschaft betreffen, als das Ergebnis einer freien und vernünftigen Abwägung unter Individuen gesehen werden können, die als moralisch und politisch Gleiche betrachtet werden" (Benhabib 1995: 4).

124 Die Erwartung auf eine Rationalisierung individueller Präferenzen im Sinne höherer Verallgemeinerungsfähigkeit im „Forum" der Deliberation betont etwa Bernard Manin (Manin 1987: 358f.). Von einem ‚moralisierenden Effekt' öffentlicher Diskussionen spricht David Miller (Miller 1992: 61f.).

chen Beratung zuschreiben. Auf der einen Seite steht etwa Benjamin Barber, der zwischen kognitiven und politischen Urteilen strikt unterscheiden will. In seinem Modell einer „starken Demokratie" weist er der Deliberation als gemeinsamem Sprechen und Zuhören zwar die zentrale Funktion zu, ursprünglich private Präferenzen zu transformieren und so erst die Grundlage für ein gemeinsames politisches Handeln zu schaffen. Er will diese Funktion jedoch dezidiert nicht erkenntnistheoretisch oder moraltheoretisch verstehen, um die demokratische Politik nicht einem vorausgehenden „Foundationalism" zu unterstellen.[125] Am anderen Ende des Spektrums steht in dieser Frage die diskurstheoretische Begründung deliberativer Demokratie durch Jürgen Habermas. Aus dieser Perspektive soll die deliberative Neubestimmung der Demokratie ihre Bindung an eine kollektiv handlungsfähige Bürgerschaft überwinden und die Vorstellung eines sich selbst bestimmenden gesamtgesellschaftlichen Subjekts durch das Ideal einer prinzipiell unabschließbaren Meinungs- und Willensbildung in einer dezentrierten Gesellschaft ersetzen.[126] Die Volkssouveränität verflüssigt sich und „zieht sich in die gleichsam subjektlosen Kommunikationskreisläufe von Foren und Körperschaften zurück" (Habermas 1992: 170). Durch die diskurstheoretische Begründung der Prinzipien und Verfahren der Deliberation gewinnen ihre Ergebnisse im Gegensatz zur ersten Position einen epistemischen Anspruch analog zu dem auf propositionale Wahrheit und normative Richtigkeit.

Seit einigen Jahren wird gegenüber deliberativen Demokratietheorien nun eine Kritik laut, die weder aus realistischer Sicht ihre Wirklichkeitsferne, noch aus marxistischer Warte die fehlende Thematisierung sozio-ökonomischer Verhältnisse beanstandet, sondern an diesem epistemischen Anspruch ansetzt und den ureigensten, nämlich den radikaldemokratischen[127] Anspruch dieser Theorien in Frage stellt. Deliberative Demokratietheorien, so lautet der Vorwurf, hätten Teil an einer Transformation des Demokratiebegriffes, in deren Verlauf die Rationalität der Politikergebnisse die Beteiligung der Bürger als eigentlichen und tieferen Sinn der Demokratie verdränge (Buchstein/Jörke 2003: 475f.). Ich werde an dieser Kritik ansetzen und mich im Folgenden speziell auf die diskurstheoretische Version deliberativer Demokratie von Jürgen Habermas konzentrieren. Dabei möchte ich zeigen, dass ihr kognitives Verständnis politischer Deliberation, also die Orientierung politischer Willensbildung am Ideal intersubjektiver wissenschaftlicher Erkenntnisprozesse, den Handlungscharakter demokratischer Politik bedroht. Dazu werde ich zunächst in groben Zügen auf die diskurstheoretische Rekonstruktion demokratischer Willensbildung durch Habermas eingehen (2), mich im Anschluss daran

125 Vgl. dazu Barber 1994 und spezifischer 1993. Knapp bringt Barber dies auf die Formel: „Democratic politics is what men do when metaphysics fail" (Barber 1994a: 35).

126 Vgl. dazu etwa Habermas 1992: 361f. und 287f.

127 Von „radikaler Demokratie", der er sich verpflichtet sieht, spricht Habermas auch noch in seinen späteren politischen Schriften, etwa 1992: 13 und 451.

auf den durch verschiedene Modifikationen seiner Theorie durchgehaltenen epistemischen Anspruch deliberativer Willensbildung konzentrieren (3) und diesen als Neuformulierung von Rousseaus Projekt kritisieren, im Vernunftbegriff eine Einheit von individueller und kollektiver Autonomie zu unterstellen (4). Die Tendenz dieses Projekts, der demokratischen Willensbildung durch Informalisierung und Kognitivierung ihren Handlungscharakter zu nehmen, werde ich dann in der Gegenüberstellung von Differenz- und Einheitsrepräsentation zu verdeutlichen versuchen (5), um dann abschließend über Habermas hinaus an Theorien einer deliberativen Demokratisierung jenseits repräsentativer staatlicher Institutionen zu zeigen, dass die bei Habermas noch vorhandene Spannung zwischen der Legitimation durch demokratische Verfahren und derjenigen durch problemlösende Deliberation sich von den Prämissen einer diskurstheoretisch bestimmten Demokratietheorie durchaus zugunsten der letzteren auflösen lässt (6).

2. *Die diskursethische Rekonstruktion demokratischer Willensbildung*

Die grundlegende Annahme der Diskursethik besagt, dass wir über die Richtigkeit moralischer Handlungsnormen wie über die Wahrheit propositionaler Aussagen durch den „zwanglosen Zwang des besseren Argumentes" (Habermas 1984: 161) grundsätzlich ein rational motiviertes Einverständnis erzielen könnten.[128] Mit dem Universalisierungsgrundsatz stehe „eine Argumentationsregel zur Verfügung ..., die die rationale Entscheidung moralisch-praktischer Fragen ermöglicht" (Habermas 1992: 193). Diese Annahme folgt aus einer von der pragmatischen Sprachphilosophie ausgehenden Umformulierung des Wahrheitsbegriffes durch Apel und Habermas, dem sog. „pragmatic turn in der Kritischen Theorie" (Benhabib 1995a: 421). Demzufolge sind sowohl propositionale Wahrheit als auch normative Richtigkeit nur mehr intersubjektiv, das heißt durch das argumentative Überprüfen von Geltungsansprüchen, festzustellen. Dazu dient der Diskurs, der vereinfacht und in einer ersten Annäherung als eine durch Argumentation gekennzeichnete Form der Kommunikation definiert ist, an der prinzipiell alle Betroffenen teilnehmen und problematische Geltungsansprüche überprüfen können. In ihm herrscht kein Zwang, außer dem des besseren Arguments, und alle Motive, außer dem der kooperativen Wahrheitssuche, sind ausgeschlossen (Habermas 1973: 148).

Mit seiner diskurstheoretischen Begründung deliberativer Demokratie überträgt Habermas diese Konsenstheorie der propositionalen Wahrheit und der normativen Richtigkeit, also das Ideal der Argumentationspraxis einer Gelehrtenrepublik, auf

128 Vgl. etwa Habermas 1981: 71 und 1984: 159ff. Zur ausführlichen Begründung der Wahrheitsfähigkeit moralischer Fragen vgl. auch Habermas 1998a.

den politischen Prozess.[129] Die Diskursethik wird zu einer Theorie der politischen Legitimität. Auch wenn Habermas seit den neunziger Jahren zugesteht, dass die unvermittelte Anwendung der Diskursethik auf den demokratischen Prozess zu Ungereimtheiten führt (Habermas 1992: 196), misst er ihn doch weiterhin an der argumentativen Auseinandersetzung über Geltungsansprüche. Legitimierend ist der demokratische Prozess demnach nicht als Selbstregierung eines Demos durch Anwendung des Mehrheitsprinzips, sondern als öffentlicher Vernunftgebrauch.

Um demokratische Entscheidungen als Verkörperung von Vernunft sehen zu können, muss Habermas jedoch mit der Vernunftkritik der früheren Kritischen Theorie brechen. In Abgrenzung zu einem instrumentell verengten Rationalitätsbegriff, den Horkheimer und Adorno mit Weber teilen, unterstellt er der Moderne die evolutionäre Entfaltung einer kommunikativen, auf der freiwilligen Zustimmung zu Geltungsansprüchen basierenden Vernunft (Habermas 1981). Dies ermöglicht es ihm, die demokratisch-rechtsstaatlichen Institutionen westlicher Gesellschaften als Ergebnis einer solchen Evolution zu verstehen und ihren Vernunftgehalt theoretisch zu rekonstruieren. Spezifischer geht es in seinem Verständnis deliberativer Demokratie darum, die Idee der Volkssouveränität kognitivistisch umzudeuten, so dass an die Stelle eines letztlich willkürlich entscheidenden gesamtgesellschaftlichen Subjektes „subjektlose Kommunikationsformen“ treten, „die den Fluß der diskursiven Meinungs- und Willensbildung so regulieren, dass ihre falliblen Ergebnisse die Vermutung der Vernünftigkeit für sich haben“ (Habermas 1996: 291).

Habermas begründet diese Neuformulierung der Volkssouveränität durch einen intersubjektivistischen Vernunftbegriff, mit dem er bewusstseinsphilosophische Denkfiguren verabschieden will. Unter den Prämissen der Bewusstseinsphilosophie ließen sich nämlich Vernunft und Wille nur in einem Einzelsubjekt zusammenführen. Dies habe zur Folge, die Selbstbestimmungspraxis der Bürger entweder einem übermächtigen gesamtgesellschaftlichen Großsubjekt, dem Volk oder der Nation, zuzuschreiben, oder aber sie in die blinde Resultante der Entscheidungen konkurrierender Einzelsubjekte aufzulösen (Habermas 1992: 133f. und 362). Demgegenüber soll die „höherstufige Intersubjektivität von Verständigungsprozessen, die sich einerseits in der institutionalisierten Form von Beratungen in parlamentarischen Körperschaften, sowie andererseits im Kommunikationsnetz politischer Öffentlichkeiten vollziehen“, eine kommunikative Macht hervorbringen, die durch die Gesetzgebung dann in administrativ verwendbare Macht umgeformt wird (Habermas 1996: 288).

129 So etwa explizit in Habermas 1992: 30ff., wo Habermas den Anspruch erhebt, das von Charles Peirce stammende Modell der Argumentationspraxis einer Gelehrtenrepublik ließe sich über die kooperative Wahrheitssuche von Wissenschaftlern hinaus auch auf die kommunikative Alltagspraxis beziehen.

Bemerkenswerterweise versteht Habermas beides, die informelle Meinungsbildung in Teilöffentlichkeiten und die parlamentarische Beratung als „subjektlose Kommunikationen". Sie bilden „Arenen, in denen eine mehr oder weniger rationale Meinungs- und Willensbildung über gesamtgesellschaftlich relevante und regelungsbedürftige Materien stattfinden kann" (Habermas 1992: 362). Dass Beratungen in Parlamenten, die faktisch aus dem Austausch der Positionen von Parteien bestehen, als „subjektlose Kommunikationen" verstanden werden können, überrascht. Für die Argumentation von Habermas jedoch hat das Absehen von der Existenz widerstreitender Handlungssubjekte, von der Zurechenbarkeit ihrer Entscheidungen und ihrer jeweiligen Verantwortlichkeit einen hohen Stellenwert. Zum einen erleichtert es, den politischen Entscheidungsprozess als rationale, konsensorientierte Problemlösung zu deuten und seinen Charakter als Machtkampf zwischen verschiedenen politischen Lagern weitgehend zu ignorieren. Zum anderen begründet erst dieses Verständnis der demokratischen Willensbildung als „subjektlose Kommunikation" die oben bereits erwähnte Umdefinition der Volkssouveränität. Die Volkssouveränität verdichte sich „nicht mehr in der physisch greifbaren Präsenz der vereinigten Bürger oder ihrer versammelten Repräsentanten", sondern sie komme in der „Zirkulation vernünftig strukturierter Beratungen und Entscheidungen" zur Geltung (Habermas 1992: 170). Der „radikal-demokratische Gehalt der Volkssouveränität" (Habermas 1992: 170), den Habermas an dieser Stelle nicht zu erwähnen vergisst, fällt dann allerdings mit dem Vernunftcharakter der Beratungen zusammen.

Habermas spricht darauf bezogen auch von einem prozeduralistischen, in Abgrenzung zu einem substantialistischen Verständnis von Volkssouveränität. Das zweite beziehe Freiheit wesentlich auf die „äußere Unabhängigkeit der Existenz eines Volkes", das erste „auf die allen gleichmäßig gewährleistete private und öffentliche Autonomie innerhalb einer Assoziation freier und gleicher Rechtsgenossen" (Habermas 1996: 166f.). Eine prozeduralistisch verstandene Volkssouveränität bringe sich „in der Macht öffentlicher Diskurse zur Geltung", sie werde „kommunikativ verflüssigt" (Habermas 1992: 228). Damit ersetze die „höherstufige Intersubjektivität einer Verständigung unter Bürgern, die sich reziprok als Freie und Gleiche anerkennen", das Volk als handlungsfähiges Makrosubjekt (Habermas 1996: 161).

Das oben schon erwähnte Verhältnis zwischen der informellen und spontanen Meinungsbildung in einer vielfältig verzweigten autonomen Öffentlichkeit und den entscheidungsorientierten demokratischen Verfahren fasst Habermas genauer in seinem Modell einer zweigleisigen deliberativen Politik. Unter der autonomen Öffentlichkeit stellt er sich ein offenes, inklusives Netzwerk von Teilöffentlichkeiten vor, die, gerade weil sie nicht durch Verfahren reguliert sind und unter keinem Entscheidungszwang stehen, „ein Medium uneingeschränkter Kommunikation" bilden sollen, „in dem neue Problemlagen sensitiver wahrgenommen, Selbstverständigungsdiskurse breiter und expressiver geführt, kollektive Identitäten und Bedürfnisinterpretationen ungezwungener artikuliert werden können als in den verfahrensregulierten Öffentlichkeiten“ (Habermas 1992: 374). In der Meinungs- und Willensbildung der autonomen Öffentlichkeiten der Peripherie entstehe kommunikative Macht,[130] die dann im Zentrum des politischen Systems in den „Beschlüssen demokratisch verfahrender und politisch verantwortlicher Gesetzgebungskörperschaften Gestalt annehmen“ soll (Habermas 1992: 228).

Anders als noch in seinem theoretischen Hauptwerk, der „Theorie des kommunikativen Handelns“ (Habermas 1981), eröffnet sich Habermas in seinem zweigleisigen Modell die Möglichkeit, die institutionalisierte Politik nicht nur als verselbständigtes, mediengesteuertes Teilsystem im Sinne Luhmanns zu sehen. Die Gegenüberstellung von System und Lebenswelt, die in der These einer „Kolonialisierung“ der Lebenswelt durch die gesellschaftlichen Teilsysteme der Ökonomie und Politik zum Ausdruck kam, wird überwunden zugunsten einer Sichtweise, welche die Rechtsetzung durch den parlamentarischen Gesetzgeber bildhaft als Schleuse beschreibt, über die Kommunikationsflüsse der Öffentlichkeit in das politische System eindringen und die gesamtgesellschaftlich bindenden Entscheidungen steuern.[131] Um legitim zu sein, müssen demokratische Entscheidungen nach Habermas „von Kommunikationsflüssen gesteuert sein, die von der Peripherie ausgehen und die Schleusen demokratischer und rechtsstaatlicher Verfahren“ passieren (Habermas 1992: 432). Was eine solche „Steuerung“ angesichts der nicht nur verschiedenen, sondern in allen wichtigen Fragen ja in der Regel *gegensätzlichen* Meinungen in einzelnen Teilöffentlichkeiten bedeuten mag, bleibt trotz der Schleusenmetapher eigenartig unbestimmt. Habermas scheint davon auszugehen, dass sich die vielfältigen Meinungen „zu themenspezifisch gebündelten *öffentlichen* Meinungen verdichten“ (Habermas 1992: 436; Hvhbg. v. Habermas). An anderer Stelle spricht er davon, die Assoziationen der autonomen, nichtvermachteten Öffentlichkeiten könnten „nur auf indirekte Weise, nämlich dadurch wirksam werden, daß sie über einen breitenwirksamen Einstellungs- und Wertewandel die Parameter der verfassten Willensbildung verschieben“ (Habermas 1992: 625). Problematisch ist hier der das gesamte Argument tragende Bezug auf eine einheitliche

130 Habermas übernimmt hier den Machtbegriff von Hannah Arendt, interpretiert jedoch den Meinungsgehalt des Begriffs bei Arendt im Sinne seiner kognitiven Diskurstheorie so um, dass kommunikative Macht und die begründete Vermutung rationaler Resultate zusammenfallen (Habermas 1992: 182ff.).

131 Habermas übernimmt dieses Schleusenmodell von Bernhard Peters (Habermas 1992: 429ff.).

öffentliche Meinung.[132] Daneben scheint zweifelhaft, ob eine solch schwache, lediglich einen breitenwirksamen Einstellungswandel anführende Rückbindung der Entscheidungen des Zentrums an die autonomen Teilöffentlichkeiten noch als eine legitimierende Steuerung durch diskursive Willensbildung gedeutet werden kann. Eher lässt diese Fassung des Verhältnisses zwischen dem Zentrum des politischen Systems und den Kommunikationen der Peripherie an den diffusen Einfluss von Zeitgeist und Stimmungslagen denken.

Unterstellt man jedoch wie Habermas eine Steuerung der Rechtsetzung durch die kommunikative Macht des Publikums der autonomen Öffentlichkeiten, dann ist das Recht jedenfalls nicht mehr nur systemisches Steuerungsmedium der funktionalen Handlungskoordination, sondern zugleich das Medium der Einwirkung lebensweltlicher Meinungs- und Willensbildung auf die gesellschaftlichen Teilsysteme.[133] Allerdings soll der normale Betrieb im Kernbereich des politischen Systems nach eingespielten Routinen ablaufen und der Druck der öffentlichen Meinung an seiner Peripherie nur in krisenhaften oder besonders konfliktreichen Ausnahmesituationen ausreichen, um über Parlamente und Gerichte einen bestimmenden Einfluss zu nehmen (Habermas 1992: 432f.).

Trotz dieser Einschränkungen glaubt Habermas mit seiner diskurstheoretischen Rekonstruktion demokratischer Entscheidungen als vernünftige, auf zustimmungsfähigen Gründen basierende Willensbildung über Rechtsnormen das Spannungsverhältnis zwischen subjektiv-privaten Freiheiten und Volkssouveränität, zwischen privater und politischer Autonomie prinzipiell lösen zu können. Die Zusammenführung von Vernunft und Willen im Begriff der Autonomie lässt sich nach dieser Verabschiedung der Bewusstseinsphilosophie nicht mehr einem einzelnen Subjekt – sei es das Großsubjekt einer Nation oder das intelligible Ich Kants – zuschreiben, sondern ist nun als Ergebnis der diskursiven Meinungs- und Willensbildung zu erwarten, sofern diese Überzeugungen hervorbringt, „in denen alle einzelnen zwanglos übereinstimmen können“ (Habermas 1992: 134). Der Gedanke der Selbstgesetzgebung, wonach die Adressaten und Urheber des Rechts identisch sind, wird von der Vorstellung eines Selbst gelöst und als „diskursive Ausübung der politischen Autonomie“ uminterpretiert (Habermas 1992: 155).

132 Zwischen dem Rekurs auf *eine* öffentliche Meinung und der Betonung einer unaufhebbaren Verschiedenheit von Meinungen sieht Hannah Arendt interessanterweise einen entscheidenden Unterschied zwischen den französischen und den amerikanischen Revolutionären des 18. Jahrhunderts (Arendt 1974: 118f.).

133 Zu dieser Änderung im Rechtsverständnis von Habermas vgl. auch Howard 2002, Kap. 4.

Es versteht sich fast von selbst, dass eine derartige diskurstheoretische Rekonstruktion politischer Willensbildung den Vorwurf heilloser Realitätsferne auf sich zieht. Das politische Alltagsgeschäft in liberalen parlamentarischen Demokratien weist in der Tat wenig Ähnlichkeit mit einer kooperativen, auf zustimmungsfähigen Gründen basierenden Wahrheitssuche auf. So wendet Otfried Höffe gegen Habermas auch kurz und prägnant ein, die Demokratie sei zwar „die Herrschaftsform der Reflexion", weil sie beständige Kommunikation impliziere, sie sei aber nicht eine Staatsform des handlungsentlasteten, wahrheitsfähigen Diskurses (Höffe 1993: 44). Darüber hinaus stößt gerade der Wahrheits- und Vernunftbezug der Habermasschen Theorie in der postmodern beeinflussten, an Diversität und Agonalität orientierten angelsächsischen Demokratiediskussion auf entschiedene normative Kritik.[134]

Wie kaum ein anderer Autor hat sich Habermas immer wieder mit den Kritikern seines Werkes auseinandergesetzt, deren Einwände diskutiert und partiell auch aufgegriffen. Die Entwicklung seiner Theorie während der letzten Jahrzehnte lässt sich vor diesem Hintergrund als hartnäckige Verteidigung der Wahrheitsfähigkeit praktischer Diskurse und, davon abgeleitet, der epistemischen Funktion demokratischer Willensbildung verstehen. Dabei hat Habermas seine Diskurstheorie nicht nur immer wieder erläutert, sondern derart modifiziert, erweitert und ausdifferenziert, dass sie mittlerweile einen Komplexitätsgrad erreicht hat, der wohl an denjenigen des ptolemäischen Weltbildes der frühen Neuzeit heranreichen dürfte. Um nur einige der wichtigsten Modifikationen und Differenzierungen aufzuzählen:

Habermas begegnet dem Vorwurf der Pluralismusfeindlichkeit durch eine Präzisierung des Wahrheitsanspruches. Gegen die aristotelische Unterscheidung von „phronesis", der praktischen Klugheit, und „episteme", der auf das Allgemeine, Notwendige und Überzeitliche gerichteten Erkenntnis, stellt er den nachmetaphysischen, falliblen Erkenntnismodus der modernen Wissenschaft. Ihr ginge es im Gegensatz zur „episteme" des Aristoteles nicht mehr um ewige Wahrheiten, sondern um jederzeit kritisierbare Erkenntnisansprüche. Dahinter sei mit einer Konzeption von Urteilskraft oder „phronesis" nicht mehr zurückzugehen, ohne den kognitiven Kern praktischer Vernunft völlig aufzugeben. Die moderne Wissenschaft wird demnach durch ihren falliblen Erkenntnismodus nicht nur demokratiefähig, sondern liefert mit der diskursiven Argumentationspraxis unter Gelehrten selbst das Modell deliberativer Demokratie (Habermas 1992: 31).

Habermas revidiert sich selbst und gesteht in „Faktizität und Geltung" zu, dass eine unmittelbare Übertragung der Diskursethik auf die demokratische Willens-

134 Vgl. etwa Young 1987, Villa 1992a, Mouffe 1999.

bildung zu Ungereimtheiten führe (Habermas 1992: 196). Er definiert deshalb ein allgemeines „sparsames" Diskursprinzip, aus dem sich erst durch Spezifizierung das Moral- und Demokratieprinzip herleiten lassen sollen. Es lautet: „Gültig sind genau die Handlungsnormen, denen alle möglicherweise Betroffenen als Teilnehmer an rationalen Diskursen zustimmen könnten" (Habermas 1992: 138). Dieses „sparsame" Diskursprinzip soll lediglich den Sinn postkonventioneller Begründungsformen ausdrücken und der Verzweigung von Handlungsnormen in moralische und juridische Regeln vorausgehen. Was als rationaler Diskurs gilt, unterscheidet sich dann je nachdem, ob es um die Begründung moralischer oder rechtlicher Handlungsnormen geht. Die strengen Universalisierungsforderungen der kommunikativen Ethik will Habermas nur an moralische Normen anlegen, für die demokratische Entscheidung über Rechtsnormen jedoch ein breiteres Spektrum von Gründen zulassen. Obwohl eine Rechtsordnung nur legitim sein kann, wenn sie moralischen Grundsätzen nicht widerspricht, finden in die Begründung positiver Rechtsnormen auch „Ziele und Wertorientierungen, Bedürfnisse und Präferenzen Eingang, gegen die sich die Moral sperrt" (Habermas 1996a: 352). Mit dieser Erweiterung meint Habermas das Diskursprinzip auch auf die Bestimmung gemeinsamer Ziele und auf Fragen der Selbstverständigung über partikulare Lebensweisen anwenden und somit seiner Demokratietheorie zugrundelegen zu können.

Entsprechend differenziert Habermas dann zwischen pragmatischen, ethisch-politischen und moralischen Diskursen, die er insgesamt von Verhandlungen abgrenzt. In pragmatischen Diskursen geht es um praktische Probleme, die Habermas im Sinne der Weberschen Zweckrationalität bestimmt. Sie ergeben sich aus der Perspektive von Handelnden, die für die Realisierung gegebener Zwecke zwischen verschiedenen Mitteln rational auswählen oder auf der Grundlage feststehender Werte verschiedene Ziele gegeneinander abwägen müssen (Habermas 1992: 197f.). In ethisch-politischen Diskursen geht es um Fragen des kollektiven Selbstverständnisses. Sie stellen sich aus der Perspektive von Angehörigen einer partikularen Gemeinschaft, die sich darüber verständigen, auf welche Ideale hin sie ihr gemeinsames Leben entwerfen sollten (Habermas 1992: 198). Moralische Diskurse schließlich erfordern die Distanzierung von kollektiven Identitäten und das Heraustreten aus jeder partikularen Sittlichkeit. In ihnen geht es um schlechthin verallgemeinerungsfähige, von subjektiven Zwecken und besonderen Lebensformen unabhängige Normen, welche die „semantische Form von kategorischen oder unbedingten Imperativen" annehmen können (Habermas 1992: 200). Wichtig ist bei dieser Unterscheidung, dass nach Habermas in pragmatischen und ethisch-politischen Diskursen aufgrund der Bedeutungen von Zielsetzungen und Lebensformen neben dem kognitiven auch ein „volitives" Element ins Gewicht fallen soll (Habermas 1992: 193). Verhandlungen schließlich kommen zum Zug, wenn ein rational motiviertes, auf Gründe gestütztes Einverständnis hinsichtlich verallgemeinerbarer Interessen oder vorrangiger Werte nicht möglich ist. Sie sollen in Konstellationen, in denen soziale Machtverhältnisse nicht neutralisiert werden können, entgegengesetzte Interessen ausgleichen (Habermas 1992: 205).

In einer neueren Veröffentlichung, in der sich Habermas gegen den Vorwurf der Realitätsferne seines normativen Demokratiebegriffes verteidigt, setzt er einen auf den ersten Blick geringfügigen, insgesamt aber nicht folgenlosen neuen Akzent in der Beschreibung der Steuerung des politischen Systems durch die Meinungsbildung der politischen Öffentlichkeit. Während, wie wir oben gesehen haben, in „Faktizität und Geltung" diese Steuerung noch pauschal als breitenwirksamer Einstellungs- und Wertewandel beschrieben wird, so sieht Habermas nun die Funktion der politischen Öffentlichkeit darin, „dass relevante Fragestellungen und kontroverse Antworten, erforderliche Informationen und geeignete Argumente für und wider mobilisiert werden" (Habermas 2009: 115). Das zu erwartende Ergebnis öffentlicher politischer Kommunikation ist mit der Herausbildung kontroverser Meinungen sicher realistischer erfasst als mit einer annähernd konsensuellen Verschiebung von Wertvorstellungen. Wie jedoch konträre Meinungen der Peripherie die Entscheidungen des Zentrums steuern und durch zustimmungsfähige Gründe ihren Vernunftcharakter sichern sollen, bleibt ein Geheimnis. Dies umso mehr, als Habermas diesen Vernunftcharakter ja nicht wie Pluralismustheoretiker als indirekte Wirkung der Konkurrenz versteht, sondern, wie gleich ausführlicher zu diskutieren sein wird, an der Wahrheitsfähigkeit der demokratischen Meinungsbildung festhält.

Zunächst aber zur oben dargestellten Differenzierung zwischen Diskurstypen. Mit ihr scheint Habermas einen Raum der Entscheidung zu öffnen und den Kritikern, die ihm vorwerfen, mit seiner Diskurstheorie den kontingenten Charakter des Politischen zu verfehlen, den Wind aus den Segeln zu nehmen. Allerdings wird dieser vermeintlich politisierende Gewinn der gesamten Operation in zweierlei Hinsicht sofort wieder relativiert. Zum einen fordert Habermas, die Ergebnisse der rechtsetzenden politischen Diskurse müssten mit moralischen Grundsätzen kompatibel sein und die Verhandlungen durch Einigung auf faire Verfahren indirekt an das Diskursprinzip rückgebunden bleiben (Habermas 1992: 205).[135] Zum zweiten, und in unserem Zusammenhang bedeutender, ist das „volitive Element" keineswegs im dezisionistischen Sinn gemeint. Es geht Habermas nicht um alternative, gleichermaßen legitime Handlungsoptionen, über die durch Abstimmungen zu

135 Ein Ziel der vorgenommenen Differenzierung, nämlich zu zeigen, dass „das Demokratieprinzip eigene, vom Moralprinzip unabhängige Wurzeln hat" (Habermas 1994: 664) scheint damit bereits gescheitert. Das Moralprinzip bleibt dem rechtsetzenden demokratischen Prozess doch vorgeordnet. So stellt auch Blanke fest, „ ... dass der moralische Diskurs den Fluchtpunkt bildet, vor dessen Hintergrund sich die rationale Bonität von Handlungsnormen überhaupt und damit auch rechtlicher Normen beurteilen lässt" (Blanke 1994: 453).

entscheiden wäre, sondern lediglich um die im Vergleich zum moralischen Diskurs relative, weil kontextabhängige Geltung von Gründen. Auch pragmatische und ethisch-politische Fagen werden diskursiv, d.h. durch die besseren Argumente entschieden. Der Unterschied zum moralischen Diskurs liegt lediglich darin, dass die Geltung von Gründen im pragmatischen Diskurs auf die vorausgesetzten Zwecke und im ethisch-politischen Diskurs auf die geschichtlich und kulturelle geprägte Lebensform der Mitglieder einer Rechtsgemeinschaft beschränkt bleibt (Habermas 1992: 193). Im jeweiligen Kontext lassen sich die Gründe jedoch rational beurteilen und ein Einverständnis über ihre Geltung herstellen. Die Selbstbestimmungspraxis der Bürger in der demokratischen Rechtsetzung bleibt ein kognitiver Vorgang.

Deshalb hält Habermas ungeachtet der skizzierten Modifikationen an der Wahrheitsfähigkeit der demokratischen Meinungs- und Willensbildung fest. In einer Auseinandersetzung mit Thomas McCarthy[136] gesteht er zwar zu, dass wir anders als bei empirischen Aussagen über die objektive Welt „in Ansehung der normativen Regelung von Interaktionen (vielleicht) nicht a priori mit der Geltung des Bivalenzprinzips rechnen (sollten)" (Habermas 1996a: 336). Dennoch kommt er zum Schluss, wir dürften die Prämisse der „einen richtigen Antwort" nicht fallen lassen, „wenn nicht der demokratische Prozeß zugleich mit der ihm innewohnenden Verfahrensrationalität auch seine legitimierende Kraft verlieren sollte" (Habermas 1996a: 336). Zwar wird die demokratische Willensbildung in aller Regel nicht durch einen Konsens, sondern durch Mehrheitsentscheidungen beendet, eine Tatsache, die auch Habermas nicht bestreiten kann. Sie wird von ihm jedoch zu einer lediglich durch Entscheidungsdruck zu rechtfertigenden, vorläufigen Unterbrechung des prinzipiell unendlichen Argumentationsprozesses umdefiniert, der über die Gültigkeit des Bivalenzprinzips eine „interne Beziehung zur Wahrheitssuche" behalten soll.[137] Eine derartige Unterordnung der Mehrheitsentscheidung unter die gemeinsame Wahrheitssuche nimmt dem politischen Handeln seine Optionalität. Gerade das Mehrheitsprinzip steht dafür, dass die Konflikte, auf die es angewandt wird, durch inhaltliche Gründe nicht entscheidbar sind und der bindende Charakter ihrer Entscheidung deshalb rein formal, durch bloßes Zählen der Stimmen begrün-

136 McCarthy bezweifelt die von Habermas unterstellte Parallelität zwischen normativen und propositionalen Geltungsansprüchen und versucht zu zeigen, dass die Argumente, die wir in Auseinandersetzungen zu normativen Fragen anführen können, im Gegensatz zu denen im theoretischen Diskurs, stets von spezifischen kulturellen Kontexten abhängen, aus denen sie erst ihre Überzeugungskraft beziehen. Aufgrund dessen weist er die strikte Trennung zwischen Fragen der Gerechtigkeit und des „guten Lebens" zurück und bezweifelt, dass Habermas' rationaler Konsens ein angemessenes normatives Ideal für demokratische Politik abgeben kann (McCarthy 1994).

137 Zur Mehrheitsregel und ihrer „internen Beziehung zur Wahrheitssuche" vgl. Habermas 1996a: 327 und 1992: 613.

det werden muss.[138] Umgekehrt würde niemand auf die Idee kommen, wirklich wahrheitsfähige Fragen durch eine Abstimmung entscheiden zu lassen.

Die Legitimität des demokratischen Prozesses an der Annahme festzumachen, es gebe genau *eine* richtige Lösung der diskutierten Probleme, die durch die verfahrenskonform erzielten Ergebnisse gefunden wird, scheint hochgradig kontraintuitiv. In der Regel bezeichnen wir ja gerade solche Fragen und Probleme als politisch, über die man mit guten Gründen unterschiedlicher Meinung sein kann.[139] Krause/Malowitz weisen darauf hin, dass der Status eines Grundes nicht mit Hilfe einfacher Prädikate wie „ist gleichermaßen gut für alle", „ist fair" etc. erklärt werden kann. Gründe stünden nicht für sich selbst, „sondern verdanken ihre begründende Funktion vielmehr ihrer Stelle innerhalb einer umfassenden Argumentation" (Krause/Malowitz 1999: 293). Wir müssen also die Argumentationsspiele kennen, innerhalb der Gründe ihre begründende Funktion wahrnehmen, was wiederum impliziert, dass wir Gründe nicht von Sprachspielen, Lebensformen und Identitäten trennen können. Die Beteiligten eines Diskurses stehen innerhalb einer pluralistischen Gesellschaft vor dem Problem, in welchem Vokabular bzw. in welchen Argumentationszusammenhängen sie ein Einverständnis überhaupt anstreben können. Ähnlich argumentiert Frank Nullmeier, wenn er auf die unendliche Vielzahl potentieller Gründe verweist und ausführt, dass sie ihren Status und ihre Geltungskraft als Gründe nicht per se, sondern nur kontextgebunden, im Rahmen eines kulturellen Hintergrundwissens oder der Sondersprachen von Experten, erlangen. Von hier aus bezweifelt er die Annahme, gute Gründe besäßen die Fähigkeit, Zustimmung zu erzwingen. Können sie dies nicht, lässt sich in einer pluralistischen Gesellschaft aber auch unter den Bedingungen eines idealen Diskurses mit uneingeschränkten Zeitressourcen die Vielfalt widerstreitender Geltungsansprüche nicht überwinden.

138 Zum Zusammenhang von Optionalität und Mehrheitsprinzip vgl. auch Vollrath 1987a.

139 Treffend formuliert Ruth Grant: „The premise of every truly political situation, particularly in democratic politics, is that reasonable people can disagree" (Grant 2002: 582). Dies ist auch die Position von Hannah Arendt. Im Gegensatz zum Bivalenzprinzip des wahrheitsfähigen Diskurses bei Habermas formuliert sie „Public debate can only deal with things which we cannot figure out with certainty" (Arendt 1979: 317). Dagegen Habermas: „Der politische Streit würde seinen deliberativen Charakter einbüßen und zum ausschließlich strategischen Machtkampf degenerieren, wenn die Beteiligten nicht auch - gewiß in dem fallibistischen Bewusstsein, sich jederzeit irren zu können - davon ausgehen würden, dass die strittigen politischen und rechtlichen Probleme eine „richtige" Lösung finden könnten" (Habermas 1996a: 326).

„In der Vielfalt der mobilisierbaren Gründe findet sich kein Moment, das jenseits des logischen noch einen solchen argumentativen Zwang ausübt, dass eine eindeutige Geltungszuschreibung auch unter sonst idealen Bedingungen möglich wäre" (Nullmeier 1995: 105).[140]

Noch weiter in die Richtung gehend argumentiert Linda Zerilli, gerade die für ethisch-politische Verständigung konstitutiven Werte wiesen über klar definierte Begriffe hinaus und seien an interpretierbare Überlieferungen und Narrationen gebunden. Die Vielfalt möglicher und oft genug gegensätzlicher Interpretationen lasse sich deshalb nicht durch den zwanglosen Zwang des besseren Arguments aus der Welt schaffen. Sie werde vielmehr von politischer Kommunikation reproduziert und neu hervorgebracht (Zerilli 2005).

Konflikte darüber, was wir in einer politischen Auseinandersetzung als guten Grund gelten lassen und was nicht, sind demnach häufig unentscheidbar. Darüber hinaus ist es ein ideologiekritischer Gemeinplatz, dass die Kriterien, wonach eine Gesellschaft entscheidet, was als vernünftig oder unvernünftig gelten kann, sich nicht unabhängig von Herrschafts- und Klassenverhältnissen herausbilden.

4. Rousseaus Projekt neu formuliert

Habermas' hartnäckige Verteidigung der Wahrheitsfähigkeit politischer Diskurse gegenüber poststrukturalistischen Diskurstheorien, klassischer Ideologiekritik oder agonalen Demokratietheorien hat etwas vom sprichwörtlichen „dass nicht sein kann, was nicht sein darf".[141] Der Leser, der sich durch Habermas' Unterscheidung

140 Dieser Einwand lässt sich grundsätzlicher in Begriffen der poststrukturalistischen Sprachphilosophie formulieren (etwa Mouffe 1997). Da es hier jedoch nicht um den philosophischen Streit zwischen Habermas einerseits und poststrukturalistischen Autoren andererseits geht, reicht m.E. an dieser Stelle der Hinweis auf die unaufhebbare empirische Vielfalt widerstreitender Gründe.

141 Ausführlich setzt sich Habermas mit der Gültigkeit des Bivalenzprinzips für Fragen der normativen Richtigkeit in seinem Aufsatz „Richtigkeit vs. Wahrheit" auseinander. Dabei geht es ihm genauer darum, den rechtfertigungstranszendenten Weltbezug, mit dem wir Fragen deskriptiver Wahrheit jenseits des Diskurses entscheiden können, durch die „Orientierung an einer Erweiterung der Grenzen der sozialen Gemeinschaft und ihres Wertekonsenses" zu ersetzen (Habermas 1998a: 195). Das Bivalenzprinzip, die Orientierung auf eine einzig richtige Antwort, ist also demnach auch in moralischen Fragen möglich, sofern wir unterstellen, „dass sich die gültige Moral auf eine einzige, alle Ansprüche und Personen gleichmäßig einbeziehende soziale Welt erstreckt" (Habermas 1998a: 197). Diese soziale Welt, an der sich die Richtigkeit von Normen zu bewähren hat, sei allerdings nicht gegeben, sondern uns als Projekt einer „vollständig inklusiven Welt" „aufgegeben" (ebd.). Demnach ist der kognitive Charakter der Moral an das geschichtsphilosophische Projekt der Herstellung einer „vollständig inklusiven Welt" gebunden, das bekanntlich seinerseits alles andere als konsensfähig ist. Zwei Aspekte dieser Verteidigung des Bivalenzprinzips scheinen mir bemerkenswert: Zum einen verlangt Habermas damit von partikularen Gemeinschaften, die Perspektive ihrer Selbstauflösung zum letzten Bezugspunkt der Entscheidungen über ihre

der verschiedenen Diskursarten und ihres komplexen Rückbezugs auf das Prinzip der rationalen Entscheidbarkeit von Geltungsansprüchen durcharbeitet, fragt sich irgendwann, warum er, bzw. auch der Autor, sich das antut. Es liegt auf der Hand, dass die enormen Begründungsprobleme, mit denen Habermas sich in einer mittlerweile kaum mehr überschaubaren Literaturfülle herumschlägt, aus dem diskurstheoretischen Vernunftanspruch seiner Demokratiekonzeption herrühren. Warum folgt er dann aber nicht dem Beispiel eines anderen Protagonisten der deliberativen Demokratietheorie, Bernard Manin, der in Abgrenzung zur Konsensorientierung von Habermas feststellt, das bessere Argument sei einfach dasjenige, das mehr Unterstützung generiere, nicht dasjenige, das fähig sei, alle Teilnehmer zu überzeugen?[142] Auch nach Manin soll der deliberative Prozess ein höheres Rationalitätsniveau sichern als es durch bloße Dezision oder durch die Aggregation von Präferenzen möglich wäre. Dennoch hält er explizit an einer irreduziblen Differenz zwischen politischer Deliberation und wissenschaftlicher Argumentation fest. In der politischen Sphäre erlaube es auch ein ideal gedachter Deliberationsprozess nicht, zu universell akzeptierten Wahrheiten oder zu einer unbestreitbaren Zurückweisung von Normen und Werten zu gelangen. Politische Argumentation erlaube, im Gegensatz zu logischen Beweisen, keine zwingenden Schlüsse und lasse dem Adressaten deshalb stets die Freiheit zuzustimmen oder auch nicht (Manin 1987: 353).[143]

Die Antwort auf die obige Frage scheint mir eindeutig. Bei Manin erhält das Ergebnis der deliberativen Meinungs- und Willensbildung seine Legitimität letztlich aus der größeren Zahl derjenigen, die in ihm die vergleichsweise bessere Alternative sehen. Damit bleibt am Ende der Beratungen der Abstimmungsprozess, und das heißt das Entscheidungshandeln der beteiligten Individuen, der Bezugspunkt demokratischer Legitimation. Das Mehrheitsprinzip wird nicht der Wahrheitssuche untergeordnet, politisches Handeln bleibt optional. Für Habermas ist eine solche partielle Zurücknahme des kognitiven Anspruches politischer Deliberation inakzeptabel, weil sie es unmöglich macht, weiter zu unterstellen, dass prinzipiell alle von einer Entscheidung Betroffenen den Ergebnissen der diskursiven

Normen zu machen. Zum zweiten kann der Standpunkt einer vollständig inklusiven Welt, von dem aus kontroverse Argumente zu prüfen sind, real von keinem Bewusstsein und keiner Prozedur eingenommen werden. Es ist ziemlich genau der Standpunkt einer monotheistischen Gottheit.

142 „Given the appropriate procedural rules for deliberation, the better argument is simply the one that generates more support and not the one that is able to convince all participants" (Manin 1987: 367).

143 Das erinnert eher an Arendts Aufgreifen von Kants Unterscheidung zwischen bestimmender und reflektierender Urteilskraft. Im reflektierenden Urteil, das Kant auf Geschmacksfragen bezieht und Arendt auf politische Fragen überträgt, wird etwas subjektiv entschieden, für das zwar Gründe, aber eben keine zwingenden Gründe angeführt werden können. Der Urteilende, der um Zustimmung wirbt, muss versuchen, an der Stelle der anderen zu denken und ihnen seine Gründe „anzutragen" (Arendt 1994: 298-302).

Meinungs- und Willensbildung durch den zwanglosen Zwang des besseren Arguments zustimmen könnten.

Nur aufgrund dieser Unterstellung kann Habermas Demokratie als vernünftige Selbstgesetzgebung verstehen und eine grundsätzliche Vereinbarkeit von privater und öffentlicher Autonomie behaupten. Damit erweist sich seine Demokratietheorie als kommunikationstheoretische Umformulierung des Rousseauschen Projekts. Erinnern wir uns kurz, worum es Rousseau in seinem „Contrat Social“ geht:

> „Es muß eine Gesellschaftsform gefunden werden, die mit der gesamten gemeinsamen Kraft aller Mitglieder die Person und die Habe eines jeden einzelnen Mitglieds verteidigt und beschützt; in der jeder einzelne, mit allen verbündet, nur sich selbst gehorcht und so frei bleibt wie zuvor“ (Rousseau 1977, 1.6: 73).

Wie Rousseau mit seinem „volontée générale“ will Habermas Vernunft und Willen zusammenführen und den Gegensatz zwischen individueller und öffentlicher Autonomie aus der Welt schaffen. Sein prozeduralistisches Verständnis von Volkssouveränität löst zwar den Gedanken der Selbstgesetzgebung, wonach die Adressaten und die Urheber des Rechts identisch sind, von der Vorstellung eines Großsubjekts und bindet ihn an die Verfahren des demokratischen Prozesses. Das ändert aber nichts daran, dass beide, Rousseau wie Habermas, Demokratie als Erkenntnisprozess denken. Bei Rousseau kann das „hinreichend unterrichtete Volk“ den Gemeinwillen leicht erkennen, sofern nicht „Klüngel und Parteien“ die Willensbildung verzerren (Rousseau 1977, 2.3: 88).[144] Bei Habermas wird aus dieser evidenztheoretischen eine prozeduralistische Begründung. Die Vernunftvermutung ergibt sich aus dem deliberativen Charakter der Willensbildung, das heißt in einer durch Verfahren gewährleisteten Rückführung der Entscheidungen auf den ′zwanglosen Zwang` des besseren Arguments. In beiden Fällen gehorcht der Bürger, der sich demokratisch zustande gekommenen Gesetzen unterordnet, letztlich sich selbst, er bleibt „so frei wie zuvor“, weil diese Gesetze ja Ausdruck eines allgemeinen, vernünftigen Willens sind. Nur über den Vernunftanspruch der politischen Ergebnisse lassen sich individuelle Autonomie und demokratische Politik widerspruchslos zusammenbringen, nur über ihn verliert die Mehrheitsentscheidung jedes Element von Heteronomie oder Fremdbestimmung.[145] Liberaler und republikanisch-demokratischer Anspruch sind nun zwar vereint, dafür verliert der politische Prozess seinen optionalen Charakter.

144 Da das allgemeine Wohl nach Rousseau überall deutlich hervortritt, brauchen die Bürger sich nur individuell zu fragen, ob ein Vorschlag dem Gemeinwillen entspricht oder nicht (Rousseau 1977, 2.3 und 4.1-4.2: 88 und 168-172).

145 Habermas teilt den Autonomiebegriff Rousseaus, nach dem ein Gesetz für den, der ihm nicht zugestimmt hat, lediglich ein Befehl ist. „Deshalb verlangen Gesetze die begründete Zustimmung aller. Der demokratische Gesetzgeber beschließt aber mit Mehrheit. Eins ist mit dem anderen nur vereinbar, wenn die Mehrheitsregel eine interne Beziehung zur Wahrheitssuche behält“ (Habermas 1992: 613).

Nehme ich dagegen den Ergebnissen der politischen Willensbildung diesen starken Vernunftanspruch, so öffne ich den politischen Raum für begründete Differenzen. Die am demokratischen Prozess Beteiligten können den vorgetragenen Argumenten dann aus jeweils unterschiedlichen Gründen zustimmen oder ihre Zustimmung auch verweigern. Das scheint zunächst nicht dramatisch, hat aber erhebliche Auswirkungen auf die Möglichkeit, politische Entscheidungen mit dem Autonomieprinzip zu legitimieren. Wenn so oder auch anders entschieden werden kann, bietet auch die von Manin der Mehrheit zugesprochene Vermutung höherer Rationalität keinen tragfähigen letzten Legitimationsgrund mehr. Ohne Orientierung am Bivalenzprinzip ist Einheit im Bereich der Politik nicht kognitiv, aus der zwanglosen Zustimmung zur einzig vernünftigen Entscheidung, herzustellen. Die deliberativen Verfahren mögen dann durchaus noch geeignet sein, die Qualität der politischen Willensbildung zu verbessern. Wenn sie jedoch kein „wahres" Ergebnis hervorbringen können, dann lässt sich dieses im strengen Sinn auch nicht als Verwirklichung öffentlicher Autonomie denken, weil ganz einfach die Gründe fehlen, die jedes vernunftbegabte Individuum zur „zwanglosen" Zustimmung zwingen könnten. Die Bereitschaft, das Ergebnis einer praktisch erforderlichen Abstimmung zu akzeptieren, kann für die unterlegene Minderheit dann nicht aus dem kognitiven Charakter des deliberativen Verfahrens allein stammen. Wenn die von Habermas immer wieder bemühte „interne Beziehung zur Wahrheitssuche" (Habermas 1992: 220, 613) nicht plausibel reklamiert werden kann, wirft die Mehrheitsregel die Frage nach einer der Deliberation vorausgehenden Gemeinsamkeit auf, die eine unterlegende Minderheit erst motivieren könnte, den Mehrheitsbeschluss zumindest bis auf weiteres zu akzeptieren. Der deliberativ konzipierte politische Prozess trägt sich nicht mehr selbst.

5. Differenz- oder Einheitsrepräsentation, politisches Handeln oder Problemlösen?

Die hier angesprochene Verwandtschaft zu Rousseau lässt sich mit Ernst Vollraths Unterscheidung von Differenz- und Einheitsrepräsentation noch einmal verdeutlichen. Vollrath hat in einer jahrzehntelangen Auseinandersetzung mit dem Werk von Jürgen Habermas immer wieder argumentiert, Habermas übertrage in der Tradition des deutschen Idealismus das Konzept der reflexionsmoralischen Selbstbestimmung ins Politische. Die im deutschen Staatsrecht dominierende Wahrnehmung des Staates unter der Kategorie der Herrschaft (und nicht des Regierens) werde in dieser meta- oder idealpolitischen „Apperzeption des Politischen" ersetzt durch das aus der Moralphilosophie stammende Konzept der absolut autonomen Selbstbestimmung. Die Dichotomie zwischen einer realpolitischen, staats- und herrschaftsbezogenen und einer ideal- oder metapolitischen Wahrnehmung des Politischen sei kennzeichnend für den deutschen Kulturraum. Schon für Kant bilde der Staat, unter dem Einfluss Rousseaus, in der „Idee“ der Vernunft die „Einheit der personalen Gleichheit als der Freiheit qua absoluter autonomer Selbstbestimmung aller“ (Vollrath 1995: 181).[146] An diesem Verständnis von Selbstbestimmung halte Habermas fest, „ohne je die Frage zu stellen, ob dieses Verständnis von Freiheit und Autonomie einen politischen Sinn haben kann“ (Vollrath 1995: 181). Damit verkenne er das Modell des westlichen demokratischen Verfassungsstaates, der nach amerikanischem Vorbild gar keine Autonomie im strengen Sinn anstrebe, sondern vielmehr auf die Verteilung wechselseitiger Heteronomie durch gegenseitige Kontrolle und Beschränkungen setze. Im Bereich des Politischen könne Selbstbestimmung nicht reflexiv, sondern nur transitiv verstanden werden. Es bedeute nicht, *sich* selbst zu bestimmen, sondern lediglich „*selbst* zu bestimmen, durch wen und wie man regiert werden will (Self-Government)“ (Vollrath 1995: 183).

Dies scheint zunächst ein sehr philosophischer Streit. Er impliziert jedoch gegensätzliche Konsequenzen für das Verständnis des Repräsentationsprinzips und den Handlungscharakter des Politischen. Die repräsentative Demokratie der amerikanischen Verfassung begegnet der Gefahr der Einheitsverkörperung des Demos durch die Pluralisierung der Volkssouveränität in einem System der „checks and balances“, Habermas dagegen verflüssigt sie in der prozeduralisierten Vernunft des Diskurses. Der erste Weg führt zur Anerkennung und Institutionalisierung von Differenz, Konflikt und Opposition. Repräsentation ist hier Differenzrepräsentation, und das Politische gilt als ein Bereich optionalen Handelns, in dem gleichermaßen legitime Alternativen gegeneinanderstehen sowie aufgrund einer perspektivisch bleibenden Abwägung beurteilt und einem Mehrheitsvotum unterworfen werden. Einmütigkeit ist nach Madison nur von politisch gefährlichen, gemeinsamen Leidenschaften zu erwarten, der freie Gebrauch der Vernunft dagegen führe unweigerlich zu verschiedenen Meinungen.[147] Der Weg, den Habermas einschlägt, macht Politik dagegen zum „problemlösenden Verfahren“ (Habermas 1992: 364), dessen Legitimität an der Vernunftvermutung zugunsten des einen, richtigen Ergebnisses hängt. Politische Repräsentation ist dann, gerade weil sie den Anspruch erhebt, alle Betroffenen zu umfassen, Repräsentation der einen Vernunft. Der politische Raum wird geschlossen.

Dieser Unterschied zur Differenzrepräsentation im amerikanischen Verfassungsverständnis hat erhebliche Konsequenzen. Habermas selbst formuliert, mit

146 Ähnlich auch Vollrath 1982, 1989 und 1996.

147 So heißt es im „Federalist“: „When men exercise their reason cooly and freely on a variety of distinct questions, they inevitably fall into different opinions on some of them. When they are governed by a common passion, their opinions, if they are so be called, will be the same.“ (Hamilton/Jay/Madison, No. 50, S. 334).

der deliberativen Meinungs- und Willensbildung „kommt ein Vernunftmoment ins Spiel, das den Sinn der Repräsentation verändert" (Habermas 1992: 223). In welcher Hinsicht dies der Fall ist, verdeutlicht er in einer Abgrenzung seiner eigenen gegenüber traditionell liberalen und republikanischen Positionen:

> „In der liberalen wie in der republikanischen Tradition wird die politische Teilnahme der Bürger in einem wesentlich voluntaristischen Sinne verstanden: Alle sollen die gleiche Chance haben, ihre Präferenzen wirksam zur Geltung oder ihren politischen Willen bindend zum Ausdruck zu bringen ... Wenn wir jedoch der demokratischen Willensbildung auch eine epistemische Funktion zuschreiben, gewinnen die Verfolgung eigener Interessen und die Verwirklichung politischer Freiheit die weitere Dimension des öffentlichen Vernunftgebrauchs (Kant). Dann zieht das demokratische Verfahren seine legitimierende Kraft nicht mehr nur, und nicht einmal in erster Linie, aus Partizipation und Willensäußerung, sondern aus der allgemeinen Zugänglichkeit eines deliberativen Prozesses, dessen Beschaffenheit die Erwartung auf rational akzeptable Ergebnisse begründet. ... die Gewichte verschieben sich von der konkreten Verkörperung des souveränen Willens in Personen und Wahlakten, Körperschaften und Voten zu den prozeduralen Anforderungen an Kommunikations- und Entscheidungsprozesse" (Habermas 1998: 165f.).

Die vorsichtige Formulierung von der „Gewichtsverschiebung" in obigem Zitat lässt leicht übersehen, dass Habermas hier in der Tat das Tor für eine weitgehende Transformation des Demokratiebegriffes öffnet, die geeignet scheint, das optionale Handeln gleichberechtigter Bürger gegenüber dem Erkenntnischarakter des deliberativen Prozesses an den Rand zu drängen oder ganz zum Verschwinden zu bringen. Habermas bezieht das Repräsentationsprinzip nicht auf ein durch (Wahl-)Verfahren geregeltes Verhältnis von Beauftragung und Verantwortung, sondern auf die Argumentationspraxis des Diskurses. Die Teilnehmer an den repräsentativ geführten Diskursen über ethisch-politische und moralische Fragen sollen zwar alle relevanten Deutungsperspektiven und die daraus zu entwickelnden Argumente berücksichtigen (Habermas 1992: 225). Dazu brauchen sie jedoch genau genommen nicht mehr in einem formalen demokratischen Verfahren gewählt zu werden. Die Deliberationen, die Entscheidungen demokratisch legitimieren sollen, lassen sich damit vom Beteiligungshandeln der Bürger lösen. Ihre Teilnehmer unterliegen auch nicht mehr einer konkreten, Sanktionsmöglichkeiten beinhaltenden Verantwortlichkeit. Denn repräsentiert werden im Idealfall nicht die Wähler und ihre empirischen Präferenzen, sondern alle denkbaren Argumentationen zu einem Problem oder Konflikt. Dem naheliegenden Einwand, ein Stellvertretermodell zu propagieren, das die Mehrheit der Bürger zu Mündeln der beratenden Experten und Advokatoren macht,[148] stellt Habermas für die ethisch-politischen Diskurse die Forderung entgegen, diese dürften „nicht nach dem Stellvertretermodell gedeutet werden; sie bilden nur den organisierten Mittelpunkt oder Fokus des ge-

148 Heidrun Abromeit wirft deliberativen Theorien vor, die politischen Repräsentanten von den Präferenzen der Bürger abzulösen und auf die Vertretung „guter", d.h. allgemein akzeptabler Gründe festlegen zu wollen (Abromeit 2002: 139).

sellschaftsweiten Kommunikationskreislaufs einer im ganzen nicht organisierbaren Öffentlichkeit“ (Habermas 1992: 224). Der Bedingung einer gleichmäßigen Beteiligung aller Bürger würden sie genügen,

> „wenn sie durchlässig, sensibel und aufnahmefähig bleiben für die Anregungen, die Themen und Beiträge, Informationen und Gründe, die ihnen aus einer ihrerseits diskursiv strukturierten, also machtverdünnten, basisnahen, pluralistischen Öffentlichkeit zufließen“ (Habermas 1992: 224).

Wie oben bei der Beschreibung der Grundzüge des Schleusenmodells wundert auch hier, bei der konkreteren Charakterisierung politischer Repräsentation, die schwache und unbestimmt bleibende Rückbindung der politischen Entscheidungen an die Meinungen der Öffentlichkeit. Besonders erstaunt wiederum, welch geringe Rolle Wahlen und Parteien spielen. Die Vorstellung einer informellen Meinungs- und Willensbildung der Peripherie ignoriert, dass die Vielfalt gesellschaftlicher Interessen erst durch politische Repräsentation zu einigermaßen stabilen Meinungen und Orientierungen transformiert werden. Ein großer Teil der politischen Kommunikation bezieht sich auf diese, insbesondere durch Parteien strukturierte Meinungsebene und hier, in der Unterstützung oder Ablehnung umstrittener Positionen, und dann natürlich im Wahlakt selbst, bestehen auch am ehesten Handlungsmöglichkeiten der Bürger.

Im Vergleich zum Schleusenmodell der deliberativen Demokratietheorie wirkt deshalb der Idealtyp der Parteiendemokratie, in dem nach sozialer Basis, kultureller Orientierung und politischer Programmatik klar unterschiedene, ihren Wählern verantwortliche Parteien um Mehrheiten konkurrieren, fast wie ein Paradies der Einwirkungs- und Beteiligungsmöglichkeiten.[149] Ernst Fraenkel hat in seinem Aufsatz „Demokratie und Öffentliche Meinung“ bereits 1964 argumentiert, dass die Vorstellung, wonach das Regierungshandeln direkt der öffentlichen Vernunft zu unterwerfen sei, ins Zeitalter eines vordemokratischen Liberalismus gehöre, „der die Vorstellung von der automatischen Bildung eines gerechten Preises auf dem Warenmarkt in die politische Sphäre übertrug (Fraenkel 1991: 244).[150] Die Gemeinsamkeit mit der Vorstellung von Habermas liegt darin, dass in beiden Fällen die Einflussmöglichkeiten der Regierten von Beziehungen der Beauftragung und Verantwortlichkeit gelöst und einem mehr oder weniger selbsttätigen Mechanismus der Wahrheitsfindung überlassen werden. Die Verabschiedung „von konkretistischen Vorstellungen einer Repräsentation des Volkes“ (Habermas 1992: 228) durch Habermas konzipiert Selbstregierung nicht mehr als Handeln, sondern als vernünftige Resultante einer komplexen und unüberschaubaren Vielfalt von Ver-

149 Zum Idealtypus der Parteiendemokratie vgl. Manin 1997. Manin sieht die Parteiendemokratie als die Form repräsentativer Demokratie, die zwischen der Verallgemeinerung des Wahlrechts zu Beginn des 20. Jahrhunderts und dem Ende der 70er Jahre einsetzenden Wandel zur Publikumsdemokratie in westlichen Demokratien vorherrschte.

150 Obwohl Fraenkel Jürgen Habermas nicht erwähnt, liest sich der Aufsatz wie eine Kritik am kurz zuvor erschienenen „Strukturwandel der Öffentlichkeit“ (Habermas 1962).

ständigungsprozessen. Habermas will mit seiner Unterscheidung zwischen System und Lebenswelt zwar grundsätzlich einen Bereich der öffentlichen Selbstbestimmung vor der mediengesteuerten Eigenlogik gesellschaftlicher Teilsysteme retten. Dadurch dass er politische Willensbildung als einen in subjektlosen Kommunikationskreisläufen stattfindenden Erkenntnisprozess konzeptualisiert, landet er jedoch schließlich dabei, ihn seinerseits als einen Vorgang zu beschreiben, der sich von einem selbstregulierten systemischen Prozess kaum mehr unterscheidet. Dies drückt sich nicht zuletzt in den sprachlichen Metaphern aus, mit denen Habermas seine Vorstellung deliberativer Demokratie zu präzisieren versucht. So spricht er etwa von der von der „Rückkoppelung" der administrativen Macht an die demokratische Meinungs- und Willensbildung (Habermas 1992: 364). Ausdrücklich bestimmt er „deliberative Politik als problemlösendes Verfahren ..., das Wissen benötigt und verarbeitet, um die Regelung von Konflikten und die Verfolgung kollektiver Ziele zu programmieren" (Habermas 1992: 386). In einem solchen rationalisierenden „Programmieren" der Entscheidungen von Regierung und Verwaltung durch die Öffentlichkeit besteht dann im wesentlichen auch die Rolle der Bürger in der demokratischen Willensbildung. „Handeln" – und auch das nur in Anführungszeichen – kann bei Habermas lediglich das auf bindende Entscheidungen spezialisierte politische System (Habermas 1992: 364). Von daher überrascht es auch nicht mehr, wenn er schließlich meint,

> „im diskursiven Vergesellschaftungsmodus der Rechtsgemeinschaft und der demokratischen Verfahren" sei „nur die reflexive Aufstufung und spezialisierte Anwendung einer allgemeinen Operationsweise gesellschaftlicher Systeme zu erkennen" (Habermas 1992: 388).

Eine derartige Informalisierung und Kognitivierung der demokratischen Willensbildung nimmt ihr den Handlungscharakter, und beschneidet zugleich die Handlungsmöglichkeiten der einzelnen Bürger. Autorisierung, Zurechenbarkeit und Verantwortlichkeit der Repräsentanten gegenüber ihren Wählern treten zurück gegenüber dem Vernunftanspruch des deliberativen Prozesses. Aber nicht nur der Wahlakt und die auf ihn bezogenen Einwirkungsmöglichkeiten verlieren an Gewicht. Wie Michael Walzer in einem knappen Aufsatz sehr anschaulich herausgearbeitet hat, kann die kognitive Verengung deliberativer Demokratietheorien eine breite Palette weiterer politischer Aktivitäten nicht adäquat berücksichtigen, die gerade für die politische Betätigung von Normalbürgern erhebliche Bedeutung haben und vielfältige Partizipationsmöglichkeiten bieten. Walzer stellt zunächst lapidar fest, dass der politische Prozess „pervasively nondeliberative" und durch Werte geprägt sei, die in einem Spannungsverhältnis zur Vernunft stünden, nämlich Leidenschaft, Engagement, Solidarität, Mut, Konkurrenzfähigkeit (Walzer 1999: 59). Daran schließt er eine lange, vierzehn Punkte umfassende Liste politischer Aktivitäten an, die unter anderem Agitation und politische Bildung, Organisation, die Mobilisierung von Anhängern, das Demonstrieren eigener Stärke, Kampagnenführung und erfolgsorientiertes Debattieren umfasst (Walzer 1999: 59-65). Weit davon entfernt, die Bedeutung diskursiver Beratung für den politischen Prozess zu bestreiten, betont Walzer jedoch den genuin kompetitiven Charakter demokratischer Politik und unterstreicht, dass die Mehrzahl der Beteiligungsmöglichkeiten der Bürger in Aktivitäten liege, die nicht auf die eine richtige Lösung eines Problems zielten, sondern ganz einfach darauf, mehr Unterstützung zu gewinnen als die Gegenseite (Walzer 1999: 66).[151]

6 Von der erkenntnistheoretischen Bestimmung der Demokratie zur demokratischen Qualität der Erkenntnis

Wird die epistemische Qualität, also der Vernunftcharakter demokratischer Entscheidungen zum Kriterium ihrer Legitimität, so liegt es im Umkehrschluss nahe, epistemisch geprägten Entscheidungsprozessen demokratische Qualität zuzusprechen. Dies macht die diskurstheoretische Variante deliberativer Demokratie attraktiv sowohl für die Befürworter einer Entpolitisierung der Demokratie durch Expertenkommissionen[152] als auch, eng damit zusammenhängend, für die Advokaten einer Überwindung des Nationalstaates durch transnationale Formen des Regierens wie etwa die EU-Komitologie.[153] Nun scheint zumindest die erste, letztlich technokratische Konsequenz der deliberativen Neubestimmung von Demokratie, angesichts der von Jürgen Habermas über Jahrzehnte hinweg immer wieder formulierten Technokratiekritik, absurd zu sein.[154] Tatsächlich besteht Habermas, wie wir oben gesehen haben, auch in seinen jüngeren Veröffentlichungen zur politischen Theorie darauf, die politisch-rechtliche Regulierung der gesellschaftlichen Subsysteme an die alltagssprachliche, lebensweltlich verankerte Meinungs- und Willensbildung eines Laienpublikums zurückzubinden. Welch geringer Modifikationen es bedarf, um ausgehend von einer epistemischen Bestimmung von Deliberationsprozessen schließlich bei der demokratischen Legitimation von Expertenkommissionen zu landen, lässt sich jedoch unschwer an den an Habermas

151 Pointierter als der oben bereits gegen die Wahrheitsfähigkeit des politischen Prozesses zitierte Manin unterstreicht Walzer den unaufhebbar konflikthaften Charakter politischer Willensbildung. Er veranschaulicht dies sehr schön durch Abgrenzung politischer Entscheidungen von der Urteilsfindung unter Geschworenen, die in der Tat von der Annahme des einen richtigen Ergebnisses ausgehen muss (Walzer 1999: 66).

152 In diesem Sinn etwa Pettit 2003.

153 Dazu exemplarisch Jörges/Neyer 1998.

154 So ist eine der grundlegenden theoretischen Weichenstellung im Werk von Habermas die Unterscheidung von Arbeit und Interaktion, von technischer und kommunikativer Rationalität und das Anliegen seines theoretischen Werkes insgesamt, wie er schon 1968 formuliert, die Entfaltung wissenschaftlich-technischer Rationalität der „uneingeschränkten Kommunikation über Ziele der Lebenspraxis“ und der Wahl dessen, was wir wollen können, zu unterstellen (Habermas 1968a: 99).

anschließenden Weiterentwicklungen der deliberativen Demokratietheorie illustrieren. Exemplarisch möchte ich hier auf Rainer Schmalz-Bruns eingehen. Er ist in diesem Zusammenhang besonders aufschlussreich, weil er in seiner Theorie sowohl das partizipatorische wie auch das epistemische Moment der Habermasschen Konzeption verstärken möchte. Erreichen will er dies durch eine Vervielfältigung deliberativer Prozesse und ihre Lösung von den Beziehungen zwischen Bürgern und Repräsentanten im demokratischen Nationalstaat. Bei allen Unterschieden im Einzelnen teilen die verschiedenen Befürworter von Governance Arrangements diese Umdefinition demokratischer Legitimität weg von der Entscheidung unter gleichberechtigten Bürgern hin zu fairen problemlösenden Beratungen potentiell Betroffener bzw. sog. „holder".[155]

Schmalz-Bruns kritisiert an Habermas' Modell einer zweigleisig verlaufenden deliberativen Politik das Übergewicht der staatlichen Institutionen im Zentrum des politischen Systems gegenüber den zivilgesellschaftlichen Foren und Arenen der informellen Meinungs- und Willensbildung an der Peripherie. Habermas habe zwar den Dualismus zwischen System und Lebenswelt, der noch seine „Theorie des kommunikativen Handelns" präge und Politik im engeren Sinn nur noch als mediengesteuertes Teilsystem unterstelle, in „Faktizität und Geltung" zugunsten einer institutionellen Betrachtungsweise aufgegeben, aus der heraus er die kommunikative und administrative Macht im demokratischen Rechtsstaat verschränke. Das von Peters übernommene Schleusenmodell deliberativer Demokratie stilisiere den Staat jedoch zum einzig möglichen kollektiven Akteur und reduziere die Selbstregierung der Bürger auf episodische Politisierungsschübe und die Einspeisung von Problembewusstsein in die institutionellen Bahnen der liberalen repräsentativen Demokratie. Demgegenüber identifiziert Schmalz-Bruns im modularen Aufbau des politischen Systems, in der sich über viele Ebenen erstreckenden Stufung von Entscheidungsprozessen, vielfältige Ansatzpunkte für eine breite und kompetente Beteiligung, die Habermas übersehe. An diese Beteiligungsmöglichkeiten knüpft er die Perspektive einer weiteren Vergesellschaftung des Staates sowie einer vom staatlichen Institutionensystem ablösbaren Reflexivität politischer Prozesse, durch die sich die Erweiterung demokratischer Partizipation mit der rationalisierenden

155 Ähnliche Orientierungen auf gesellschaftliche, horizontale, problemorientierte und nicht an repräsentative staatliche Institutionen gebundene Partizipationsformen finden sich in unterschiedlichen Versionen etwa auch bei Jörges/Neyer 1998, Warren 2002, Schmitter 2002. Ein typisches Beispiel für die von diesen Autoren geforderte normative Neubestimmung der Demokratie bietet etwa Neyer 2009: 338. In Abgrenzung zu einem „orthodoxen Demos Verständnis" sollte legitime Politik aus deliberativer Perspektive gedacht werden „als Beziehung zwischen Regelungsautoren, -adressaten und -betroffenen. Zwischen diesen gilt es rechtlich verfasste, nach innen faire und nach außen öffentlich verantwortete Beratungs- und Entscheidungsverfahren zu etablieren... Nicht die territorial definierte Zugehörigkeit, sondern die faktische Betroffenheit von Entscheidungen konstituiert die Mitgliedschaft in einem Problembearbeitungskontext".

Wirkung einer problem- und ergebnisbezogenen Politik verbinden lasse.[156] Konkret kann man sich hier eine breite Palette verschiedenster Mitwirkungsmöglichkeiten vorstellen, die Transparenzregeln, Informations- und Anhörungsrechte für Betroffene umfasst. Eine Vielzahl funktional spezialisierter und netzwerkartig integrierter Teilöffentlichkeiten soll dann bessere Partizipationsmöglichkeiten bieten als die undifferenzierte und medialer Kolonialisierung ausgesetzte allgemeine Öffentlichkeit. Die exakte Bestimmung von Entscheidungsbefugnissen für diese anvisierte Vielzahl von deliberierenden Teilöffentlichkeiten kann dabei in dem Maße in den Hintergrund treten, wie die politische Willensbildung als kognitiver Prozess und nicht als Entscheidung zwischen kontingenten und konflikthaften Handlungsalternativen gilt. Der positive Zusammenhang zwischen der epistemischen Qualität von politischen Entscheidungen und ihrer Informalisierung, den wir bei Habermas bereits in Form einer „Gewichtsverschiebung" von den Institutionen der parlamentarischen Demokratie zu den informellen Arenen und Foren gesellschaftlicher Willensbildung kennen gelernt haben, wird nun einen großen Schritt weiter getrieben zur Vergesellschaftung der Politik in problemorientierten Beratungen zwischen Regierungsvertretern, Experten und Betroffenen.

Die Legitimität von Beschlüssen löst sich damit weiter aus der Rückbindung an ein Entscheidungshandeln des Souveräns, der Bürger bzw. ihrer Repräsentanten, und wird zu einer Sache des Reflexivitäts- und Rationalitätsniveaus der Beratungen. Von einer solchen Modifikation der Demokratie verspricht sich Schmalz-Bruns zweierlei: eine Verwirklichung der Idee demokratischer Selbstbestimmung in den Partizipationsmöglichkeiten der vielfältigen Beratungsprozesse und zugleich die Überwindung nationalstaatlicher Grenzen, die der Selbstregierung eines wie auch immer bestimmten Demos gesetzt bleiben (Schmalz-Bruns 2002: 278). Hier sind also ganz offensichtlich zwei traditionelle Ziele linker Gesellschaftskritik aufgegriffen: die Überwindung des Nationalstaates und die Rücknahme der Politik in die Gesellschaft. Wie wir im Folgenden sehen werden, liegt der Preis, der dafür zu entrichten ist, in der Eliminierung politischen Handelns.

Deutlicher noch als bei Habermas liegt der Perspektive von Schmalz-Bruns die Ersetzung willentlicher Entscheidung durch rationale Erkenntnis zugrunde. Allerdings distanziert sich Schmalz-Bruns von einem an der Moralphilosophie orientierten Typus diskursiver Rationalität, da dieser elitäre Folgen habe, indem er ganze Gruppen von einer öffentlich wirksamen Artikulation ihrer Interessen abschneide. Stattdessen greift er John Deweys Begriff der „reflexiven Kooperation" auf und fordert, die Rationalitätsstandards der Deliberationen „nicht im Blick primär auf die Anforderungen einer dem wissenschaftlichen Diskurs nachgebildeten, rein argumentativen Verständigung, sondern auf die Erfahrung sozialer Kooperation in

156 Vgl. dazu Schmalz-Bruns 1995, insbes. S. 102-120.

der Lösung gemeinsamer Probleme hin auszurichten" (Schmalz-Bruns 2002: 278f.). Von einer solchen Problemorientierung erhofft er sich zudem eine Verstärkung der individuellen Motivation, sich an der öffentlichen Meinungs- und Willensbildung überhaupt zu beteiligen sowie Kriterien zur Entscheidung der ja nicht unwichtigen Frage, was im Diskurs als „guter Grund" gelten kann.[157]

Den nahe liegenden Einwand gegen eine solche Perspektive der Integration durch Problemlösung hat vor einiger Zeit Michael Greven formuliert: In pluralistischen Gesellschaften ist bereits die Definition von Problemen eine Machtfrage. Informelle Beratungsforen und Expertengremien bergen deshalb die Gefahr, das Prinzip politischer Gleichheit, das der Mehrheitsentscheidung durch gewählte Repräsentanten zugrunde liegt, durch einen zweifelhaften Rationalitätsanspruch zu ersetzen.[158] Dieser Einwand ist in zweierlei Hinsicht zu vertiefen, erstens in Bezug auf das Repräsentationsprinzip und zweitens in Hinblick auf die Schwächung der allgemeinen Öffentlichkeit und einer von ihr ausgehenden Wertorientierung der Politik:

Erstens ersetzt die „vergesellschaftete" Variante deliberativer Demokratie das bereits bei Habermas geschwächte Repräsentationsprinzip vollständig durch die prozedural-epistemische Qualität der Deliberationen in den funktional und sektoral spezifizierten Teilöffentlichkeiten. Das zweigleisige Demokratiemodell von Habermas sieht vor, dass zumindest bei nicht routinemäßig zu bearbeitenden Problemen die informellen Kommunikationen der nichtvermachteten Peripherie die institutionalisierte Meinungs- und Willensbildung der repräsentativen Demokratie, insbesondere die Beratungen und Entscheidungen der Parlamente, steuern. Es ersetzt die herkömmlichen Repräsentationsverfahren nicht, sondern verschiebt lediglich die Gewichte zugunsten der informellen Kommunikationsprozesse an der Peripherie. Wie wir oben gesehen haben, impliziert jedoch bereits diese Verschie-

157 Vgl. Schmalz-Bruns 2002: 281. Bereits auf den ersten Blick handelt sich Schmalz-Bruns mit dieser scheinbar geringen pragmatistischen Modifikation des Habermasschen Modells ein gewaltiges Problem ein, das der Gründergeneration der Frankfurter Schule durchaus bewusst war: Wenn sich die Qualität von Gründen an ihrem Beitrag zur Lösung von Problemen gesellschaftlicher Kooperation bemisst, sind es letztlich die gesellschaftliche Form der Kooperation und die aus ihr zu schließenden funktionalen Erfordernisse, die über Rationalität und Irrationalität von Gründen entscheiden. In anderen Worten: Die Differenzierung zwischen funktionaler und kommunikativer Rationalität, mit der Habermas die Kritik instrumenteller Vernunft der Frankfurter Gründergeneration fortführen will, ist so nicht aufrecht zu erhalten, die kommunikative passt sich der funktionalen Vernunft an.

158 Vgl. dazu Greven 2005: 270f. Dass sein Modell deliberativer Demokratie in Widerspruch zum Prinzip politischer Gleichheit gerät, sieht Schmalz-Bruns allerdings selbst. Da eine wirklich allgemeine Partizipation auch bei einer unterstellten Vernetzung zwischen der Vielzahl von funktionalen und sektoralen Teilöffentlichkeiten nicht zu gewährleisten ist, sei es umso wichtiger, „auch nachträglich Einwände zuzulassen, sofern sie geltend machen können, dass reziprok-allgemein nicht zurückweisbare Ansprüche ignoriert worden sind" (Schmalz-Bruns 2002: 280). Wie eine solche Möglichkeit verwirklicht werden könnte, ob sie schließlich mehr Partizipationsmöglichkeiten böte als bestehende Möglichkeiten der Verwaltungsklage, bleibt allerdings völlig unklar.

bung einen Bedeutungsverlust der Willens- und Handlungsbeziehung zwischen Bürgern und Repräsentanten gegenüber der Rationalitätsvermutung der deliberativen Prozesse. Das Projekt einer auf problemzentrierten deliberativen Foren und Gremien basierenden transnationalen Demokratie will demgegenüber die Erzeugung demokratischer Legitimität sowohl von den Wahlentscheidungen des Souveräns und den Beziehungen zwischen Bürgern und ihren Repräsentanten lösen, als auch von der Meinungsbildung einer *allgemeinen* Öffentlichkeit abkoppeln. Wenn wie bei Schmalz-Bruns und anderen die Deliberationen in sektoral und funktional spezifizierten Öffentlichkeiten, Gremien und Kommissionen allein schon demokratische Legitimität erzeugen sollen, bezieht sich diese weder auf die Autorisierung und Verantwortlichkeit von Repräsentanten noch auf die Realisierung von spezifischen Interpretationen allgemeiner Werte und Ordnungsvorstellungen, für die nicht zuletzt politische Parteien gewählt werden. Ob ohne diese beiden Dimensionen politischer Repräsentation angesichts der oben bereits angesprochenen engen Verquickung von Macht und Wissensfragen Legitimität erzeugt werden kann, scheint höchst zweifelhaft. Allenfalls ist zu erwarten, dass offene, kontroverse Positionen berücksichtigende Verfahren durch den für ihre Ergebnisse erhobenen Anspruch sachgerechter Problemlösung dazu beitragen, den Widerstand betroffener Gruppen zu marginalisieren. Ist diese Wirkung schon problematisch, so ist darüber hinaus zu befürchten, dass die Ersetzung des Repräsentationsprinzips durch epistemisch bestimmte Beratungsverfahren zu einer weiteren Schwächung derjenigen Interessen führen wird, die durch die Verantwortlichkeit politischer Repräsentanten und die symbolische Repräsentation gemeinsamer Werte noch einen gewissen Schutz gegen funktionale Erfordernisse insbesondere des ökonomischen Reproduktionsprozesses genießen. So formuliert etwa Richard Münch zu der von ihm prinzipiell befürworteten Komitologie der Europäischen Union:

> „Es hat wenig Sinn, an diese faktisch sich vollziehende Legitimation durch Verfahren normative Maßstäbe anzulegen, die im Idealfall der Repräsentativdemokratie auf der Basis von Volkssouveränität wurzeln. ... Es ist unter solchen Bedingungen kaum möglich, repräsentativ ein Gemeinwohl zu ermitteln, das auch die Schwächeren nicht zu kurz kommen lässt. Politische Entscheidungsfindung ist in diesem Fall kein Prozess, der das Gemeinwohl sucht ..., sondern ein Prozess des fortlaufenden Durchspielens von Vorschlägen, die eine Reihe von Hürden überspringen müssen, um am Ende in der Regel mit einer Vielzahl von Korrekturen versehen durchzukommen oder doch zu scheitern. Das Kriterium „demokratischer“ Qualität ist hier die Zahl von checks oder unterschiedlichsten Prüfungsinstanzen, die ein Vorschlag durchlaufen muss, bis er ans Ziel gelangt und kollektiv verbindlich wird“ (Münch 2003: 126).

Die Selbstregierung der Bürger, ihre Wahrnehmung öffentlicher Autonomie, die noch den Ausgangspunkt der deliberativen Demokratietheorie bildete, ist hier zusammengeschrumpft auf die Chance, in die eine oder andere Teilöffentlichkeit sachbezogene Verbesserungsvorschläge einzubringen. Eine Chance, die, ungeachtet der theoretisch formulierten Inklusionsforderungen, nach Kompetenzen und Ressourcen extrem ungleich verteilt sein dürfte.

Zweitens drohen Beratungen um so eher technokratische Züge anzunehmen, je mehr sie sich von der ethischen Selbstverständigung einer bestimmten Gemeinschaft entfernen und lediglich durch ein – von wem auch immer definiertes – Problem konstituiert sind. Schmalz-Bruns hält es für einen Vorzug seiner Version deliberativer Demokratie, dass sie eine Vorstellung von Öffentlichkeit enthalte, die „kein über geteilte Werte vermitteltes Kollektiv oder eine Gemeinschaft" voraussetze, sondern „sich unmittelbar auf die kooperativen Anstrengungen all derjenigen (beziehe), die über gemeinsame Probleme und die Folgen von Handlungen miteinander verbunden sind" (Schmalz-Bruns 2002: 277). Abgesehen davon, dass eine nur durch problemlösende Zusammenarbeit bestimmte Deliberation ebenso ein Ding der Unmöglichkeit ist wie die machtfreie Definition des Problems selbst, hat das Ideal einer von Wert- und Gemeinschaftsbezügen befreiten Beratung erhebliche Konsequenzen. Es impliziert die Aufgabe der noch von Habermas erhofften „Programmierung" des politischen Systems durch lebensweltlich generierte Sinnkriterien, da sich funktional und sektoral spezialisierte, problemorientierte Teilöffentlichkeiten ja gerade durch ihre Lösung aus den lebensweltlichen Horizonten spezifischer Gemeinschaften auszeichnen. Der bereits oben gegen Habermas vorgetragene Einwand, der Rationalitätsanspruch seines deliberativen Demokratiemodells begünstige funktionale und ökonomische Rationalität gegenüber narrativ auszulegenden Sinn- und Wertorientierungen, gilt hier also erst recht.

7 Fazit

Das von Jürgen Habermas diskurstheoretisch begründete Modell deliberativer Theorie und mehr noch seine Weiterentwicklung in den Szenarien einer die repräsentativen Institutionen des Nationalstaats überwindenden transnationalen Demokratie tendieren zu einer Reduktion politischen Handelns auf die Teilnahme an problemlösenden Diskursen. Politik als ein Bereich, in dem Individuen ungeachtet ihrer gesellschaftlichen Position als Gleiche miteinander verkehren und die Konflikte über die Gestaltung ihres Zusammenlebens in rechtlich geregelten Verfahren verbindlich entscheiden, nähert sich damit dem „normalen" gesellschaftlichen Leben an. Während für Habermas die subjektlosen Kommunikationsflüsse noch die Schleusen rechtsstaatlicher und demokratischer Verfahren passieren müssen, um legitime Entscheidungen herbeiführen zu können, fällt diese Sicherung gegenüber der direkten Transformation sozialer in politische Macht in den Szenarien transnationalen Regierens weitgehend weg. Hoffte der junge Marx mit seiner Perspektive einer Vergesellschaftung der Politik noch darauf, den abstrakten Staatsbürger durch eine Revolutionierung der Produktionsverhältnisse in den wirklichen individuellen Menschen zurücknehmen zu können,[159] löst die deliberative Version einer Vergesellschaftung des Staates die Sphäre politischer Freiheit und Gleichheit auf zugunsten eines Netzwerkes funktional spezialisierter Erkenntnisprozesse. Die Verfehlung der Optionalität politischen Handelns in der Informalisierung und Kognitivierung politischer Willensbildung bei Habermas wird hier weitergetrieben zur technokratischen Perspektive einer entpolitisierten Bearbeitung weltgesellschaftlicher Probleme.

159 Vgl. dazu Marx 1972: 370.

VI Konflikt und Hegemonie statt politischem Handeln? Zu Chantal Mouffes agonistischer Demokratietheorie

1 Einleitung: Konflikt statt Konsens

Zu den schärfsten Kritikern der konsensorientierten deliberativen Demokratietheorie gehört seit vielen Jahren die in London lehrende belgische Politikwissenschaftlerin Chantal Mouffe. Obwohl Mouffe wie Habermas für eine radikale Demokratie eintritt,[160] polemisiert sie in ihren Schriften gegen den Universalismus der westlichen Linken und deren Illusion rationaler Problemlösungen im Bereich der Politik. Im Glauben an die Möglichkeit, Konflikte durch Dialog überwinden und den Nationalstaat zugunsten einer kosmopolitischen Demokratie transzendieren zu können, sieht sie eine „antipolitische Vision, die sich weigert, die für das ‚Politische' konstitutive antagonistische Dimension anzuerkennen" (Mouffe 2007: 8). Zur Demokratie gehöre die Unaufhebbarkeit des Konflikts. Wer dies leugne und an die Stelle des Antagonismus einen universellen rationalen Konsens setzen wolle, begehe nicht nur einen konzeptionellen Fehler, sondern trage zu einer gefährlichen Moralisierung und Fundamentalisierung der Politik bei (Mouffe 2007: 12). Chantal Mouffe kann damit als besonders konsequente Vertreterin eines agonalen Demokratieverständnisses gelten.[161]

Auf den ersten Blick erinnert ihr konfliktzentrierter Politikbegriff an den zivilgesellschaftlichen Republikanismus von Rödel, Dubiel und Frankenberg, die sich mit ihrer stark beachteten Schrift von 1989 ebenfalls gegen eine Konsensorientierung demokratischer Politik aussprachen (Rödel/Frankenberg/Dubiel 1989).[162] Diese Ähnlichkeit kommt nicht von ungefähr, beziehen sich doch sowohl die drei deutschen Autoren als auch Chantal Mouffe auf die totalitarismuskritischen Schriften von Claude Lefort und Marcel Gauchet.[163] Folgt man deren Charakterisierung moderner, säkularisierter Demokratien, so liegt ihre Einzigartigkeit in der Auflösung aller verbindlichen Sinnbezüge und der permanent möglichen, grundsätzli-

160 Explizit will Mouffe „das demokratische Projekt verteidigen und radikalisieren" (Mouffe 2007: 170).

161 Einen informativen Überblick zum Konflikt zwischen deliberativ-diskursiven und agonalen Konzepten der Demokratietheorie findet sich bei Nullmeier 1998, der allerdings die neueren Schriften von Chantal Mouffe noch nicht berücksichtigt.

162 Die darin vertretene These einer politischen Integration durch Konflikt statt durch Konsens wird weiter zugespitzt durch Dubiel 1992.

163 Zahlreiche Hinweise auf Lefort und Gauchet finden sich in Rödel/Frankenberg/Dubiel 1989. Mouffe bezieht sich mehrfach explizit auf Lefort etwa in Laclau/Mouffe 1985: 186f., oder in Mouffe 2000: 1f.

chen Infragestellung ihrer selbst. Statt die Einheit der Gesellschaft in einer Person, Institution oder Idee zu verkörpern, lasse die moderne Demokratie die Position der Macht symbolisch leer und eröffne damit einen Raum radikaler Kontroverse.[164] Nicht nur funktionale, sondern auch soziale Integration als Entstehung eines Gefühls der Zugehörigkeit zum Ganzen der Gesellschaft, sei deshalb nur noch durch Konflikt möglich (Rödel/Frankenberg/Dubiel 1989: 108; Dubiel 1992: 134). Der Totalitarismus gehe demgegenüber aus der Weigerung hervor, die unaufhebbaren Spaltungen der Gesellschaft zu akzeptieren, er bestehe im „wütenden Willen, zum expliziten Zusammenhalt des menschlichen Gemeinwesens zurückzukehren" (Gauchet 1990: 149).

Mouffe steht mit ihrer Kritik an einer Konsensorientierung der Politik also keineswegs allein. Darüber hinaus sieht auch sie, wie die Vertreter eines zivilgesellschaftlichen Republikanismus, in der Politik die Sphäre der Einwirkung der Gesellschaft auf sich selbst. In Mouffes Worten ist das Gesellschaftliche das Ergebnis einer „kontingenten politischen Instituierung" (Mouffe 2007: 26). Im Gegensatz zur großen Mehrzahl linker Habermaskritiker stellt sich Mouffe jedoch in die Tradition von Thomas Hobbes und Carl Schmitt. Ausdrücklich gegen Hannah Arendt gewandt will sie das Politische nicht als Ort der Freiheit und öffentlichen Diskussion verstehen, sondern als Ort von Macht, Konflikt und Antagonismus (Mouffe 2007: 16, 29f.). Dabei stützt sie sich auf die gemeinsam mit Ernesto Laclau entwickelte Theorie einer diskursiven Konstruktion der Gesellschaft.[165] Besonders provoziert jedoch, dass sie die hochabstrakt und letztlich zeichentheoretisch begründete, gesellschaftlich konstitutive Bedeutung des Antagonismus durch die Übernahme von Schmitts berühmt-berüchtigter Freund-Feind-Unterscheidung für das Politische konkretisiert.[166] Dies hat vor allem zwei Konsequenzen, die für die Frage nach den Möglichkeiten praktischen politischen Handelns von großer Bedeutung sein dürften: Zum einen kommt Mouffe aufgrund ihrer Interpretation Schmitts zu einer positiven Bewertung kollektiver Identitäten, in denen sie geradezu eine Existenzbedingung moderner Demokratien sieht (Mouffe 1997: 26f.).

164 Rödel/Frankenberg/Dubiel 1989: 43. Besonders deutlich wird die Frontstellung gegenüber der Konsensorientierung der Demokratietheorie in einem Aufsatz Gauchets zu Tocqueville. Gauchet versucht zu zeigen, dass Tocqueville in seiner berühmten Analyse der amerikanischen Demokratie aufgrund seiner Furcht vor gesellschaftlicher Desintegration auf einen positiven Zusammenhalt der Gesellschaft fixiert blieb und damit das Typische moderner Demokratien gerade verfehlt habe: „In diametralem Gegensatz zu dem, was ihre erste amerikanische Gestalt Glauben machte, meint Demokratie nicht die tiefe Übereinstimmung der Geister, sondern Zerrissenheit des Sinns und erbarmungslosen Antagonismus der Gedanken" (Gauchet 1990: 141).

165 Laclau/Mouffe 1985. Ich werde die darin aus einer poststrukturalistischen Kritik des Marxismus entwickelten gesellschaftstheoretischen Grundlagen nur thematisieren, so weit sie für die Diskussion der neueren demokratietheoretischen Arbeiten von Mouffe von Belang sind.

166 Ausgeführt ist dies in Mouffe 1993: 117-134, Mouffe 2000: 36-59 und Mouffe 2007: 15-28.

Zum zweiten kann sie von ihrem postmodernen[167] Verständnis des Konflikts aus an Gramscis Konzept der Hegemonie anknüpfen (Mouffe 1979, Laclau/Mouffe 1985). Mit diesem, vom marxistischen Klassenwiderspruch gelösten Hegemoniebegriff scheint sie eine allgemeine, diskursanalytisch begründete Dimension der Ideologiekritik zu gewinnen sowie zugleich die häufig kritisierte Realitätsferne des republikanischen Politikbegriffes zu überwinden, indem sie die Möglichkeit eröffnet, politisches Handeln auf Weltbilder und Interessen gesellschaftlicher Gruppen zu beziehen.

Im Folgenden werde ich zunächst auf den von Mouffe gewählten Ausgangspunkt ihrer Bestimmung einer agonalen demokratischen Politik, nämlich Carl Schmitts Unterscheidung zwischen Freund und Feind eingehen und darstellen, wie sie diese Unterscheidung poststrukturalistisch modifiziert, um sie ihrer Demokratiekonzeption zugrunde legen zu können (2). Im Anschluss daran sollen zunächst die Vorteile gegenüber einem konsensorientierten Politikverständnis im Mittelpunkt stehen, die Mouffe mit ihrer Neuinterpretation Schmitts und dem daran anschließenden, für sie zentralen Begriff der Hegemonie gewinnt (3). Im nächsten Schritt werde ich auf das auch von ihr gesehene Problem der „Zähmung" antagonistischer Beziehungen eingehen, der durch einen Schmittschen Begriff des Politischen eingehandelten Frage nämlich, wie sicherzustellen wäre, dass sich die als Feinde gegenüberstehenden Akteure nicht vernichten, sondern als Gegner respektieren und die für die Stabilität demokratischer Gemeinwesen erforderliche wechselseitige Solidarität aufbringen. Ich werde argumentieren, dass Mouffe diese Frage nicht befriedigend beantworten kann, weil sie mit ihrer poststrukturalistischen Neuinterpretation Schmitts die kooperative Dimension demokratischer Politik verfehlt und deshalb nicht in der Lage ist, demokratisch verfasste Gemeinwesen als Räume der Ermöglichung positiver Freiheit zu verstehen (4). Schließlich werde ich diskutieren, ob sich der bei Mouffe im Konzept der Hegemonie erfasste agonale Charakter des Politischen von den politischen Existentialismen Schmittscher oder poststrukturalistischer Prägung lösen und mit einem normativen Begriff politischen Handelns verbinden lässt (5).

167 Mouffe bezieht ihre Kritik des modernen Rationalismus und Subjektivismus auf verschiedene, von ihr als postmodern bezeichnete Theorien und fasst darunter neben dem Poststrukturalismus auch die Psychoanalyse, die Nach-Heideggerianische Hermeneutik und die Sprachphilosophie des späten Wittgensteins (Mouffe 1993: 11). Ich werde dort, wo sie Carl Schmitt von Derrida aus uminterpretiert, den spezifischeren Begriff des Poststrukturalismus verwenden.

Wie oben schon erwähnt, wendet sich Chantal Mouffe gegen die idealisierte Anschauung einer im wesentlichen durch Empathie und Reziprozität bestimmten menschlichen Gesellschaftlichkeit (Mouffe 2007: 9). Eine solche, gerade unter liberalen und linken Theoretikern weit verbreitete, optimistische Anthropologie verfehle die „in menschlichen Gesellschaften untilgbare Dimension des Antagonismus" (Mouffe 2007: 156). Diese bezeichnet Mouffe als „das Politische" und unterscheidet sie vom empirischen Gebiet der „Politik", worunter sie die vielfältigen Praktiken und Institutionen, die das konflikthafte Miteinander der Menschen organisieren, verstehen will (Mouffe 2007: 16). Im Gegensatz zu den klassischen Vertretern einer pessimistischen Anthropologie wie Machiavelli oder Hobbes rekurriert Mouffe in der Begründung ihrer starken Behauptung einer für alle menschlichen Gesellschaften konstitutiven antagonistischen Dimension nicht auf unveränderliche Charakterzüge des Menschen. Vielmehr begnügt sie sich damit, die immer gegebene Möglichkeit der Freund-Feind-Unterscheidung im Sinne Carl Schmitts ins Feld zu führen.[168] Mit Schmitt teilt sie die Frontstellung gegen den liberalen Glauben an die Möglichkeit rationaler Problemlösungen und die davon ausgehende Neutralisierung und Entpolitisierung offener, der Entscheidung unterliegender Fragen. Beide, Mouffe wie Schmitt verteidigen das Politische als einen Bereich der Kontingenz, in dem ohne Vorliegen allgemeinverbindlicher Gründe zwischen konfligierenden Alternativen entschieden werden muss (Mouffe 2007: 17f.). Warum aber soll aus der Möglichkeit der Entscheidung zwischen konfligierenden Alternativen der von Mouffe damit stets in einem Atemzug genannte Antagonismus folgen? Auch hier liegt die Antwort bei Carl Schmitt, nämlich in der erst durch die Unterscheidung zwischen Freund und Feind zu gewinnenden kollektiven Identität. Nach Schmitt schafft ja bekanntlich die Unterscheidung von Freund und Feind „den äußersten Intensitätsgrad einer Verbindung oder Trennung, einer Assoziation oder Dissoziation" (Schmitt 1963/1932: 27). Mouffe greift diesen Gedanken auf und betont, das Politische sei stets mit der Bildung eines von einem „Sie" unterschiedenen „Wir" befasst (Mouffe 2007: 18). Damit konkretisiert sie die zusammen mit Laclau aus einer zeichentheoretischen Diskursanalyse gewonnene Erkenntnis, wonach jede Identität nur durch Abgrenzung zu einem Anderen gewonnen werden könne, also relational sei, andererseits durch die Präsenz des „Anderen" zugleich jedoch daran gehindert werde, gänzlich selbst zu sein (Laclau/ Mouffe 1985: 125). Eine solche, gleichzeitig durch Ermöglichung und Blockade

168 Die außerordentlich hohe Bedeutung Carl Schmitts für Chantal Mouffe wird nicht zuletzt daran deutlich, dass sie über viele Jahre hinweg die Grundintention ihrer Demokratietheorie immer wieder mit Hilfe von Schmitt und seiner Freund-Feind-Unterscheidung entwickelt (etwa Mouffe 1993, 2000, 2007).

geprägte Beziehung jeder Identität zu ihrem „konstitutiven Außerhalb“ nennen Laclau und Mouffe, in Abgrenzung zur Opposition und zum logischen Widerspruch, Antagonismus.[169]

Erst diese Dimension kollektiver Identität macht nachvollziehbar, weshalb mit Kontingenz und Entscheidung zumindest der Möglichkeit nach auch Feindschaft und Antagonismus gesetzt sind. Die liberale Rationalitätsillusion, sei es in Gestalt des methodologischen Individualismus, sei es in der Version des Glaubens an einen auf Vernunft basierenden universellen Konsens, erlaube demgegenüber kein adäquates Verständnis der politisch konstitutiven Bedeutung kollektiver Identitäten. Im einen Fall kenne sie nur das rational seine Interessen verfolgende Individuum, im anderen Fall den allgemein zustimmungsfähigen und deshalb vernünftigen moralischen Konsens. Folgerichtig - und auch hierzu zitiert Mouffe Carl Schmitt - löse der Liberalismus das Politische auf und ersetze es durch die Polarität von zwei entgegengesetzten Sphären, der Ökonomie und der Ethik (Mouffe 2007: 18, 92).

Wie Schmitt schließt Mouffe daran den Vorwurf an, der liberale Universalismus führe keineswegs, wie behauptet, zu einer Überwindung der Freund-Feind Unterscheidung, sondern zur Transformation des politischen in einen moralischen Gegensatz und damit zu seiner Radikalisierung. Schmitt konkretisiert diesen Vorwurf an den Hoffnungen auf eine endgültige Überwindung des Krieges. Er warnt vor den Entgrenzungen eines im Namen der Menschheit geführten Kampfes für den Frieden, der dem Gegner konsequenterweise die Qualität des Menschseins abspreche.[170] Ganz ähnlich kritisiert Mouffe prominente Befürworter einer transnationalen Demokratie wie David Held und Ulrich Beck. Sie wirft ihnen vor, mit ihrer in eine Rhetorik der Modernisierung gekleideten Vision einer deliberativen, nationale Identitäten überwindenden Rationalisierung von „governance“ die politischen Gegner nicht als solche anzuerkennen, sondern implizit als rückwärtsgewandte oder fundamentalistische und deshalb auch als moralisch zu verurteilende Feinde zu konstruieren (Mouffe 2007: 73f.).

Während Carl Schmitts Theorie des Politischen jedoch vom Verlust einer theologisch begründbaren Legitimität des Staates durch die Säkularisierungsprozesse der europäischen Neuzeit ausgeht und mit seiner Freund-Feind Unterscheidung einen Ersatz für die unmöglich gewordene transzendentale Sicherung der Einheit des Staates gewinnen will,[171] begründet Mouffe den das Politische konstituieren-

169 Dazu Auer 2005: 253; kritisch dazu Demirovic 2007: 70.

170 In diesem Zusammenhang steht sein berühmter Satz „Wer Menschheit sagt, will betrügen“ (Schmitt 1963/1932: 55).

171 Ernst Vollrath zeigt überzeugend, wie Schmitt durch die Freund-Feind-Unterscheidung versucht, die entscheidenden Bestimmungen des Staates in der herrschaftskategorialen Tradition der deutschen Staatsrechtslehre für seinen Begriff des Politischen zu übernehmen (insbesondere also kämpferisch-feindorientierte, willensmäßige Einheit, politisches Monopol und Intensität der Assoziationsbeziehung). Politisch handle nach Schmitt, „wer so

den Antagonismus viel abstrakter und nutzt ihn nicht, um durch Abgrenzung nach außen die staatliche Einheit zu sichern, sondern, ganz im Gegenteil, um die Unaufhebbarkeit des Konflikts im Inneren demokratischer Staaten zu verteidigen. Mouffe sieht in Schmitt einen Vorläufer des Poststrukturalismus, der erkannt habe, dass jede denkbare Inklusion zugleich auf Akten der Exklusion beruhe. Seine Betonung des Relationalen politischer Identitäten ermögliche es, die Freund-Feind-Unterscheidung im Sinne des unter postmodernen Autoren populären Begriffes des „konstitutiven Außerhalb" zu interpretieren und für eine Theorie des demokratischen Pluralismus zu nutzen. „Jede Identität ist relational und jede Identität erfordert zwangsläufig die Bestätigung einer Differenz, d.h. die Wahrnehmung von etwas ‚anderem' das sein ‚Außerhalb' konstituiert" (Mouffe 2007: 23).

Folgen wir dem abstrakten, poststrukturalistischen Identitätsbegriff Mouffes, landen wir bei einer Art von binärem Existenzialismus, nach dem Wir-Sie-Unterscheidungen in der Tat unvermeidbar sind. Ich bin der, der ich bin, nur weil ich nicht der bin, der der Andere ist.[172] Die damit allgegenwärtige Möglichkeit des Antagonismus will Mouffe jedoch nicht gleichsetzen mit der Freund-Feind-Unterscheidung im engeren, Schmittschen Sinn. Dazu wird diese, wie der Zerfall Jugoslawiens veranschauliche, erst wenn das „Wir" durch das „Sie" seine Identität in Frage gestellt und seine Existenz bedroht sehe (Mouffe 2007: 24).

Ist Andersheit und damit die Möglichkeit des Antagonismus derart allgegenwärtig,[173] dann muss das Erstreben eines universellen rationalen Konsenses die demokratische Theorie und Politik in die Irre führen. Moderne Demokratien sollten nicht versuchen, Wir-Sie-Gegensätze zu überwinden, sondern sie in eine Form zu bringen, die mit dem für sie konstitutiven Pluralismus vereinbar ist (Mouffe 2007: 22). Dazu schlägt Mouffe vor, zwischen zwei Formen des Antagonismus zu unterscheiden, dem eigentlichen Antagonismus, der zwischen Feinden stattfindet und seiner gewissermaßen gezähmten Version, dem Agonismus, bei dem ein gemein-

handelt, wie der Staat zu handeln vermochte, als der Staat noch Staat war" (Vollrath 1989a: 155), also noch eine die Gesellschaft transzendierende Legitimation besaß.

172 Mouffe bezieht sich auf Jacques Derrida. Wie umfassend und zugleich abstrakt der Begriff des „konstitutiven Außerhalb" ist, zeigt Mouffes Begründung für die politische Bedeutung dieses Grundgedankens Derridas. „This point is decisive. It is because every object has inscribed in its very being something other than itself and that as a result, everything is constructed as *difference*, that its being cannot be conceived as pure ‘presence‘ or ‘ojectivity‘"(Mouffe 2000: 21). Die Konstitution jeder sozialen Objektivität beruht demnach auf Exklusionsakten und ist deshalb in poststrukturalistischer Terminologie als Macht zu verstehen. Nun weiß man zwar in Deutschland, dass der Volksstamm der Bayern seine Identität mit einem trotzigen „Mir san mir" begründet. Sehr überzeugend ist dieser Versuch allerdings nicht, denn ohne Differenz zu Anderen gäbe es wohl auch keine Bayern. Ob allerdings die formallogisch und sprachanalytisch begründete Notwendigkeit des Zusammenhangs von Identität und Nichtidentität ausreicht, um Mouffes weitreichende Schlussfolgerungen auf den Charakter des Politischen zu begründen, scheint doch zweifelhaft.

173 Mouffe scheut sich nicht, explizit von einem im Sinne Heideggers ontologischen Charakter des Antagonismus zu sprechen (Mouffe 2007: 15).

samer symbolischer Raum die Feinde zu Gegnern werden lässt, die sich als solche wechselseitig anerkennen (Mouffe 2000: 13).[174] Die Frage, wie genau sie diese Transformation vom Feind zum Gegner bewerkstelligen und sicherstellen will, dass sich die verschiedenen Gruppen in einer pluralistischen Demokratie nicht als Feinde zu vernichten trachten, wird uns gleich noch beschäftigen.

Hier ist jedoch erst einmal festzuhalten, dass Mouffe im Ergebnis Carl Schmitt auf den Kopf stellt. Schmitt will mit seiner Freund-Feind-Unterscheidung den Staat als die souveräne und maßgebliche politische Einheit vor der drohenden Auflösung durch den modernen gesellschaftlichen Pluralismus retten. Nur durch die Möglichkeit, einen gemeinsamen Feind zu bestimmen, kann der Staat sich über das „bloß Gesellschaftlich-Assoziative" erheben und zu einer „politischen Gemeinschaft" werden (Schmitt 1963/1932: 45).[175] Der Antagonismus nach Außen dient Schmitt zur Homogenisierung nach Innen und, wie es in einer berüchtigten Formulierung heißt, „nötigenfalls" auch „zur Ausscheidung oder Vernichtung des Heterogenen" (Schmitt 1991/1926: 14). Mouffe dagegen nutzt die mit einem poststrukturalistischen Identitätsbegriff formal abstrakt gefasste und ontologisch verallgemeinerte Freund-Feind-Unterscheidung, um den politischen Pluralismus gegen die Illusion einer durch Ökonomisierung und/oder Moralisierung zu erreichenden gesellschaftlichen Einheit zu verteidigen. Daraus folgt nicht nur eine im Vergleich zu Schmitt entgegengesetzte Bewertung von Einheit und Konflikt im Bereich der Innenpolitik. Darüber hinaus wechseln die beiden Begriffe ihre Zuordnung zu Gesellschaft und Politik. Die von der Gesellschaft ausgehende Gefahr für das Politische sieht Mouffe nicht in der von Interessenskämpfen ausgehenden Erosion staatlicher Einheit und politischer Souveränität, sondern, ganz im Gegenteil, in der Verdrängung des öffentlichen politischen Konflikts durch den die Gesellschaft vereinheitlichenden postpolitischen Geist von Ökonomisierung und Moralisierung.

3 Hegemonie und gesellschaftliche Veränderung

Mit ihrem gegen den Strich gelesenen Carl Schmitt gewinnt Chantal Mouffe im Vergleich zu den konsensorientierten Demokratietheorien zunächst einmal eine nicht geringzuschätzende phänomenologische Plausibilität. Wer könnte ernsthaft

174 Mouffe spricht von „adverseries" und definiert sie „in a paradoxical way as 'friendly enemies', that is, persons who are friends because they share a common symbolic space but also enemies because they want to organize this common symbolic space in a different way" (Mouffe 2000: 13).

175 In diesem Zusammenhang formuliert Schmitt auch: „In Wahrheit gibt es keine politische 'Gesellschaft' oder 'Assoziation', es gibt nur eine politische Einheit, eine politische 'Gemeinschaft'" (Schmitt 1963/1932: 45).

bestreiten, dass offene politische Fragen meist schnell zu Wir-Sie-Gruppierungen führen, dass politische Begriffe in aller Regel auf einen Gegensatz bezogen sind, oder dass kollektive Identitäten und die Mobilisierung von Affekten auch in demokratischen Auseinandersetzungen eine bedeutende Rolle spielen? Politisches Handeln ist durch seine Ziele und Prinzipien nicht hinreichend charakterisiert. Es ist in aller Regel auch ein Handeln gegen etwas oder gegen andere, ein Aspekt, den nicht nur die Konsensorientierung deliberativer Theorien, sondern, wenn auch in geringerem Maße, die liberale Reduktion von Konflikten auf Interessengegensätze unterschätzt.

Die provozierende Uminterpretation der Freund-Feind-Unterscheidung Schmitts zu einer alle menschlichen Gesellschaften konstituierenden antagonistischen Dimension ermöglicht Mouffe über diese phänomenologische Plausibilität hinaus auch eine normative Kritik an den Entpolitisierungs- und Versachlichungstendenzen der zeitgenössischen Politik. Ihre Texte sind dort am stärksten, wo sie gegen die Politik des sog. „Dritten Wegs" und deren vermeintlich jenseits von „rechts" und „links" anzusiedelnden Modernisierungsziele[176] polemisieren. In der Unfähigkeit der etablierten Parteien, klare Alternativen anzubieten, sieht sie eine Gefahr für die Stabilität der Demokratie und eine der Hauptursachen für die spektakulären Erfolge des Rechtspopulismus in Österreich und Frankreich (Mouffe 2007). Wo immer Mouffe politisch Stellung bezieht, klagt sie Konflikt und Optionalität als konstitutive Momente des Politischen ein. Positiv formuliert sie klar und einfach: „A well-functioning democracy calls for a confrontation between political positions, and this requires a real debate about possible alternatives" (Mouffe 2000: 113).

Mouffes Begriff der Hegemonie und sein machttheoretischer Hintergrund erlauben es ihr darüber hinaus, Politik an die Interessenlage und die Weltbilder von gesellschaftlichen Klassen, Gruppen und sozialen Bewegungen anzuschließen. Nicht zufällig übernehmen Chantal Mouffe und Ernesto Laclau diesen Begriff von Antonio Gramsci.[177] Ähnlich wie Gramsci mit dem Hegemoniebegriff versuchte, den Ökonomismus der leninistischen Klassentheorie zu überwinden und sie an die Realität politischer und kultureller Konflikte in den westlichen Zivilgesellschaften anzupassen, versuchen sie, nun gewissermaßen von der anderen Seite aus, einen hochabstrakten, poststrukturalistischen Begriff des Politischen durch das Konzept

176 Besonders deutlich und einflussreich argumentieren für eine solche Modernisierung linker Politik Anthony Giddens (Giddens 1994) und Ulrich Beck (Beck 1993).

177 Mouffe liest Gramsci ursprünglich durch die Brille des strukturalistischen Marxismus von Althusser. Mit ihm versteht sie Gramscis Ideologiebegriff nicht im Sinne des falschen Bewusstseins eines Subjekts, sondern als Praxis, die Subjekte hervorbringt. In Abgrenzung zu Althusser sieht sie im Hegemoniekonzept jedoch eine Möglichkeit, den ökonomischen Determinismus zu überwinden und Foucaults Machtbegriff für eine marxistische Gesellschaftskritik nutzbar zu machen (Mouffe 1979).

der Hegemonie für reale gesellschaftliche Kämpfe zu öffnen (Laclau/Mouffe 1985).

Wichtig ist in diesem Zusammenhang, dass Mouffe durch ihre poststrukturalistische Interpretation der Schmittschen Freund-Feind-Unterscheidung eine gesellschaftskritische Dimension zurückgewinnt, die im zivilgesellschaftlichen Republikanismus und stärker noch bei diskurstheoretischen Ansätzen in den Hintergrund geraten ist. Aus der Einsicht, dass es keine Inklusion ohne Exklusion geben kann, dass kein Diskurs zu führen ist, ohne andere, ebenfalls mögliche Diskurse nicht zu führen, dass jede Ordnung auf der Unterdrückung anderer Möglichkeiten beruht, kurz, aus der Einsicht, dass „das Gesellschaftliche ohne die ihm seine Form gebenden Machtverhältnisse nicht sein könnte" (Mouffe 2007:27), schließt sie auf das Fehlen eines letzten Grundes und den hegemonialen Charakter jeder gesellschaftlichen Ordnung. Als Hegemonie definiert sie dabei etwas opak die „Konvergenz von Objektivität und Macht".[178] Damit meint sie, jede gesellschaftliche Ordnung sei das Produkt einer Reihe von Verfahrensweisen, durch welche die Bedeutungen gesellschaftlicher Institutionen festgelegt und damit andere mögliche Bedeutungen ausgeschlossen werden, sog. hegemoniale Verfahrensweisen. Für Mouffe ist das Politische mit derartigen Akten der „Instituierung" verknüpft. Das Gesellschaftliche dagegen ist die Sphäre „sedimentierter Verfahrensweisen, d.h. von Verfahrensweisen, die die ursprünglichen Akte ihrer kontingenten politischen Instituierung verhüllen und als selbstverständlich angesehen werden" (Mouffe 2007: 26).[179] Diese zugegebenermaßen hochabstrakte Begründung eines Primats der Politik richtet sich dezidierter als das republikanische Projekt der Selbstregierung gegen alle Formen gesellschaftlicher Naturalisierung. Mouffe konzediert zwar, dass keine Gesellschaft ohne sedimentierte Verfahrensweisen existieren kann und niemals alle gesellschaftlichen Bindungen zugleich in Frage gestellt werden können. Sie wendet sich damit gegen die Vorstellung eines Akts radikaler, umfassender Neubegründung. Dabei lässt sie jedoch keinen Zweifel daran, dass grundsätzlich jede Sphäre, und damit auch die Marktgesellschaft, durch „kontrahegemoniale Verfahrensweisen", also durch neue Diskurse und Institutionen herausgefordert und verändert werden kann. Politisch entscheidbare Alternativen beziehen sich grundsätzlich also nicht nur auf die politische Sphäre im engeren Sinn,

178 „The point of convergence - or rather mutual collapse - between objectivity and power is what we called 'hegemony'" (Mouffe 1997: 25).

179 Obwohl die Veröffentlichungen Mouffes keinen Hinweis auf Cornelius Castoriadis enthalten, scheint sie den Begriff der Instituierung in seinem Sinn zu verwenden, zumindest aus der Instituierung gesellschaftlicher Phänomene auf ihre grundsätzliche Veränderbarkeit zu schließen (Castoriadis 1990).

sondern, in einer radikal konstruktivistischen Perspektive, auf die Gesellschaft in ihrer Gesamtheit (Mouffe 2007: 25-28).[180]

Spezifische Hegemonien entstehen dabei nicht unmittelbar aus der ökonomischen oder politischen Stellung einer bestimmten Gruppe, sondern auf diskursiver Ebene. Genauer geschieht dies dadurch, dass verschiedene Bedeutungselemente in sogenannten „Äquivalenzketten" gegen ein sie gleichermaßen negierendes Drittes zusammengeführt werden und eine hegemoniale Formation bilden. Mouffe versucht dies mit Blick auf die Neuen Sozialen Bewegungen am Beispiel einer radikaldemokratischen Konzeption von Bürgerschaft zu veranschaulichen, in der verschiedene „Subjektpositionen" (wie Klasse, Gender, Ethnizität) durch den Gegensatz zu einem gemeinsam Ausgeschlossenen (etwa Herrschaftsbeziehungen) zu einer identitätsstiftenden (hier etwa gleichheitsorientierten) Interpretation des „leeren Signifikanten" Demokratie finden und sich gegenüber konkurrierenden Interpretationen durchsetzen (Mouffe 1993: 70f.). Der in einer eigenen Theoriesprache beschriebene Mechanismus schafft also durch Ausschließung nach Außen Äquivalenz und Identität nach Innen. Von daher ist es nicht verwunderlich, wie leicht Mouffe an Carl Schmitt anknüpfen kann.[181]

Der Hegemoniebegriff ermöglicht zunächst eine gesellschaftskritische Negativität, die nicht auf die Ebene politischer Pluralität beschränkt bleibt, sondern jede „Instituierung" und damit alle Bedeutungen und Sinngebungen „dekonstruieren" kann.[182] In dieser Hinsicht unterscheidet sich Mouffes Zugang sowohl von republikanischen als auch von marxistischen Perspektiven. Das republikanische Projekt der Selbstregierung basiert auf der wechselseitigen Anerkennung der Individuen als freie und gleiche Bürger eines geteilten Gemeinwesens. Es abstrahiert bei der Bestimmung der politischen Sphäre von den Ungleichheiten und der ökonomischen Konkurrenz im gesellschaftlichen Bereich. In seiner Kritik der politischen Emanzipation spitzt Marx dieses Abstraktionsverhältnis zu zum Gegensatz zwischen dem Idealismus der politischen Sphäre und dem Materialismus der Gesellschaft, zwischen dem Staatsbürger als moralischer Person und dem egoistischen, atomisierten Individuum der bürgerlichen Gesellschaft. Der politischen Demokratie wirft er von da aus vor, eine von allen solidarischen Elementen gereinigte Sphäre der gesellschaftlichen Privatinteressen als naturgegebene Grundlage der Politik vorauszusetzen und ihren Gegensatz zur politischen Sphäre nur moralisch zu über-

180 In dieser Hinsicht stimmt Mouffes Begriff des Politischen mit Grevens Theorie der politischen Gesellschaft überein (Kap. III).

181 Ausführlich zu den insbesondere von Laclau weiter entwickelten Begriffen der Äquivalenzkette und des leeren Signifikanten Marchart 2007 sowie kritisch aus marxistischer Perspektive Demirovic 2007.

182 Marchart sieht hierin einen entscheidenden Vorzug des Politikbegriffes von Chantal Mouffe gegenüber dem Arendts (Marchart 2008: 196f.).

winden, real aber zu verschärfen.[183] Demgegenüber hofft er auf eine Revolutionierung der Gesellschaft, die diesen Gegensatz aufheben, den Staatsbürger in den individuellen Menschen zurücknehmen und diesen unmittelbar zum Gattungswesen machen soll (Marx 1972). Nach diesem Muster einer materialistischen Ideologiekritik, wenn auch ohne explizit revolutionäre Perspektive, halten auch zeitgenössische marxistische Positionen dem Republikanismus vor, die materiellen gesellschaftlichen Verhältnisse zu ignorieren und damit das nachgeordnete Verhältnis der Politik gegenüber Ökonomie und Gesellschaft festzuschreiben (Narr 1991, Hirsch 1997).

Ihre poststrukturalistische Machttheorie ermöglicht es Mouffe demgegenüber, die Trennung von Gesellschaft und Staat, von egoistischem Einzelmenschen (homme) und allgemeinwohlorientiertem Bürger (citoyen) theoretisch zu überwinden, ohne mit den materiellen Verhältnissen der Gesellschaft einen Grund für diesen Gegensatz wie auch für seine Überwindung benennen zu müssen. Die Ideologiekritik enthüllt keine letzten Ursachen oder Gesetzmäßigkeiten mehr, von denen aus gesellschaftliche und politische Erscheinungen abzuleiten wären. Gesellschaft und Staat gelten Mouffe als kontingente politische „Instituierungen“, die sich lediglich im Grad ihrer „Sedimentierung“, also der Verhüllung ihres kontingenten Ursprungs unterscheiden (Mouffe 2007: 26). Obwohl sie ihre Differenz nicht verwischt sehen möchte, versteht Mouffe die jeweiligen Ordnungen in beiden Bereichen als Produkt „hegemonialer Verfahrensweisen“, die immer zugleich Bedeutung stiften und ausschließen. Das gilt auch für die „materiellen Produktionsverhältnisse“, die konsequent konstruktivistisch nicht als Basis eines Überbaus verstanden werden, sondern als selbst erst durch Bedeutungszuschreibungen hervorgebracht. Insofern herrscht ein Primat des Politischen, das jedoch nicht als ein gesonderter gesellschaftlicher Teilbereich gilt, sondern als der Modus der Instituierung, der das Gesellschaftliche durch bestimmte, Bedeutungen fixierende und ausschließende Diskurssysteme erzeugt.[184] Da Diskurse keine geschlossene Totalität bilden, sondern durch andere diskursive Formationen destabilisiert und verändert werden können, ist jede politisch konstruierte Objektivität Ausdruck von Machtbeziehungen.[185] In diesem Sinn konstruiert sind dann selbstverständlich auch die republikanischen Grundbegriffe des Bürgers (citizen) und der Öffentlichkeit, die nicht den Standpunkt einer uni-

183 So formuliert Marx: „Die Vollendung des Idealismus des Staates war zugleich die Vollendung des Materialismus der bürgerlichen Gesellschaft. Die Abschüttlung des politischen Jochs war zugleich die Abschüttlung der Bande, welche den egoistischen Geist der bürgerlichen Gesellschaft gefesselt hielten. Die politische Emanzipation war zugleich die Emanzipation der bürgerlichen Gesellschaft von der Politik, von dem *Schein* selbst eines allgemeinen Inhalts“ (Marx 1972: 268f., Hvhbg. v. Marx).

184 Ausführlich zur Ablehnung des klassisch marxistischen Konzeptes von Ideologiekritik, das in der materiellen Basis und deren Klassenverhältnissen eine objektiv gültige Grundlage zu besitzen glaubte vgl. Laclau/Mouffe 1985.

185 Dazu ausführlicher Rüdiger 1996: 158ff.

versell gültigen Vernunft reflektieren, sondern in ihrer jeweiligen Ausprägung das Ergebnis hegemonialer Konflikte bilden. Von da aus behauptet Mouffe, „that there can be as many forms of citizenship as there are interpretations of those principles (of modern democracy)“ (Mouffe 1993: 71).

3 Die scheiternde Zähmung des Antagonismus zum agonistischen demokratischen Konflikt

Mouffes Konzept der Hegemonie bezieht den Konflikt und die Freund-Feind-Unterscheidung über offene politische Auseinandersetzungen (politics) hinaus auf potentiell jede Ordnung. Wie ihre Ausführungen zum Begriff des Bürgers zeigen, schließt dies die zur Konfliktbegrenzung in Frage kommenden Prinzipien und Normen der Verfassung mit ein. Das ist nicht weiter verwunderlich, demonstriert doch ihr Gewährsmann Derrida gerade am Beispiel der amerikanischen Unabhängigkeitserklärung, wie die sprachanalytisch generalisierte Dichotomie von Exklusion und Inklusion insbesondere dazu taugt, die vermeintlich universell gültigen, naturrechtlich verbürgten Grundnormen der Verfassung als immer schon exkludierend und damit als Machtverhältnisse zu dekonstruieren (Derrida 1986). Das Konzept der Hegemonie verschärft also die eingangs aufgeworfene Frage, wie die für das Politische konstitutive antagonistische Beziehung entschärft und verhindert werden kann, dass sich die in Wir-Sie-Unterscheidungen gegenüberstehenden Gruppen wechselseitig zu vernichten trachten. Chantal Mouffe sieht dieses Problem, kann aber die beiden gängigen Lösungen, nämlich Interessenkonflikte durch Verhandlungskompromisse auszugleichen oder durch Deliberationen einen Konsens zu finden, nicht akzeptieren. Denn weder im Interessenausgleich noch im Konsens wird das antagonistische Element des Konflikts anerkannt. Deshalb sucht sie nach einem „gemeinsamen Band“ (Mouffe 2007: 29), welches die Konfliktparteien verbinden und zwischen ihnen eine dritte Beziehungsform stiften kann, in der sie die Legitimität ihrer Opponenten anerkennen, auch wenn ihnen klar ist, dass es für den Konflikt zwischen ihnen keine rationale Lösung geben kann. Diese Beziehung bezeichnet Mouffe als „Agonismus“. Eine Hauptaufgabe demokratischer Politik bestehe darin, antagonistische zu agonistischen Beziehungen und damit Feinde zu politischen Gegnern zu machen (Mouffe 2007: 29f.).

Das leuchtet so weit ein, nur, woraus soll dieses gemeinsame Band geflochten sein, und was kann die Opponenten veranlassen, es tatsächlich zu respektieren? Was kann in einem hegemonialen Konflikt die Logik wechselseitiger Instrumentalisierung eindämmen, wenn Politik kein Ort der Freiheit, sondern des Kampfes ist und die Demokratie nicht um ihrer selbst willen geschätzt wird? Mouffes Antworten lesen sich wie eine Art Forderungskatalog: Die Gegner erkennen sich „als derselben politischen Gemeinschaft zugehörig", sie „teilen einen gemeinsamen symbolischen Raum" (Mouffe 2007: 30), ja sie benötigen sogar einen (horribile dictu!) „Konsens über die ethisch-politischen Werte der Freiheit und der Gleichheit aller" (Mouffe 2007: 158). Mouffe scheut sich auch nicht, den Ausschluss all derjenigen Positionen zu fordern, die grundlegende Institutionen der demokratischen Gemeinschaft in Frage stellen (Mouffe 2007: 158). Um sich von der liberalen Inanspruchnahme universell gültiger Prinzipien und Normen abzugrenzen, spezifiziert sie ihre Forderung nach Begrenzung des Konflikts jedoch in zweierlei Hinsicht: Zum einen betont sie, der von ihr anvisierte Konsens sei lediglich ethisch-politischer Art. Er sei nicht vernünftig begründbar, sondern Teil einer bestimmten Lebensform. Übereinstimmung und Solidarität resultierten nicht aus Argumentation, sondern aus der Teilnahme an Praktiken, die einen gemeinsamen Bestand von Werten generierten.[186] Mit Wittgensteins Theorie der Sprachspiele argumentiert sie, Übereinstimmungen seien nicht als „Einverstand", als Produkt der Vernunft möglich, sondern nur als „Einstimmung", d.h. als ein Zusammenführen von Urteilen, die aufgrund einer gemeinsamen Lebensform konvergieren können (Mouffe 2000: 68-70). Zum zweiten ginge es nur um einen „konfliktualen Konsens", der den Dissens über die Interpretation der geteilten Werte einschließe (Mouffe 2007: 158). Auf diese Unterscheidung zwischen einem Konsens in der Anerkennung der Werte und einem Dissens in ihrer Interpretation beruft sie sich immer wieder, ohne auszuführen, wie und durch wen sie vorzunehmen wäre.[187]

Mouffes Ausführungen zur Unverzichtbarkeit eines Minimalkonsenses über demokratische Prinzipien lesen sich wie der Versuch, mit Hilfe von Wittgensteins Theorie der Sprachspiele Kommunitarismus und Poststrukturalismus zusammenzuführen. Tradition will sie dann als „set" von Sprachspielen verstehen, das eine bestimmte Gemeinschaft ausmacht.[188] Trotz der beiden oben genannten Einschränkungen kann ihre Synthese jedoch nicht überzeugen, weil sich Mouffe einerseits auf einen Grundbestand an ethisch-politischen Gemeinsamkeiten beruft, andererseits aber ganz allgemein jede Ordnung, ja jede sprachliche Bedeutung auf Exklusionsakte zurückführt. Gerade unhinterfragte, als natürlich vorausgesetzte bzw. durch Sprachspiele vermittelte Lebensformen bilden aus dieser letztgenannten

186 „Liberal democratic principles can only be defended in a contextualist manner, as being constitutive of our form of life, and we should not try to ground our commitment to them on something supposedly safer" (Mouffe 1996: 5). Entsprechend auch Mouffe 1995: 101.

187 „To be sure, pluralist democracy demands a certain amount of consensus, but such a consensus concerns only some ethico-political principles. Since those ethico-political principles can only exist, however, through many different and conflicting interpretations, such a consensus is bound to be a 'conflictual consensus'" (Mouffe 1999: 756; ähnlich Mouffe 2007: 43).

188 Genauer greift sie dabei auch noch auf Gadamers philosophische Hermeneutik zurück und versteht mit ihm die Sprache als das Leben der Vergangenheit in der Gegenwart. „Seen in this light, tradition becomes the set of language games that make up a given community" (Mouffe 1993: 17).

Perspektive das Ergebnis hegemonialer Verfahrensweisen und deshalb eine denkbar schlechte Quelle der Autorität. Kurz und gut, Mouffe kann nicht beides zugleich haben: Verbundenheit der Individuen mit ihrer politischen Gemeinschaft durch die Bindungskraft demokratischer Traditionen *und* die radikale Dekonstruktion jeder gesellschaftlichen Bedeutung als exkludierendes Machtverhältnis.

Die Unhaltbarkeit ihres Lösungsvorschlages wird noch deutlicher, wenn wir nach seiner Praktikabilität fragen. Wie sollte denn zwischen dem zulässigen Dissens über die Interpretation gemeinsamer Werte und ihrer unzulässigen Infragestellung unterschieden werden? Worin liegen die Gemeinsamkeiten widersprüchlicher ethisch-politischer Traditionen in einer gegebenen Gesellschaft? Und warum sollten die politischen Opponenten die hergebrachten politischen Prinzipien ihres Gemeinwesens akzeptieren, wenn diese die Durchsetzung ihrer Hegemonie behindern? Mouffe kann die Zähmung des Antagonismus und die rechtlichen Schranken politischer Herrschaft nur fordern, begründen kann sie dies nicht. Das kontextuale Sprachverständnis Wittgensteins mag triftige Argumente gegen den Universalismus von Rawls oder Habermas bieten, zur Zähmung von Freund-Feind Unterscheidungen im Sinne Carl Schmitts bzw. zur Relativierung diskursiver Ausgrenzungen taugt es schwerlich. Denkt man an die Bürgerkriege des 20. Jahrhunderts, so hat das Teilen einer Lebensform und das Sprechen einer gemeinsamen Sprache die gewaltsame Eskalation von Konflikten wenig behindert.

Eine naheliegende Lösung dieses Problems könnte Mouffe allerdings bei Carl Schmitt selbst finden. Freund-Feind-Unterscheidungen lassen sich am wirkungsvollsten zähmen, wenn es gelingt, durch eine übergeordnete Freund-Feind-Unterscheidung eine neue, den ursprünglichen Gegensatz relativierende Gemeinsamkeit zu stiften. Die Grundintention Schmitts lag ja darin, durch die existentielle Intensität der zwischenstaatlichen, die Möglichkeit des bewaffneten Kampfes einschließenden Dissoziation nach außen die Gegensätze innerhalb des Staates zu begrenzen und die Assoziation nach innen zu sichern (Schmitt 1963/1932: 43-45). Mouffe kann sich darauf nicht einlassen, weil sie sich damit Schmitts Primat des Staates gegenüber der Gesellschaft und die Unterordnung des politischen Pluralismus unter die zwischenstaatliche Freund-Feind-Unterscheidung einhandeln würde. Mit dem Projekt einer radikalen Demokratie wäre es dann vorbei. Das unlösbare Problem der Inanspruchnahme Schmitts für eine pluralistische Demokratietheorie liegt demnach darin, dass in seiner Freund-Feind-Unterscheidung der staatlich definierten Dissoziation der Primat zukommt, es also keine Assoziation ohne eine übergeordnete Dissoziation geben kann.[189]

Mouffe versucht diese übergeordnete Dissoziation durch eine Art kommunitaristische Anleihe zu ersetzen, die es ihr erlaubt, auf „die ‚ethisch-politischen' Wer-

189 Bei dieser Interpretation beziehe ich mich auf Vollrath 1989a: 153.

te, die das politische Gemeinwesen konstituieren“, zurückzugreifen (Mouffe 2007: 43). Diese Werte bleiben dem politischen Prozess jedoch völlig äußerlich, weil Mouffe das Politische nicht an einen Handlungstyp bindet, sondern die Dimension des Politischen, wie wir oben gesehen haben, poststrukturalistisch auf einen formal bestimmten Antagonismus zurückführt. Im Gegensatz zu republikanischen Theorien hat für Mouffe das politische Handeln keinen Eigenwert. Es steht nicht für einen bestimmten Modus der Beziehung auf andere, sondern ist lediglich Mittel der Durchsetzung eigener Projekte oder der Erhaltung der eigenen gegenüber einer fremden Identität. Deshalb kann politisches Handeln bei Mouffe auch keine inhärenten Qualitäten, wie Freiheit, Gleichheit, Anerkennung besitzen, von denen aus Werte und Normen zu gewinnen wären, die als konstitutiver Konsens den Antagonismus zähmen und zu einer in demokratischen Verfahren ausgetragenen Auseinandersetzung um rechtlich begrenzte Machtpositionen transformieren könnten. Versteht man politisches Handeln mit Arendt modal, als ein Handeln unter Verschiedenen und Gleichen auf Grundlage der Urteilskraft, dann lassen sich, wie Christian Volk jüngst zeigte (Volk 2009), von den Prinzipien eines solchen Handelns aus Rechtsstaatlichkeit, politische Institutionen und ihre Verfahrensregeln begründen. Das poststrukturalistische Hegemoniekonzept mit seiner binären, sprachanalytisch begründeten Mechanik von Inklusion und Exklusion[190] kann dagegen die auch von Mouffe für erforderlich gehaltene Identifikation der Bürger mit den grundlegenden Institutionen der Demokratie nur postulieren. Es dekonstruiert zwar Handlungssubjekt und instrumentelle Rationalität im herkömmlichen Sinn und ist von daher nicht mit dem herrschaftskategorialen Politikbegriff Max Webers gleichzusetzen. Genau wie dieser ignoriert es jedoch die bereits für Aristoteles konstitutive Unterscheidung zwischen dem Despotischen und dem Politischen.[191] In der Fassung von Chantal Mouffe muss das Hegemoniekonzept deshalb das assoziative Moment[192] des Politischen verfehlen. Politik als ein Miteinanderhandeln von Gleichen vermag es nicht zu denken.

190 Für eine Kritik am sprachanalytischen Formalismus poststrukturalistischer Ansätze vlg. Benhabib 1993.

191 Vgl. dazu Kapitel II.

192 Ohne ihre stark am kommunikativen Vernunftbegriff von Habermas orientierte Arendtinterpretation insgesamt übernehmen zu wollen, halte ich Benhabibs Unterscheidung zwischen einem agonistischen und einem assoziativen Moment in Arendts Modell der Öffentlichkeit für erhellend (Benhabib 1991: 151). Das assoziative Moment des „im Einverständnis miteinander handeln“, dessen vollständiges Fehlen das Politische zum Gewaltverhältnis werden lässt, kann von poststrukturalistischen Theorien nicht erfasst werden.

Wie oben schon angekündigt, soll das agonistische Hegemoniekonzept Mouffes mit diesem Befund aber nicht ad acta gelegt, sondern vielmehr gefragt werden, ob sich seine Schwächen überwinden lassen, wenn wir es aus seinem poststrukturalistischen Begründungszusammenhang lösen und an einen normativen Begriff des politischen Handelns anschließen. Das scheint zunächst unsinnig, basieren poststrukturalistische Theorien doch gerade auf der Ersetzung von handelnden Subjekten durch diskursive Strukturen. Laclau und Mouffe sind in dieser Hinsicht allerdings nicht eindeutig. Wie wir bereits gesehen haben, spricht Mouffe von Wahl, Entscheidung und Opponenten, bei Laclau ist gar die Rede von konfligierenden Willen und Strategien (Laclau 1996: 66). Beide benutzen also Begriffe, die ohne das Mitdenken von Subjekten gar keinen Sinn ergeben. Tatsächlich versucht Laclau auch verschiedentlich einen eigenen, innerhalb seines poststrukturalistischen Ansatzes bleibenden Subjektbegriff zu entwickeln.[193] Mouffe wie Laclau wollen jedoch gesellschaftliche Akteure nicht als einheitliche Subjekte, sondern als „Artikulation eines Ensembles von Subjektpositionen" denken, „constructed within specific discourses and always precariously and temporarily sutured at the intersection of those subject positions" (Mouffe 1993: 71). Damit soll der traditionelle philosophische Subjektbegriff vermieden werden. Was darüber hinaus ein „prekäres und zeitweises Zusammennähen an der Kreuzung von Subjektpositionen" genau bedeuten soll, bleibt allerdings dunkel.[194] Mouffe bietet jedoch einen offensichtlichen Ansatzpunkt dafür, eine Handlungsperspektive ins Spiel zu bringen, wenn sie die konstitutionelle Bedeutung des Antagonismus für das Politische aus einer Entscheidungssituation, nämlich aus der für moderne Gesellschaften unausweichlichen Wahl zwischen konfligierenden Alternativen einführt (Mouffe 2007: 17). Wenn wir hier ansetzen, können wir die Charakterisierung moderner Gesellschaften durch Kontingenz, die Mouffe mit Lefort und Greven, aber auch mit Weber, Arendt und vielen anderen teilt, akzeptieren, ohne ihren nächsten Schritt, die Schlussfolgerung auf die Unvermeidlichkeit von Antagonismen, mitgehen zu müssen. Dass sich moderne Gesellschaften nicht mehr an unumstrittenen, absolut gültigen Maßstäben ausrichten können und deshalb wählen müssen, bedeutet nicht notwendigerweise, dass die konfligierenden Alternativen zur Grundlage von

193 Stäheli unterscheidet bei Laclau zwei verschiedene Versuche, die Subjekte hegemonialer Prozesse zu bestimmen. 1991 fasse Laclau, an Foucault orientiert, Subjekte lediglich als Momente diskursiver Strukturen. Einige Jahre später entwickle er seinen Subjektbegriff aus der Unentscheidbarkeit von Strukturen. Der Moment des Subjektes bestehe dann in jenem Moment der Unentscheidbarkeit, in dem eine Identifikation noch nicht stattgefunden habe (Stäheli 2006: 269).

194 In ihren neueren demokratietheoretischen Schriften geht Mouffe auf die grundsätzlichen Probleme der Bestimmung eines poststrukturalistischen Subjektbegriffes nicht weiter ein. Aus diesem Grund kann auch hier auf eine genauere Diskussion verzichtet werden.

Freund-Feind-Unterscheidungen werden. Das gilt selbst dann noch nicht, wenn wir die eigentliche Pointe poststrukturalistischer Ansätze übernehmen und zugestehen, dass jede Wahl, jede Ordnung und jede Bedeutung zugleich den Ausschluss anderer Möglichkeiten, Ordnungen und Bedeutungen impliziert. Mouffe kommt von dieser Kehrseite der Kontingenz nur deshalb plausibel zum Antagonismus, weil sie auf dem Weg dorthin einen formal bestimmten relationalen Identitätsbegriff einführt und ihn mit ihrem Gewährsmann Carl Schmitt politisch konkretisiert. So wird dann aus der Konfliktmöglichkeit, die mit jeder Handlungsalternative logischerweise gegeben ist, eine existentielle Frage von Sein oder Nicht-Sein, eine Konfrontation zwischen Opponenten im politischen Raum, deren Identität jeweils nur durch Ausgrenzung bzw. Dissoziation zu sichern ist. Der Rekurs auf Carl Schmitt, der in den neueren politischen Schriften von Mouffe eine so zentrale Rolle spielt, dient also letztlich dazu, die rein formal bestimmte, binäre Logik von Inklusion und Exklusion aus der Analyse von Diskursen und Zeichensystemen auf die Konstitution und das Handeln von Individuen und Gruppen zu übertragen. Identitätsstiftung und Identitätssicherung gewinnen damit Vorrang gegenüber den Handlungsmöglichkeiten, von denen Mouffe selbst ausgeht. Die alles in allem ebenso komplizierten wie banalen sprachanalytischen Erkenntnisse, wonach Bedeutung relational ist und Identität auf Ausschluss beruht, werden damit in einer Weise auf den Bereich des Politischen bezogen, als wäre der wechselseitige Ausschluss sprachlicher Zeichen dasselbe wie etwa der Konflikt zwischen Befürwortern und Gegnern des Sozialstaates.[195]

Mouffe will mit ihrem von Gramsci übernommenen Hegemoniekonzept ein Politikverständnis überwinden, das Politik auf zugrundeliegende materielle Interessenkonflikte reduziert und damit die von Foucault analysierte Dimension der Machtausübung durch Diskurse verfehlt (Mouffe 1979: 201). Dazu bedarf es aber nicht der Übernahme einer ihrerseits reduktionistischen Rückführung politischer Konflikte auf die zeichentheoretisch begründete Mechanik von Inklusion und Exklusion. Fasst man Mouffes Ausgangspunkt, die Wahl zwischen konfligierenden Alternativen, als Auseinandersetzung um Handlungsoptionen, so ergibt sich ein anderes Bild. Zwar bleibt der Konflikt ein konstitutives Merkmal des Politischen. Denn auch aus einer Handlungsperspektive ist anzuerkennen, dass unter Kontingenzbedingungen Konflikte prinzipiell unaufhebbar sind und hinter die manifesten Handlungsziele zurückreichend sich auf symbolische Ordnungen und sprachliche Bedeutungen erstrecken können. Die Analyse von Diskursen und Deutungsmustern wird durch eine handlungstheoretische Perspektive keineswegs ausgeschlos-

195 Alex Demirovic, der sich ausführlich mit der semiologischen Begründung der Theorie Laclaus beschäftigt, kommt zum Schluss, Laclau und Mouffe würden Diskurse als Systeme von Relationen zwischen Zeichen ohne weitere Begründung mit Gesellschaft gleichsetzen. Gesellschaft könne so nicht mehr als Ergebnis einer historisch kontingenten diskursiven Praxis verstanden werden (Demirovic 2007: 64f.).

sen. Im Gegenteil, Handlungen sind überhaupt nur verstehbar durch die Selbst- und Weltdeutungen der Akteure. Anders als im poststrukturalistischen Konstruktivismus sind die Akteure aber nicht nur durch den wechselseitigen Ausschluss ihrer relationalen Identitätsbildung aufeinander bezogen, sondern durch ihren zwar konfligierenden, aber gemeinsamen Weltbezug, d.h. dadurch, dass es a) etwas gibt, was für sie aus unterschiedlicher Perspektive wahrnehmbar, diskutierbar und veränderbar ist und b) durch die sie verbindenden, in Verfassung und politischer Ordnung institutionalisierten Prinzipien des Handelns selbst. Handeln im politischen Raum ist zwar, zumindest potentiell, immer auch ein Gegenhandeln. Im Vergleich zum antagonistischen Politikbegriff von Schmitt und Mouffe stellt die Handlungsperspektive das Verhältnis von Dissoziation und Assoziation jedoch vom Kopf zurück auf die Füße und bietet Ansatzpunkte für eine immanente Begrenzung und rechtliche Hegung politischer Konflikte.

Um dies weiter zu veranschaulichen: Chantal Mouffe hat gegenüber dem zivilgesellschaftlichen Republikanismus erkannt, dass ein symbolisch leerer Ort der Macht (Rödel/Frankenberg/Dubiel 1989) allein nicht ausreicht, um deren Antagonismus in ein Verhältnis der wechselseitigen Anerkennung und des demokratischen Pluralismus zu verwandeln. Deshalb fordert sie ein Bekenntnis zu gemeinsamen Werten, ohne diese noch, wie oben kritisiert, klar von identitären Symbolisierungen und der Unterordnung unter substantielle Einheiten (wie „das Volk", „die Nation" etc.) abgrenzen zu können. Versteht man das agonale Element des Politischen jedoch nicht als Folge der identitätssichernden Mechanik von Exklusion und Inklusion, sondern als Auseinandersetzung um Handlungsoptionen, so verweist der Konflikt selbst in mehrfacher Hinsicht auf assoziative Elemente, die eine Repräsentation politischer Einheit ermöglichen.

Politisch Handelnde teilen zunächst einmal eine Handlungssituation und allgemeiner, in der Begrifflichkeit Hannah Arendts, ein Beziehungsgeflecht, aus dem heraus und auf das hin sie überhaupt erst handeln können. Ohne ein „Zwischen", ohne eine sie verbindende „Welt", können sie keinen Gegensatz und keinen Streit um mögliche Alternativen entwickeln.[196] Handlungskonflikte setzen also bereits Gemeinsamkeiten voraus und sind nicht erst im Nachhinein durch diese zu bändigen.

Nicht weniger wichtig scheint mir weiterhin, dass die konfligierenden Alternativen Mouffes auf Handlungsziele verweisen. Man handelt, um etwas zu erreichen. Im politischen Konflikt geht die Abgrenzung gegenüber den Kontrahenten deshalb mit dem Bemühen einher, Unterstützung für die eigenen Ziele zu gewinnen. Jenseits nackter Gewalt wirbt Politik immer auch um Kooperationsbereitschaft. Dazu müssen die Perspektiven der in Frage kommenden Partner eingenommen, mögliche

196 Zum Weltbegriff Hannah Arendts vgl. auch Thaa 1997 und Kap. II in diesem Band.

Gemeinsamkeiten bestimmt und rhetorisch entsprechend hervorgehoben werden. Der Handlungsaspekt führt also dazu, dass politische Identitäten niemals völlig geschlossen und zumindest partiell füreinander offen gehalten werden. Auch wenn bei der Herausbildung von Handlungsperspektiven die Abgrenzung zu einer gegnerischen Gruppierung eine bedeutende Rolle spielt, so ist der Gegensatz zu ihr durch die Handlungsperspektive vermittelt und nicht im selben Sinn existentiell konstitutiv wie für die identitätslogischen Äquivalenzketten Mouffes, die erst durch den bei allen Differenzen gemeinsamen Gegensatz zu einem radikal Anderen, sie gleichermaßen negierenden Dritten entstehen.

Eine weitere Besonderheit des politischen Konfliktes liegt darin, dass den Konfliktparteien bewusst ist, im Fall der Niederlage die Entscheidungen der siegreichen Partei mittragen zu müssen. In Hinblick auf die Zukunft unterstellen die politischen Kontrahenten dabei in der Regel die Weiterexistenz eines gemeinsamen politischen Raumes und gemeinsamer handlungsfähiger Institutionen sowie den zukünftigen Schutz ihrer Beteiligungsrechte. Warum sie dies tun sollten muss schleierhaft bleiben, wenn das Politische lediglich als Herrschaftsverhältnis oder als nur äußerlich gezähmte, antagonistische Wir-Sie-Unterscheidung gedacht wird, ohne dem gemeinsamen Handeln der Kontrahenten und dessen Prinzipien einen eigenen Stellenwert beizumessen. Wer den geteilten politischen Raum und die gemeinsamen Institutionen nur als hegemoniale Ordnung in den Blick nimmt, muss auch die Pointe des Arendtschen Machtbegriffs verfehlen, die darin liegt zu erklären, weshalb politische Kontrahenten überhaupt gemeinsam Macht entfalten können. Nur weil die konfligierenden Gruppen über Prinzipien und Verfahrensnormen (die Arendt auf den Modus des Handelns zurückführt) miteinander verbunden sind, kann die siegreiche Partei am Ende nicht nur sich selbst, sondern zugleich auch das Ganze repräsentieren, ohne die Gegenpartei zu vernichten. Das wird in der Rolle des Präsidenten im amerikanischen politischen System besonders deutlich. Er steht nach der Wahl nicht mehr nur für sein Programm, sondern zugleich für die Handlungsfähigkeit der politischen Gemeinschaft insgesamt. Das Ritual der Amtsübergabe veranschaulicht dabei eindrucksvoll die assoziative Wirkung, die, ungeachtet aller politischen Polarisierung, von einem durch die Mehrheitsentscheidung legitimierten Neuanfang ausgeht.

Anders als in der relationalen Identitätslogik bei Mouffe und Schmitt kommt Konflikten aus einer Handlungsperspektive demnach in dreierlei Hinsicht eine integrierende Wirkung zu: erstens durch Voraussetzungen in der Handlungssituation und dem Beziehungsgeflecht zwischen den Akteuren, zweitens in dem aus der Kontingenz der Handlungsziele folgenden sprachlich-rhetorischen Werben um Unterstützung für ein gemeinsames Vorhaben sowie drittens der Orientierung der Kontrahenten auf die Sicherung politischer Handlungsfähigkeit durch gemeinsame Prinzipien, Institutionen und rechtlich geregelte Verfahren. Die Handlungsperspektive bringt dabei die agonale Dimension des Politischen keineswegs zum Verschwinden, ist jedoch geeignet, zu ihrer Mäßigung[197] beizutragen. Das dissoziative Moment des Konflikts, die Wir-Sie Unterscheidung, die Mouffe wie Schmitt ihrem Begriff des Politischen zugrundelegen, erfährt eine Relativierung, es bleibt eingerahmt von assoziativen und kooperativen Effekten. Wenn man so will, führt das Einnehmen einer Handlungsperspektive zum Primat der Assoziation gegenüber der Dissoziation. Erst aus einer Perspektive praktischen Handelns kann der instrumentelle, herrschaftszentrierte Politikbegriff durch einen „bürgerschaftszentrierten Politikbegriff“ (Gebhardt 1998) ersetzt werden. So gesehen müssen die Selbstbeschränkung und „Hegung“ politischer Konflikte auch nicht wie ein Deus ex Machina auf die Bühne gehievt werden, um Schlimmeres zu verhindern, sondern sie sind potentiell in der Logik optionalen Handelns angelegt.[198]

Das Grundproblem jeder demokratischen Ordnung besteht dann darin, die politische Assoziation symbolisch zu repräsentieren, ohne substantielle Festschreibungen vorzunehmen, die den politischen Raum schließen würden. Die Institutionen einer pluralistischen Demokratie müssen der widersprüchlichen Anforderung gerecht werden, einerseits einen leeren Ort der Macht zu bieten (Rödel/Frankenberg/Dubiel 1989), andererseits aber auch zugleich eine Ordnung zu repräsentieren, welche die Rechte der Akteure schützt, den Konflikt reguliert und die Handlungsfähigkeit des Gemeinwesens sichert.[199]

Ein Ansatz zur Lösung dieses Problems liegt im Selbstzweckcharakter politischen Handelns und der daraus folgenden Bestimmung des Politischen als Ort der Freiheit. Dies lehnt Mouffe jedoch, wie oben erwähnt, dezidiert ab (Mouffe 2007: 16). Bei dieser Differenz gegenüber einem an Hannah Arendt orientierten Handlungsbegriff geht es nicht um beliebige normative Vorentscheidungen. Vielmehr lässt sich der machttheoretische Politikbegriff Mouffes von ihrem eigenen Aus-

197 Markus Linden schreibt in seiner Studie zur politischen Integration diese Funktion der Mäßigung allgemein der Repräsentation zu. Dabei argumentiert er mit Madison und dessen Lob für die vermittelnde, die Leidenschaften der Parteiungen hemmenden Rolle der Repräsentanten und insbesondere ihre wechselseitige Kontrolle (Linden 2006: 233f.). Das scheint mir nicht für jede Form der Repräsentation zuzutreffen, die, wie etwa das Beispiel der Weimarer Republik zeigt, ohne affirmativen Bezug auf einen gemeinsamen politischen Raum und gemeinsame handlungsfähige Institutionen auch radikalisierend wirken kann.

198 Chantal Mouffe geht auf die während der neunziger Jahre geführte Diskussion zwischen Helmut Dubiel und Albert Hirschman um die Funktion von Konflikten für die politische Integration moderner Gesellschaften leider nicht ein. Die Auseinandersetzung krankte m.E. jedoch daran, dass sie zwar erhellende analytische Unterscheidungen zwischen teilbaren und unteilbaren bzw. strategischen und identitären Konflikten diskutierte, sie aber nicht in den Kontext von Handlungssituationen und Handlungszusammenhängen stellte (Dubiel 1992 und 1997 sowie Hirschman 1994).

199 In diesem Sinn, nicht in dem einer starken kollektiven Identität, ist Gerhard Göhler in seinem Insistieren auf der Unverzichtbarkeit einer symbolischen Repräsentation von Gemeinsamkeiten gegenüber den Theoretikern einer Integration durch Konflikt recht zu geben (Göhler 1992).

gangspunkt aus kritisieren, der kontingenten Wahl zwischen konfligierenden Alternativen. Opponenten, die sich entlang widerstreitender Handlungsoptionen herausbilden, teilen notwendigerweise ein „Können-Bewußtsein", das Christian Meier bereits in den Anfängen des Politischen bei den Griechen beschreibt (Meier 1993: 476). Sie verstehen ihre Welt als veränderbar nach menschlichen Entwürfen und durch menschliches Tun. Von da aus ist es nur ein kleiner, und wenn nicht zwingender, dann doch naheliegender Schritt, der Politik als der Tätigkeit, in der über Ziele diskutiert und entschieden wird, im Sinne des aristotelischen Praxisbegriffes einen intrinsischen Wert[200] zuzusprechen, der ein schwaches Ethos[201] zur Selbstbeschränkung des politischen Konflikts begründbar macht. Nur wenn die politische Demokratie um ihrer selbst willen geschätzt wird, kann ihrer immer nahe liegenden Instrumentalisierung durch höhere Ziele und hegemoniale Projekte etwas entgegengesetzt werden. Der öffentliche Raum, die Rechte der Bürger und ihre gemeinsamen politischen Institutionen sind dann schützenswerte Voraussetzungen der eigenen Handlungsfähigkeit, das Politische ein erhaltenswerter Bereich des Handeln-Könnens und in diesem Sinn eben doch ein Ort der Freiheit.

200 Dazu ausführlicher Kap IV.

201 Ähnlich begründet Agnes Heller ein schwaches Ethos aus einem mit der Verwirklichung von Freiheit gleichgesetzten Begriff des Politischen. Ein solches Ethos kann ihr zufolge im Gegensatz zur Hegelschen Sittlichkeit keine positiven Handlungsziele vorgeben. Es kann jedoch bestimmte Ziele ausschließen und das Handeln durch freiheitssichernde Tabus wie Rassismus, willkürlicher Ausschluss von der Öffentlichkeit, ungerechte Kriege u.ä. begrenzen (Heller 1991: 343).

VII Repräsentation und politisches Handeln. Eine Revision der Arendtschen Kritik repräsentativer Demokratie

1 Einleitung

Es scheint schlicht weltfremd, die Wirklichkeit westlicher Demokratien von einem normativen Begriff des politischen Handelns aus betrachten zu wollen. Dies gilt zum einen, weil der Zustand der parlamentarischen Demokratie, die Entwicklung der Parteien und die Einstellung der Bürger zur Politik selten so offensichtliche und dramatische Krisensymptome zeigten wie gerade während des letzten Jahrzehnts. Sinkende Wahlbeteiligungen und der anhaltende Schwund des Vertrauens der Bürger in Politiker, Parteien und Parlamente lassen sich in nahezu allen westlichen Demokratien beobachten.[202] Die politische Theorie stellt diese Krisenphänomene in den Kontext eines Formwandels der Demokratie, den sie durch einen Bedeutungsverlust der Parlamente, die Vermarktlichung öffentlicher Aufgaben, die Entfernung der Parteien von ihren traditionellen sozio-kulturellen Milieus sowie die Ersetzung programmatischer Konflikte durch die Logik eines medienvermittelten Wettbewerbs um Stimmungen und Stimmen charakterisiert sieht. Das begrifflich verdichtete Ergebnis dieser Entwicklungen - ob Zuschauerdemokratie (Manin 1997), Mediokratie (Meyer 2001) oder gar Postdemokratie (Crouch 2004) - bietet jedenfalls wenig Perspektiven für praktisches politisches Handeln der Bürger im oben entwickelten Sinn.

Zum anderen scheint ein normativer Begriff des politischen Handelns die repräsentative Demokratie jedoch, von ihrem aktuellen Formwandel ganz abgesehen, grundsätzlich zu verfehlen. Seit ihren Anfängen im 18. Jahrhundert sehen radikaldemokratische Kritiker im Repräsentationsprinzip ein probates Mittel, um die Selbstbestimmungs- und Handlungsmöglichkeiten der Bürger einzuschränken und der Herrschaft neuer Oligarchien den Weg zu ebnen.[203] In dieser Tradition orientierten sich partizipatorische Demokratietheorien auch während der letzten Jahrzehnte vorrangig auf die Möglichkeiten, repräsentative Politikformen durch Ele-

202 Einen Überblick zur internationalen Entwicklung bietet Dalton 2004. Als gewichtige Ausnahme vom anhaltenden Trend darf die vergleichsweise hohe Wahlbeteiligung bei der amerikanischen Präsidentschaftswahl 2008 gelten.

203 Hanna Pitkin, die Verfasserin des Standardwerks zur modernen politischen Repräsentation (Pitkin 1967) erinnerte jüngst an den alten Gegensatz zwischen Repräsentation und Demokratie und stellte dabei fest, Rousseau habe Recht behalten: Die Repräsentation habe die Demokratie ersetzt, statt ihr zu dienen, die Repräsentanten handelten nicht als Vertreter des Volkes, sondern einfach an seiner statt (Pitkin 2004: 339).

mente direkter Demokratie und durch informelle Mitwirkungsmöglichkeiten der Zivilgesellschaft zurückzudrängen oder zumindest zu ergänzen.

Demgegenüber möchte ich im Folgenden der Frage nachgehen, ob der unterstellte Gegensatz zwischen repräsentativer Demokratie und politischem Handeln der Bürger überhaupt aufrechterhalten werden kann. Dazu werde ich zunächst zwei Typen der Repräsentationskritik unterscheiden. Die erste, auf Rousseau zurückgehende, autonomiezentrierte Kritik politischer Repräsentation soll hier nur kurz skizziert werden. In unserem Zusammenhang bedeutender ist die handlungszentrierte Repräsentationskritik, wie sie von Hannah Arendt, aber auch von zeitgenössischen, pragmatisch geprägten Partizipationstheorien vertreten wird (2). Demgegenüber werde ich aus einer Kritik Arendts und der neueren, differenztheoretisch geprägten Diskussion genauer zu bestimmen versuchen, in welcher Hinsicht Repräsentationsbeziehungen politisches Handeln ermöglichen (3). Im Anschluss daran werde ich zwei grundsätzliche Einwände gegen die politische Repräsentation diskutieren: Der erste kritisiert Repräsentationsbeziehungen darin, die positive Freiheit zum Handeln allein den Repräsentanten vorzubehalten, die repräsentierten Bürger dagegen zu entpolitisieren und auf die Verfolgung privater Interessen zu reduzieren. Der zweite, eng damit verbundene Einwand hebt darauf ab, dass die Interessenorientierung des Verhältnisses der Repräsentierten zu ihren Repräsentanten die Politik der Gesellschaft funktional unterordne und damit ihren Praxischarakter zerstöre. Ich werde zu zeigen versuchen, dass beide Kritiken nur bedingt zutreffen und eine Theorie radikaler Demokratie gut beraten ist, das Feld politischen Handelns nicht nur in informellen Prozessen der gesellschaftlichen Meinungsbildung oder direkt-demokratischen Elementen zu suchen. Allerdings bleiben die Möglichkeiten optionalen Handelns der Bürger in der repräsentativen Demokratie von einer Reihe von Voraussetzungen abhängig, die es zumindest zu benennen und vorläufig einzuschätzen gilt (4). Schließlich werde ich zum Ausgangpunkt des Buches, dem vielstimmig prophezeiten Ende der Demokratie, zurückkommen und kurz begründen, weshalb ich in einer handlungsorientierten Interpretation politischer Repräsentation einen Ansatz zur Erneuerung der Demokratie sehe (5).

Allgemeine Definitionen bestimmen Repräsentation üblicherweise als Vergegenwärtigung eines Abwesenden.[204] Hannah Pitkin sieht dies in ihrer grundlegenden Arbeit für die politische Repräsentation genauso: „Representation ... means the making present in some sense of something which is nevertheless not present literally or in fact“ (Pitkin 1967: 9). Diese Definitionen passen zum gängigen politischen Verständnis der Repräsentation als Stellvertretung: Eine Person oder eine Institution vertritt Individuen oder Gruppen, sei es durch bloße Anwesenheit oder - der für uns interessantere Fall - indem sie an deren Stelle tätig wird. In diesem Verhältnis der Substitution sieht die radikaldemokratische Kritik das Grundübel jeder Repräsentation. Denn bei aller Umstrittenheit des Demokratiebegriffes lässt sich aus seinem normativen Bedeutungskern Volksherrschaft im Sinne einer Herrschaft durch das Volk selbst nicht völlig herauslösen. Wie es Abraham Lincoln in der berühmten Formel seiner Gettysburger Rede auf den Begriff bringt, ist Demokratie die „Regierung des Volkes, durch das Volk und für das Volk“ (Lincoln 1863: 18) und damit eben nicht einfach eine Veranstaltung im Interesse der Bürger. Im Repräsentationsverhältnis scheinen nun jedoch die Repräsentierten die Möglichkeit der Selbstregierung an die Repräsentanten abzugeben und damit ihre politische Freiheit zu verlieren. So heißt es bei Rousseau im „Contrat Social“:

> „Das englische Volk glaubt frei zu sein. Es täuscht sich sehr. Es ist nur während der Wahl der Parlamentsmitglieder frei. Sobald sie gewählt sind, ist es Sklave, es ist nichts“ (Rousseau 1977: III., 15.: 158).

Auf den ersten Blick ganz ähnlich formuliert Hannah Arendt in ihrem Revolutionsbuch über die neu gegründete amerikanische Republik:

> „Nicht das Volk, sondern nur seine gewählten Repräsentanten hatten Gelegenheit, sich wirklich politisch zu betätigen, was heißt, dass nur sie in einem positiven Sinn frei waren“ (Arendt 1974: 302).

2.1 Freiheit als Willensautonomie

Beiden Autoren zufolge bezahlt das Volk die repräsentative Demokratie mit nichts geringerem als seiner Freiheit. So liegt es nahe, Rousseau wie Arendt als Kronzeugen für eine republikanische und partizipatorische Kritik der repräsentativen Demokratie ins Feld zu führen. Dabei geht jedoch völlig verloren, dass sie keines-

204 „Repräsentation meint im weitesten Sinn: etwas Unsichtbares sichtbar, etwas Abwesendes anwesend zu machen“ (Göhler 1992a: 109); „ ... what is involved in a process of representation? Essentially the *fictio iuris* that somebody is present in a place from which he or she is materially absent“ (Laclau 1996a: 97).

wegs denselben Freiheitsbegriff teilen.[205] Für Rousseau ist Freiheit ein selbstreflexives Willensverhältnis. Frei kann nur derjenige sein, der seinem eigenen und nicht einem fremden Willen folgt. Deshalb beansprucht Rousseau mit seinem Gesellschaftsvertrag, eine Gesellschaftsform zu finden, „in der jeder einzelne, mit allen verbündet, nur sich selbst gehorcht und so frei bleibt wie zuvor" (Rousseau 1977: 73). Zu erreichen glaubt er dies durch Gesetze, in denen der „beständige Wille aller Mitglieder des Staates zum Ausdruck kommt" (Rousseau 1977: 171). Nun wusste selbstverständlich auch Rousseau, dass sich Einzelwille und Gemeinwille widersprechen können. Da der Wille als Ziel ein Interesse hat und da Einzelinteresse und Allgemeininteresse allenfalls zufällig übereinstimmen, ist mit dieser Möglichkeit sogar ständig zu rechnen (Rousseau 1977: 84f.). Er meint jedoch, diesen Widerspruch durch die für den tugendhaften Bürger in der Regel leicht mögliche Erkenntnis des Gemeinwohls lösen zu können. Es ist letztlich ein Kognitionsakt, durch den die Einheit von individuellem und allgemeinem Willen erreicht wird: Der Bürger erkennt das allgemeine Interesse und entscheidet sich dann, ungeachtet seines Privatinteresses, für den darauf gerichteten Gemeinwillen.[206] Wird er überstimmt, so impliziert dies keineswegs, dass er sich nun einem fremden Willen, dem der Mehrheit, unterordnen müsste. Es heißt vielmehr nur, dass es nicht der Allgemeinwille war, den der Bürger dafür gehalten hat (Rousseau 1977: 172). Gehorcht der Bürger Gesetzen, die er vernünftigerweise für den Ausdruck des Allgemeinwillens halten kann, gehorcht er nur sich selbst und bleibt so frei wie zuvor.[207] Deshalb kann Rousseau sagen: „Gehorsam gegenüber dem Gesetz, das man sich selber gegeben hat, ist Freiheit" (Rousseau 1977: 79). Entscheidend ist dabei, dass der Einzelne nur durch die Erkenntnis des Allgemeinwillens in einer Person zugleich Bürger (citoyen) und Untertan (sujet) sein kann. Erst diese vernunftvermittelte Willenseinheit im Individuum ermöglicht dann auch diejenige von Souverän und Bürger.

Das Problem der politischen Repräsentation liegt vor diesem Hintergrund darin, dass sie die erstrebte Willenseinheit in zweierlei Hinsicht verhindert: Der Einzelne, der nicht mehr an der Erkenntnis des Allgemeinwillens teilnimmt, ist nur noch

205 Ausführlicher dazu Thaa 2008.

206 „Das allgemeine Wohl tritt überall deutlich hervor, und man braucht nur gesunde Vernunft, um es wahrzunehmen" (Rousseau 1977: 167). Damit allerdings ist die eigentliche Schwierigkeit noch nicht gelöst. Denn um dem Gemeinwillen zu folgen, muss man ihn nicht nur kennen, man muss ihn „vor allem vom Partikularwillen unterscheiden, indem man mit sich selbst beginnt" (Rousseau 1977a: 18).

207 Karlfriedrich Herb spricht deshalb von der Gesetzgebung bei Rousseau als einem „epistemologischen Akt" (Herb 2000: 175). Im Grunde ist dies auch die Lösung in der diskurstheoretisch begründeten deliberativen Demokratietheorie von Jürgen Habermas. Habermas will die gleichzeitige Verwirklichung von privater und staatsbürgerlicher Autonomie durch Verfahren einer diskursiven Meinungs- und Willensbildung sichern, „deren Ergebnisse die Vermutung der Vernünftigkeit für sich haben" (Habermas 1992: 365). Ausführlicher zur Kritik der Habermasschen Kognitivierung des politischen Handelns vgl. Kapitel V.

Untertan, und der Souverän, der Gesetze ohne Zustimmung seiner Bürger erlässt, nichts als ein Fremdherrscher. Nach Rousseau lässt sich zwar Macht übertragen, niemals aber der Wille. Die Wahl von Repräsentanten, die nicht nur Beauftragte, sondern Stellvertreter sind, zerstört deshalb die politische Autonomie des Volkes und unterwirft es durch die von seinen Repräsentanten beschlossenen Gesetze einem fremden Willen.[208]

Um politische Freiheit im Sinne einer Praxis geht es Rousseau bei alledem nicht. Wie Karlfriedrich Herb (Herb 2000) und Nadia Urbinati (Urbinati 2000) eindrucksvoll zeigen, will Rousseau öffentliche politische Auseinandersetzungen unter den Bürgern gerade vermeiden. Sein Ideal ist nicht die von kontroverser öffentlicher Rede geprägte Agora Athens, sondern die Republik Sparta, in der die Versammlungen durch bloßen Zuruf über Anträge entschieden (Urbinati 2000: 765). Die Bürger sollen bei Rousseau nur über die Vorlagen der Regierung abstimmen, nachdem jeder individuell, gewissermaßen nach bestem Wissen und Gewissen, versucht hat, das Allgemeinwohl zu erkennen. Kontroverse Debatten, rhetorische Mittel der Werbung um Zustimmung, besonders aber die Bildung von Sondergesellschaften und Parteien behindern diesen Prozess. Zugleich beeinträchtigen sie die individuelle Autonomie des Bürgers und untergraben somit die Grundlage der Freiheit (Urbinati 2000: 764).

Übernimmt man den in der westlichen Tradition gut verankerten Freiheitsbegriff Rousseaus, der Freiheit als Autonomie des Willens bestimmt,[209] bleiben drei Möglichkeiten, die politische Repräsentation so umzuinterpretieren, dass sie nicht als neues Herrschaftsverhältnis gelten muss. Erstens lässt sich die Repräsentationsbeziehung so deuten, dass sie sich einem Delegationsverhältnis annähert, in dem die Repräsentanten weniger Stellvertreter als Beauftrage sind, die an den Wählerwillen rückgebunden bleiben. Die zweite Möglichkeit besteht in der Transformation des individuellen Erkenntnisvorgangs des Bürgers in einen intersubjektiven Prozess. Anders als bei Rousseau gefährdet dann das Anträge stellen, Diskutieren und Argumentieren nicht das Allgemeinwohl, sondern wird zum Medium seiner Erkenntnis. Das ist die Lösung der deliberativen Demokratie in der Version von Jürgen Habermas. Drittens kann mit Fraenkel die Erkennbarkeit des Allgemeinwohls aufgegeben und - in Analogie zur unsichtbaren Hand von Adam Smith - zu dem von keinem einzelnen Akteur beabsichtigten Ergebnis eines Konkurrenzprozesses er-

208 Benjamin Barber übernimmt in seiner Repräsentationskritik die Kategorie des Willens. Mit direktem Bezug auf Rousseau formuliert er: „Representation is incompatible with freedom because it delegates and thus alienates political will at the cost of genuine self-government and autonomy" (Barber 1984: 145). Den Widerspruch zwischen seinem auf Gespräch und Handeln rekurrierenden Demokratieverständnis einerseits, und Rousseaus einheitlichem, aus einem Kognitionsakt hervorgehenden volonté générale andererseits, scheint er nicht wahrzunehmen.

209 Zur Kritik daran vgl. Arendt 1994a: 210-223.

klärt werden (Fraenkel 1991a). Es zeigt sich dann lediglich a posteriori, als Resultante der konkurrierenden Einzelhandlungen. In allen drei Fällen, auch in dem Fraenkels, wird jedoch, so vermittelt auch immer, an einem autonomiezentrierten Freiheitsbegriff festgehalten. Freiheit bedeutet negativ das Fehlen der Unterwerfung unter einen fremden Willen, positiv also, nur dem eigenen (vernünftigen) Willen zu folgen. Der politische Prozess bleibt darauf bezogen ergebnisorientiert, ist keine Praxis im eigentlichen Sinn.

2.2 Freiheit als Handlungsmöglichkeit

Während Rousseau in seiner Repräsentationskritik die Willensautonomie der Individuen verteidigt, geht es Arendt um deren Gelegenheit zur politischen Betätigung, die Rousseau gerade so fürchtet. Das Grundproblem Rousseaus (wie auch Habermas'), nämlich wie private und politische Autonomie zusammengebracht werden können, interessiert sie nicht, weil sie im Autonomiebegriff eine tödliche Gefahr für das Politische sieht.[210] Der autonomiezentrierte Freiheitsbegriff der westlichen Tradition, gegen den sie immer wieder polemisiert,[211] beziehe sich auf die Erfahrung von Freiheit im

> „Umgang mit sich selbst, nicht mit anderen ... entweder nämlich in dem Dialog mit sich selbst, den wir seit Sokrates mit Denken identifizieren, oder in dem Konflikt mit sich selbst, dem Streit zwischen Wollen und Können, in dem das Christentum in der Nachfolge Paulus' und Augustinus' die Unzulänglichkeit und Fragwürdigkeit menschlicher Existenz erblickte" (Arendt 1994a: 211).

Arendt identifiziert hier eine philosophische und eine christliche Wurzel des westlichen Freiheitsbegriffes. Gemeinsam sei beiden, dass sie Freiheit als Autonomie des Willens bestimmen, die im Verkehr mit sich selbst erfahrbar ist. Werde dieser selbstbezügliche Freiheitsbegriff auf den Bereich des Politischen übertragen, setze er Freiheit gleich mit der Unabhängigkeit von anderen, mit Souveränität. Souveränität ist für Arendt ein säkularisierter theologischer Begriff. Menschen können im Gegensatz zu Gott aber nicht souverän sein, da sie immer unter ihresgleichen leben. Als Souveränität ist Freiheit nur möglich, wenn man „über andere so verfügen kann, dass sie lediglich Vollstrecker der eigenen anfänglichen Ziele sind, also nicht handeln, sondern Befehle ausführen" (Arendt 1974: 216). In scharfem Kontrast zu Rousseau verwirft Arendt deshalb den Willen als Grundkategorie des Politischen.

210 So formuliert sie etwa in „Vita activa": „Wären Souveränität und Freiheit wirklich dasselbe, so könnten Menschen tatsächlich nicht frei sein, weil Souveränität, nämlich unbedingte Autonomie und Herrschaft über sich selbst, der menschlichen Bedingtheit der Pluralität widerspricht" (Arendt 1981: 229).

211 Um nur einige Belege zu nennen etwa Arendt 1994a: 211f., Arendt 1981: 216; Arendt 1974: 35.

Unter Freiheit versteht sie nicht Selbstbestimmung, sondern die Möglichkeit, in einer mit anderen geteilten Welt zu handeln. Pluralität und politische Gleichheit vorausgesetzt, findet Handeln stets in einem Netz von Bezügen statt und löst Reaktionen aus, über die der Handelnde, im Gegensatz zu demjenigen, der einen Gegenstand herstellt, nicht souverän verfügen kann.[212] Wer politisch handelt, ist deshalb immer vom Handeln anderer betroffen. Souverän ist nur der homo faber in seinem instrumentellen Verhältnis gegenüber Dingen und Menschen. Deshalb kann Arendt sagen:

> „Wo Menschen, sei es als einzelne, sei es in organisierten Gruppen, souverän sein wollen, müssen sie die Freiheit abschaffen. Wollen sie aber frei sein, so müssen sie auf Souveränität gerade verzichten" (Arendt 1994a: 215).

Politische Freiheit verwirklicht sich für Arendt also nicht in einer Beziehung der Identität. Wird sie als Handlungsfreiheit gedacht, setzt sie vielmehr Alterität und Kontingenz voraus. Kontingenz, weil für Arendt Freiheit in der Fähigkeit besteht, „zu tun, was auch ungetan bleiben könnte" (Arendt 1998: 425) und Alterität, weil wir nur in einer mit anderen geteilten Welt handeln können und auch die als Ergebnis eines Meinungstausches mögliche Gemeinsamkeit stets nur eine begrenzte Übereinstimmung bleibt.[213]

Die gängige Differenzierung zwischen einem positiven republikanischen und einem negativen liberalen Freiheitsbegriff bleibt insgesamt einem autonomiezentrierten Freiheitsbegriff verpflichtet - sei es die Autonomie des Individuums als privater Bürger innerhalb der Grenzen des Rechts, sei es diejenige des Staatsbürgers im Zuge kollektiver Selbstbestimmung. Den skizzierten Gegensatz innerhalb des republikanischen Denkens kann sie nicht erfassen.

Von einem handlungsorientierten Freiheitsbegriff aus liegt das Problem der politischen Repräsentation nicht darin, die vernunftvermittelte Einheit von individuellem und allgemeinem Willen zu verhindern. Ganz im Gegenteil begeistert sich Arendt für die amerikanische Verfassung, weil sie durch ihre Institutionalisierung von Differenzen im System der „checks and balances" die Entstehung einer Willenseinheit erschwert und Handeln - auch als Gegenhandeln zwischen verschiedenen Institutionen und Akteuren - begünstigt.

Ein handlungzentrierter Freiheitsbegriff, wie ihn paradigmatisch Hannah Arendt entwickelt, lässt das „herrschaftskategoriale" Verständnis des Politischen hinter sich. Letzteres denkt, vereinfacht gesagt, Politik von einem herrschenden Subjekt

212 Anschaulich beschreibt Arendt den Unterschied in „Kultur und Politik" (Arendt 1994: 294).
213 Vgl. Arendt 1974: 96. Entsprechend formuliert Arendt auch: „Wo alle das gleiche tun, handelt niemand mehr in Freiheit, auch wenn keiner direkt gezwungen wird" (Arendt 1974: 215).

aus, sei dies der Staat, eine Klasse oder das Volk.[214] Damit handelt es sich das Problem ein, Herrschaft als Befehls-Gehorsamsbeziehung entweder grundsätzlich akzeptieren, oder sie auf die eine oder andere Weise in der Identität von Herrschenden und Beherrschten „aufheben“ zu müssen. Eine solche Identität schafft bei Rousseau wie Habermas der Vernunftcharakter der Gesetze, bei Marx erst die Überwindung der materiellen Verhältnisse, die eine Entzweiung zwischen dem partikularen Interesse des Bürgers und dem Allgemeinwohl hervorbringen (Marx 1972). Von einem handlungszentrierten Freiheitsbegriff ausgehend liegt demgegenüber die historische Errungenschaft der demokratischen Revolutionen der Neuzeit nicht darin, eine Form der identitären Selbstherrschaft ermöglicht, sondern darin, einen Erscheinungsraum für das politische Handeln unter Gleichen hervorgebracht zu haben. Der Zweck von Demokratie ist nicht Selbstbestimmung, weil es streng genommen gar kein „Selbst“ gibt. Von einem handlungszentrierten Freiheitsbegriff ausgehend kann sich eine normative Demokratietheorie damit begnügen, die Mitwirkung und Mitentscheidung der Bürger als Gleiche anzustreben, ohne den konflikthaften politischen Prozess auf einer höheren Ebene als vernünftige Selbstbestimmung konstruieren zu müssen. Die an politische Repräsentationsbeziehungen kritisch zu stellende Frage lautet dann auch nicht, ob sie der Selbstherrschaft des Volkes oder eines anderen Kollektivsubjekts im Wege stehen, sondern ob sie den Bürgern das politische Handeln ermöglichen oder erschweren. In diesem Sinn lässt sich Arendts Auseinandersetzung mit der repräsentativen Demokratie der Vereinigten Staaten von Amerika verstehen.[215]

3 Die Repräsentationsbeziehung als Handlungsbedingung und Handlungsraum

3.1 Ansätze eines positiven Repräsentationsbegriffes bei Hannah Arendt

Für Hannah Arendt ermöglichen die modernen repräsentativen Demokratien zwar eine Kontrolle der Regierenden durch die Regierten, verhindern zugleich jedoch das politische Handeln ihrer Bürger. Dabei scheint sie für das Handeln, ähnlich wie

214 Das ist schon der Kern der gleich zu Beginn der „Politik“ von Aristoteles geäußerten Kritik an Platons qualitativer Gleichsetzung von oikos und polis, die nicht in der Lage sei, den qualitativen Unterschied zwischen der despotischen Herrschaft des Herrn über seine Sklaven auf der einen, vom politischen Regieren des Staatsmanns über die Bürger der polis auf der anderen Seite zu unterscheiden (Aristoteles 1994: 1252). In Kapitel II dieses Buches habe ich von dieser Differenz aus das Demokratieverständnis Webers mit dem Arendts verglichen. Den Begriff des herrschaftskategorialen Verständnisses des Politischen übernehme ich von Ernst Vollrath. Dazu etwa ausführlicher Vollrath 1990b.

215 Ausführlich zu Arendts widersprüchlicher Haltung zur politischen Repräsentation vgl. Thaa 2008.

Rousseau für den Willen, eine notwendige Unmittelbarkeit zu unterstellen. So stellt sie für die amerikanische Demokratie ihrer Zeit lapidar fest:

> „Der Bürger ist repräsentiert, doch repräsentiert und delegiert können nur Interessen und die Sorge um die allgemeine Wohlfahrt der Wählerschaft werden, keinesfalls aber ihre Fähigkeit zu handeln oder auch nur ihre Meinungen" (Arendt 1974: 346).

Bei genauerer Lektüre ihres Buches zur amerikanischen Revolution erweist sich jedoch, dass Arendt in ihrer Diskussion politischer Handlungsmöglichkeiten weniger konsequent auf dem Kriterium der Unmittelbarkeit beharrt als Rousseau in seinen Ausführungen zum Willen. Insbesondere wo sie Madisons Verteidigung der Meinungsvielfalt würdigt, argumentiert sie, Meinungen, „in ihrer schier unendlichen Mannigfaltigkeit", bedürften im Unterschied zu Interessen „auf das dringendste einer Reinigung und Vertretung" (Arendt 1974: 292). Sie fährt dann fort:

> „Meinungen entstehen und bewähren sich in einem Prozeß allseitigen Meinungsaustausches, und eine Vermittlung ihrer Verschiedenheiten und Konflikte kann daher am besten zustande kommen, wenn man sie durch das Medium einer Körperschaft leitet, deren Glieder für diesen Zweck besonders ausgewählt sind" (Arendt 1974: 293).

Können Meinungen also doch repräsentiert werden? Zumindest vertritt Arendt mit ihren Ausführungen zum amerikanischen Senat, um den es im obigen Zitat geht, die These, Repräsentation fördere die Herausbildung von Meinungs- und Handlungsalternativen - zweifellos eine Voraussetzung für politisches Handeln der Bürger.

Darüber hinaus kann für Arendt noch in einem weiteren, grundsätzlicheren Sinn ohne Repräsentation nicht gehandelt werden. Bekanntermaßen sieht sie in der Pluralität nicht nur eine „conditio sine qua non", sondern eine „conditio per quam" der Politik (Arendt 1981: 15). Handeln geht nicht nur aus von der Bedingung der Pluralität, es bringt sie auch hervor. Wer handelt, unterscheidet sich von denen, die nicht handeln oder anders handeln. Da uns in der modernen säkularisierten Welt absolute Maßstäbe fehlen, aus denen ein richtiges Handeln abzuleiten wäre, sind wir gezwungen zu urteilen. Urteilen aber können wir nur, so Arendt in Anlehnung an Kants Begriff der „erweiterten Denkungsart" (Arendt 1994: 298), indem wir uns über unsere subjektiven Privatbedingungen hinwegsetzen und den Gegenstand oder die Streitfrage, um die es geht, aus der Sicht der anderen betrachten. Dazu aber müssen diese anderen präsent gemacht bzw. im Denken re-präsentiert werden.[216] Arendt nennt die Meinungsbildung und das Urteilen die „politisch ausschlaggebenden rationalen Vermögen des Menschen" (Arendt 1974: 295). Beide sind, so jedenfalls die Schlussfolgerung aus ihrer Argumentation, ohne die Repräsentation politischer Differenz gar nicht möglich. Ohne die Vergegenwärtigung der

216 „Was die Präsenz des Selbst für die formale Widerspruchslosigkeit der Logik und die nicht weniger formale Logik der Gewissensethik ist, ist die Präsenz der anderen für das Urteilen" (Arendt 1994: 298).

Anderen und ihrer Perspektiven bzw. Meinungen würde das Entscheiden als Teil jedes Urteils zur bloßen Willkür. Insgesamt also mögen Urteils- und Handlungsfähigkeit zwar nicht delegierbar sein, ohne Repräsentation jedoch sind sie erst gar nicht möglich.

Dass Arendt dennoch an ihrer Kritik der repräsentativen Demokratie festhält, mag vor allem an dem hohen Stellenwert liegen, den sie dem expressiven Moment des Handelns beimisst. Handeln ist für sie ein „In-Erscheinung-Treten" vor anderen, das die personale Einzigartigkeit des Handelnden sichtbar werden lässt. Wo Menschen miteinander sprechen und agieren, soll sich das personale Wer des Handelnden offenbaren.[217] Dieser Gedanke leuchtet für das Handeln innerhalb einer kleinen Gruppe von Peers ein, und Arendt mag bei ihrer Begeisterung für diese romantisch anmutende Qualität des Handelns von entsprechenden persönlichen Erfahrungen in den Intellektuellenkreisen der 20er und 30er Jahre ausgegangen sein. Wo jedoch ein Repräsentant für andere handelt, und sei es nur eine Person, die für eine situativ gebildete Gruppe das Wort ergreift, können diese anderen in der Rede oder dem Handeln des Repräsentanten selbstverständlich nicht als Personen in Erscheinung treten. In politischen Kontexten wird deshalb diese personal enthüllende Seite des Handelns, anders als in den viel stärker durch wechselseitiges Agieren geprägten Freundeskreisen oder Intellektuellenzirkeln, auf diejenigen beschränkt bleiben, die als Sprecher für eine Sache oder eine Gruppe vor anderen in Erscheinung treten. Selbst in Basisbewegungen und Rätestrukturen, wie sie Arendt vorschweben, kann das nur eine Minderheit sein. Diejenigen, die die geäußerten Meinungen unterstützen und für sie werben oder aber sie ablehnen und kritisieren, urteilen, sprechen und handeln auch, aber sie treten dabei doch nur begrenzt in Erscheinung. Es fehlt ihnen die Bühne, auf der sie sich wie die griechischen Helden Arendts durch unsterbliche Taten auszeichnen könnten. Sie agieren nur im kleineren Kreis und ihre Handlungen sind in der Regel auf die Äußerung und Begründung der individuellen Zustimmung oder Ablehnung beschränkt. Vom expressiven Charakter des Handelns wird man deshalb im politischen Alltag jeder denkbaren Demokratieform Abstriche machen müssen.

3.2 „Repräsentation ist Demokratie"

Bereits Ernst Vollrath, der wie kein zweiter das Denken Hannah Arendts in die neuere deutschsprachige Politikwissenschaft einbrachte, ignoriert das expressive Moment in ihrem Handlungsbegriff und kehrt ihre negative Bewertung politischer Repräsentation um. Als Verhältnis von Unterschiedenen weise Repräsentation das

217 Dazu Arendt 1974: 164-171.

Strukturmerkmal der pluralen Andersheit auf und sei gerade deshalb handlungsermöglichend (Vollrath 1992a: 66). In diametralem Gegensatz zur Kritik Arendts kommt er zum Ergebnis, Repräsentation diene im Kern „dazu, die Handlungsfähigkeit der Menschen außerordentlich zu erweitern und zu steigern" (Vollrath 1992a: 68).

Dieselbe These wird pointiert vertreten und ausführlich begründet in neueren, totalitarismuskritisch und postmodern geprägten Repräsentationstheorien. Während in den demokratietheoretischen Debatten der Vergangenheit die Befürworter einer stärkeren Beteiligung der Bürger traditionell repräsentationskritisch, ihre Gegner auf Seiten der „realistischen Demokratietheorie" dagegen repräsentationsfreundlich argumentierten, zeichnet sich seit etwas mehr als zehn Jahren eine Umwertung politischer Repräsentation aus partizipatorischer Perspektive ab.[218] Diese Argumentation werde ich im Folgenden zusammenfassen und dabei nach Anknüpfungspunkten für ein normatives, handlungsorientiertes Politikverständnis fragen.[219]

Ausgangspunkt der positiven Neuinterpretation politischer Repräsentation ist die Kritik am Identitätsideal früherer radikaldemokratischer Theorien. Teilweise beeinflusst von der totalitarismuskritischen, agonalen Demokratietheorie Claude Leforts, teilweise vom Differenzbegriff postmoderner Dekonstruktion ausgehend, argumentieren die verschiedenen Autorinnen und Autoren gegen das Ideal, Repräsentation solle so vollständig wie möglich das Abwesende anwesend machen, sie sei, im eigentlichen Sinne des Wortes Stellvertretung. Ankersmit nennt dies einen „mimetischen" Begriff von Repräsentation, der darauf ziele, das Repräsentierte so exakt wie möglich widerzuspiegeln. Er sieht diese Vorstellung bereits zu Zeiten der Gründung der amerikanischen Republik fest verwurzelt und zitiert die Forderung John Adams, die Repräsentanten sollten im Kleinen ein exaktes Abbild des Volkes im Großen darstellen (Ankersmit 1996: 26). Solange man an diesem Ideal festhalte, könne Repräsentation nur als schlechter Ersatz für die unmittelbare Selbstregierung des Volkes gelten. Gebe man es auf, rückten dagegen die positiven Funktionen der Repräsentationsbeziehung ins Blickfeld.

Nun ist weder die Kritik am Identitätsideal radikaldemokratischer Theorien noch die positive Beurteilung der Nichtidentität von Repräsentanten und Bürgern wirklich neu. Gerade in der deutschen Politikwissenschaft bildete während der Nachkriegszeit die Nähe radikaldemokratischer Identitätsvorstellungen zu den Legitimationsideologien totaler Herrschaft ein vieldiskutiertes Thema. Während etwa Dolf Sternberger jedoch die Repräsentanten im Sinne einer „gemischten Verfassung" als Gegengewicht zur demokratischen Gewalt der wählenden Bürgerschaft

218 Dazu ausführlich Thaa 2008a.

219 Ich beziehe mich dabei insbesondere auf Schriften von Frank R. Ankersmit, Ernesto Laclau, Jane Mansbridge, Sofia Näsström, David Plotke, Nadia Urbinati und Iris Marion Young.

sieht (Sternberger 1971: 80), gewinnt die Repräsentationsbeziehung in den erwähnten Neuinterpretationen selbst eine genuin demokratische Qualität. Programmatisch formuliert dies David Plotke im Titel seines Aufsatzes „Representation is Democracy“ (Plotke 1997) und ähnlich auch Sofia Näsström mit ihrem „Representative Democracy as Tautology“ (Näsström 2006).

3.3 Handlungsermöglichung durch Repräsentation

Von einem normativen Begriff des politischen Handelns ausgehend, lassen sich drei Ebenen der Handlungsermöglichung durch Repräsentation unterscheiden:

a) Konstitution von Handlungsraum und Handlungsmacht

Eine politische Gesellschaft wird erst durch eine wie immer geartete Repräsentation existent und handlungsfähig. In diesem Punkt liegt der erste und grundsätzliche Unterschied der neueren Debatte zur älteren partizipatorischen Demokratietheorie. Die Annahme einer der Repräsentation vorausgehenden Einheit - sei es die der Nation, einer Klasse oder der Wähler eines Wahlkreises - wird als identitätslogisch und tendenziell totalitär kritisiert. Erst die Repräsentationsbeziehung soll das Repräsentierte hervorbringen. Nach Iris Marion Young etwa gibt es „no constituency prior to the process of representation, no people who form an original identity they then delegate onto the derivative representative“ (Young 1997: 359). Erst die Antizipation der Repräsentation bringe die verstreute Wählerschaft in ein Verhältnis zu sich selbst. Ankersmit spricht ganz ähnlich von einer Priorität der Repräsentation gegenüber den Repräsentierten (Ankersmit 1996: 39).[220] Diese nur auf den ersten Blick paradoxe Formulierung reflektiert den radikalen Konstruktivismus postmoderner Theorien und im Besonderen deren Diskussion des Problems politischer Gründungsakte,[221] ohne in jedem Fall deren verallgemeinerten diskurstheoretischen Machtbegriff zu übernehmen.

Die Zurückweisung der Vorstellung, es gäbe eine der Repräsentation vorausgesetzte und dann möglichst genau widerzuspiegelnde Substanz (sei es ein Subjekt,

220 Im Gegensatz dazu hielt Hanna Pitkin an der logischen Priorität der Repräsentierten gegenüber dem Repräsentanten fest, weil nur so dessen Responsivität zu sichern sei (Pitkin 1967: 140).

221 Derridas berühmte Dekonstruktion der amerikanischen Unabhängigkeitserklärung kommt zum Ergebnis „ The signature invents the signer“ (Derrida 1986: 10). Ohne poststrukturalistische Dekonstruktion formuliert Gerhard Göhler diese Einsicht: „Eine politische Gesellschaft wird überhaupt erst existent, wenn sie sich artikuliert und einen Repräsentanten hervorbringt“ (Göhler 1997: 49f.).

sei es ein Interesse), verändert sowohl den Demokratie- als auch den Repräsentationsbegriff. Demokratie kann nun nicht mehr als Identität von Regierenden und Regierten gedacht werden, ein Ideal, das linke wie rechte Autoren vertreten.[222] Und Repräsentation gilt nicht mehr als defizitärer Ersatz gegenüber einer unmittelbaren oder reinen Form der Demokratie, sondern schafft erst die Voraussetzungen demokratischer Selbstregierung. Ohne Repräsentation keine Bürgerschaft und keine Möglichkeit des gemeinsamen Handelns. Ohne die Differenz zwischen Repräsentanten und Repräsentierten aber auch kein politischer Raum, in dem unterschiedlich gehandelt werden könnte. Die Aufgabe der Identitätslogik und die Anerkennung einer vertikalen Differenz zwischen Repräsentanten und Repräsentierten eröffnet zugleich eine horizontale Differenz zwischen verschiedenen Handlungsoptionen. Denn wenn es keine substantiell verbürgte Identität zwischen beiden Seiten der Repräsentationsbeziehung gibt, dann muss über die angemessene Repräsentation gestritten werden. Das konstruktivistische Verständnis von Repräsentation grenzt sich ab von jeder Vorstellung einer Einheitsrepräsentation, die den politischen Raum im Bild einer Verkörperung der Repräsentierten durch den Repräsentanten verschwinden lässt.

Repräsentation ist immer selektiv. Sie stellt das Repräsentierte auf eine bestimmte Art und Weise dar, die nicht mit Notwendigkeit aus etwas Gegebenem abzuleiten wäre. Insofern ermöglicht Repräsentation nicht nur politisches Handeln, sondern stellt selbst ein politisches Handeln dar. Dies gilt bereits für den ursprünglichen repräsentativen Akt, die Gründung eines Gemeinwesens, durch den erst die Bürger sich in ein Verhältnis zu sich selbst setzen. Dabei weist Repräsentation eine symbolische Dimension auf, in der sie bestimmte Ordnungsprinzipien und Werte festhält und sichtbar macht (Göhler 1997: 46). Dies wird etwa deutlich in den Präambeln von Verfassungstexten, die keineswegs nur die Bewohner eines Territoriums unter einer von ihnen autorisierten, repräsentativen Regierungsform zusammenfassen, sondern häufig Staatsziele, Prinzipien und Wertorientierungen nennen.[223] In diesem Sinn setzt Repräsentation einen Rahmen, der zwar bestimmte Handlungen ausschließt, zugleich jedoch ein Feld möglicher widerstreitender Handlungen eröffnet.

222 Bekanntermaßen beruhen für Carl Schmitt „... logisch alle demokratischen Argumente auf einer Reihe von Identitäten. In diese Reihe gehören: Identität von Regierenden und Regierten, Herrscher und Beherrschten, Identität von Subjekt und Objekt staatlicher Autorität, Identität des Volkes mit seiner Repräsentation im Parlament ...“ (Schmitt 1991/1923: 35). Bei Wolfgang Abendroth, einem der einflussreichsten deutschen Vertreter eines partizipatorischen Demokratieverständnisses heißt es: „Demokratie ist ihrem Wesen nach ... darauf gerichtet, die Identität von Regierenden und Regierten herzustellen“ (Abendroth 1965: 74).

223 Die Präambel des Grundgesetzes etwa nennt ein vereintes Europa und den Frieden als Staatsziele. Darüber hinaus enthält das Grundgesetz neben Prinzipien wie der Rechtsstaatlichkeit etwa in der spezifischen Fassung der Grundrechte und im Sozialstaatsgebot auch recht starke Wertorientierungen.

b) Aggregation von Interessen und Meinungen zu Handlungsoptionen sowie die Formierung von Handlungssubjekten

Wenn es keinen einheitlichen allgemeinen Willen und kein gesichertes Wissen über das zu Repräsentierende gibt, folgt zunächst, dass Repräsentation immer eine Sache der Interpretation und des Urteilens ist. Daraus lässt sich weiter schließen, dass die Meinungen sowohl unter den Repräsentanten als auch unter den Repräsentierten dauerhaft geteilt bleiben.[224] Die Herausbildung besonderer Gruppierungen unter den Repräsentanten, wie Fraktionen und Parteien, erleichtert es dabei, aus einer unorganisierten Vielzahl von Interessen und Meinungen eine Pluralität alternativer Handlungsoptionen und der sie jeweils verfolgenden Kräftekonstellationen zu schaffen. Lange vor der Entstehung eines modernen Parteiensystems zeigt sich schon in den frühen Formen parlamentarischer Repräsentation in England die Tendenz, die Vielfalt von Interessen und Meinungen zu allgemeinen programmatischen Orientierungen zu aggregieren.[225] Diese Aggregationsleistung politischer Repräsentation bringt Kriterien hervor, nach denen die im politischen Alltag permanent zu treffenden Einzelentscheidungen beurteilt werden können. Deshalb geht es bei der Aggregationsfunktion politischer Repräsentation auch keineswegs nur darum, dem Bürger nach dem Modell des Marktes ein überschaubares Angebot wählbarer Parteien und Kandidaten zu offerieren. Grundsätzlicher formieren sich Handlungsalternativen in kontingenten Situationen erst durch verschiedene, in der Regel konfligierende Selbst- und Weltdeutungen, die nicht jedes mal neu hervorgebracht, sondern durch Repräsentation verstetigt und verfügbar gehalten werden. Repräsentation ist damit eine Bedingung für die Politisierung moderner Gesellschaften. Sie macht Handlungsalternativen und den Konflikt zwischen den sie verfolgenden Kräften permanent.

Durch die Veralltäglichung und Sichtbarmachung des Konflikts sowie durch die Notwendigkeit, öffentlich um Zustimmung werben und deshalb konträre Interessen und Meinungen zumindest rhetorisch berücksichtigen zu müssen, enthält Repräsentation zugleich ein Potential zur Mäßigung und zur Anerkennung des politischen Gegners.[226]

Geht man davon aus, dass sich in modernen Gesellschaften nicht mehr Großgruppen gegenüberstehen, die allein durch ihren gesellschaftlichen Status definiert

224 Vgl. etwa Plotke 1997: 29; Young 1997: 357. Ankersmit formuliert: „It is therefore the essence of the representative body to be divided" (Ankersmit 1996: 38). Das wusste allerdings schon Madison, der im 10. Artikel des Federalist schreibt: „As long as the reason of man continues fallible, and he is at liberty to exercise it, different opinions will be formed" (Hamilton/Jay/Madison: 55).

225 Das ließe sich an der Geschichte der Entstehung der Whigs und Tories in den Anfängen des englischen Parlamentarismus zeigen (vgl. dazu Leonhard 2002).

226 Zur Mäßigung durch politische Repräsentation vgl. auch Linden 2006: 232f. und 2010a.

sind, so können handlungsfähige Kräftekonstellationen nur durch die Aggregationsfunktion politischer Repräsentation entstehen. In parlamentarischen Demokratien nehmen diese Funktion vor allem - aber nicht nur[227] - die politischen Parteien wahr. Die von ihnen und ihren Untergruppen repräsentierten Richtungen wie liberal, sozialdemokratisch, konservativ, oder spezifischer auch wertkonservativ, ökolibertär etc., strukturieren das politische Feld über Wahlakte hinaus und ermöglichen die Bildung politischer Gruppierungen und Bündnisse.

c) Entfaltung eines politischen Prozesses unter Einschluss der Bürger

Politische Repräsentation lässt sich nicht nur als Verhältnis, sondern auch als Prozess denken, der sich zeitlich zwischen den beiden Momenten der Autorisierung und der Rechenschaftspflicht des Repräsentanten bewegt.[228] So gesehen liegt die Einzigartigkeit moderner Demokratien weniger in der Autorisierung parlamentarischer Repräsentanten bzw. der Regierenden durch den Wahlakt, als vielmehr in dem durch regelmäßige Wahlen ermöglichten zirkulären Prozess der Beratung und Entscheidung, der zwischen den Wahlterminen die Bürger mit dem Parlament verbindet und ihnen Einfluss- und Partizipationsmöglichkeiten eröffnet (Urbinati 2005: 197). An die Stelle eines vor allem juristischen Verständnisses von Repräsentation, das die Übertragung einer Willensvollmacht betont, tritt so ein politisches, das neben der Autorisierung durch Wahlen die reflexive Anbindung der politischen Institutionen an die Gesellschaft in der Zeit beinhaltet. Urbinati etwa bezeichnet die informelle Machtentfaltung durch soziale Foren, Bewegungen, Assoziationen, Medien oder Straßendemonstrationen als „essential ingredient of representation`s democratic performance“ (Urbinati 2006: 29). Ein solches Repräsentationsverständnis stellt die Gegenposition zu demjenigen der sogenannten realistischen Demokratietheorie dar, wonach die Bürger einsehen müssen, „dass wenn sie einmal jemanden gewählt haben, die politische Tätigkeit seine Sache ist, und nicht die ihre“ (Schumpeter 1950: 468). Es setzt aber auch einen anderen Akzent auf die Beziehung zwischen Zivilgesellschaft und politischer Repräsentation als die deliberative Demokratietheorie, welche die Gewichte demokratischer Legitimation von der Repräsentationsbeziehung auf die informellen Arenen der öffentlichen Meinungsbildung verschiebt (Habermas 1998: 168). Bei Urbinati und Young wird die politische Meinungs- und Willensbildung der Gesellschaft dagegen

227 Auch außerparlamentarische politische Gruppierungen und soziale Bewegungen, soweit sie öffentlich präsent sind, nehmen in diesem Sinn repräsentative Funktionen wahr.

228 „As a deferring relationship between constituents and their agents, representation moves between moments of authorization and accountability. Representation is a cycle of anticipation and recollection between constituents and representative, in which discourse and action at each moment ought to bear traces of the others" (Young 2000: 129).

zu einem Moment der Repräsentationsbeziehung. Ihr privilegierter Ort ist demnach nicht, wie im Schleusenmodell der Demokratie bei Habermas, die informelle, nichtvermachtete Öffentlichkeit zivilgesellschaftlicher Foren und Netzwerke (Habermas 1992, Bd. 2: 373f.). Vielmehr soll gerade die formelle Repräsentationsbeziehung die politische Deliberation sichtbar und öffentlich machen und dadurch dem Urteil aller unterwerfen. Werde die Repräsentationsbeziehung politisch und nicht als juristische Autorisierung verstanden, dann impliziere sie ein weites Partizipationsverständnis, das Überwachung und Interventionen der Bürger durch Worte und Taten, durch gesellschaftliche Bewegungen und politische Gruppierungen einschließt (Urbinati 2005: 209).

Offen bleibt dabei allerdings, welche Bürger in welcher Weise mit wieviel Gewicht ihre Abgeordneten kontrollieren und beeinflussen können. Iris Marion Young will vor diesem Hintergrund zusätzliche institutionelle Mechanismen der politischen Rechenschaftspflicht (accountability) schaffen, und die Qualität bestehender Demokratien daran messen, wie weit derartige Mechanismen, die das Handeln der Repräsentanten dem Urteil der Bürger unterwerfen, ausgeprägt sind. Als konkrete Beispiele nennt sie Bürgerausschüsse, Implementierungsstudien und periodisch stattfindende partizipatorische Anhörungen (Young 2000: 132). In derartigen, möglichst breiten und teilweise institutionalisierten Beteiligungsmöglichkeiten der Bürger innerhalb der Repräsentationsbeziehung lässt sich in der Tat ein starkes Gegengewicht zum Einfluss mächtiger Lobbygruppen sehen. Young befürwortet in diesem Zusammenhang auch Formen der direkten Demokratie wie Referenden.[229] Im Gegensatz dazu sieht Nadia Urbinati Formen direkter Demokratie schon deshalb mit Skepsis, weil eine unmittelbare Entscheidung der Wählerschaft immer in Gefahr sei, die Fiktion eines einheitlichen und absoluten Willens zu transportieren und dadurch den politischen Prozess zu zerstören (etwa Urbinati 2006: 225). Interessanterweise argumentieren beide Autorinnen mit der Auswirkung direkter Demokratie auf den politischen Prozess. Von einem partizipatorischen Repräsentationsverständnis aus bildet dies auch tatsächlich das entscheidende Kriterium zur Beurteilung einzelner Formen direkter Demokratie: Tragen sie zu einer Politisierung des in Frage stehenden Themas bei, öffnen sie den politischen Raum für Handlungsoptionen und erhöhen sie die Inklusivität des politischen Prozesses? Oder begünstigen sie die Exklusion von Minderheiten, reduzieren sie die Handlungsmöglichkeiten und schaffen sie die Fiktion eines homogenen Volkswillens? Das wäre für verschiedene Formen der direkten Demokratie genauer zu diskutieren. Mit Blick auf die Erfahrung der letzten Jahrzehnte scheint jedoch nicht zu bestreiten, dass oft allein schon die Möglichkeit von Volksinitiativen oder fakultativen Referenden einen entscheidenden Beitrag dazu leistete, die vermeintlich

229 „Without question, a strong democracy should have institutions of direct democracy such as referendum as part of its procedural repertoire“ (Young 2000: 124).

sachlich gebotenen und alternativlosen Entscheidungen der Parlamentsmehrheiten zu politisieren.

4 Einwände gegen die partizipatorische Aufwertung politischer Repräsentation

So weit sind lediglich theoretische Reflektionen zusammengefasst, die quasi idealtypisch das Handlungs- und Partizipationspotential demokratischer Repräsentationsbeziehungen benennen. Gegen die damit verbundene Aufwertung der Repräsentation lassen sich zwei grundsätzliche Einwände formulieren: Zum einen kann bezweifelt werden, ob die erwähnten Partizipationspotentiale tatsächlich Handlungsmöglichkeiten im Sinne eines normativen Begriffs politischen Handelns bieten (4.1). Zum anderen ist auch bei grundsätzlicher Akzeptanz eines partizipatorischen Handlungspotentials von Repräsentationsbeziehungen zu hinterfragen, ob, wie weit und mit welcher sozialen Selektivität in einer konkreten Demokratie die politisch-institutionellen und gesellschaftlichen Voraussetzungen seiner Realisierbarkeit gegeben sind (4.2).

4.1 Interessenvertretung statt politischem Handeln?

Die Möglichkeiten der Wähler, ihre Repräsentanten über den Wahlakt hinaus zu beeinflussen, müssen nicht als Handlungsmöglichkeiten verstanden werden. So bestreitet Hannah Arendt in ihrer Repräsentationskritik gar nicht, dass die Bürger ihre Abgeordneten durch verschiedene Druckmittel wirksam beeinflussen können. Die Wähler, die ihre Abgeordneten dazu bringen, ihre Interessen und Wünsche auf Kosten der Interessen und Wünsche anderer Gruppen zu berücksichtigen, setzen aus Arendts Sicht damit aber lediglich ihre Privatinteressen durch. Handeln sei dann allenfalls noch in einem schwachen Sinn als „eine Art Schlichtungs- und Ausgleichsverfahren“ der Repräsentanten möglich (Arendt 1974: 346). Dennoch unterwerfen die Wähler durch die Beeinflussung der Repräsentanten den öffentlichen Bereich ihren in erster Linie wirtschaftlichen Privatinteressen und korrumpieren ihn dadurch (Arendt 1974: 322). Im Gegensatz zur gängigen Kritik an der parlamentarischen Demokratie fürchtet Arendt also nicht die Verselbständigung der Repräsentanten, sondern ihre zu enge Bindung an die Wähler: Mit deren wirtschaftlichen Interessen dringen Notwendigkeiten in das Politische ein, zerstören es als Raum verschiedener Meinungen und Handlungsmöglichkeiten und machen es zum Mittel vorpolitischer Zwecke. Das Repräsentationsverhältnis wird rein instrumentell.[230] So gesehen vollendet sich die von Arendt bereits bei Platon ausge-

230 Dazu auch Villa 1996: 30f.

machte Tendenz, Handeln durch Herstellen zu ersetzen und die öffentlichen Angelegenheiten nach dem Vorbild des Haushalts zu gestalten in den repräsentativen Demokratien der modernen Arbeits- und Konsumgesellschaften.

Arendts Ablehnung der Interessenrepräsentation basiert darauf, dass sie Meinung und Interesse „als zwei grundsätzlich voneinander geschiedene politische Phänomene“ (Arendt 1974: 292) gegenüberstellt. In dieser Dichotomie entstehen nur Meinungen aus dem freien Verkehr und der öffentlichen Diskussion zwischen Menschen, während Interessen eine objektive Grundlage haben und nur ermittelt zu werden brauchen. Konsequenterweise können Interessen deshalb keine Handlungsfreiheit begründen. Arendt trifft mit ihrer Gegenüberstellung einen wichtigen Unterschied. Zumindest umgangssprachlich lässt sich von einem „objektiven Interesse“ sprechen (das man verfolgen oder auch nicht verfolgen kann), sicher jedoch nicht von einer „objektiven Meinung“. Meinungen sind das Ergebnis individuellen Abwägens und Urteilens im Kontext öffentlicher Auseinandersetzung. Dennoch rechtfertigt dieser Unterschied nicht die strikte Dichotomie und den daraus folgenden Ausschluss des Interesses aus dem Bereich politischen Handelns.[231] Arendt übersieht zunächst einmal, dass Bürger keineswegs mit einer Interessengruppe identisch sind, sondern in aller Regel eine Vielzahl von z.T. widersprüchlichen Interessen haben, zwischen denen sie bei ihren politischen Entscheidungen abwägen und die sie in ihren Auswirkungen auf sich und andere einschätzen müssen. Schon die Stellungnahme zu Interessenkonflikten erfordert deshalb auch ein politisches Urteil. Der grundsätzlichere erkenntnistheoretische Einwand gegen Arendts Dichotomie lautet jedoch, dass selbst die vermeintlich objektiven Interessen gesellschaftlich konstruiert sind, weshalb die Vertretung eines Interesses stets auch eine gewisse Weltsicht ausdrückt oder einen bestimmten Diskurs reflektiert. Mit welcher Terminologie dieses konstruierte Moment eines Interesses am besten zu benennen ist, braucht uns hier nicht zu interessieren.[232] Das Bestreiten jeder Handlungsqualität von Interessenpolitik scheint jedenfalls einem kruden Materialismus geschuldet, der unterstellt, Interessen seien aus objektiv bestimmbaren sozialen Lagen abzuleiten. Diese Annahme mag in der klassischen Industriegesellschaft mit ihren klar abgrenzbaren Klassen und Schichten noch den Augen-

231 Arendt will offensichtlich die vulgärmarxistische Auffassung zurückweisen, Meinungen seien als Funktion von Interessen zu dechiffrieren. Radikale Konstruktivisten würden heute im Gegenteil behaupten, das Interesse sei eine Funktion der Meinung bzw. eines bestimmten Diskurses, in dem Interessen erst konstruiert werden.

232 Eventuell wäre es sogar mit Arendts eigenen Kategorien zu erfassen. Die strikte Dichotomie zwischen Meinung und Interesse erstaunt nämlich auch deshalb, weil Arendt in „Vita Activa“ Interessen als dasjenige bestimmt, „was inter-est, was dazwischen liegt und die Bezüge herstellt, die Menschen miteinander verbinden und zugleich voneinander scheiden.“ Dieser Zwischenraum sei von einem „ganz und gar verschiedenen Zwischen durchwachsen und überwuchert, dem Bezugssystem nämlich, das aus den Taten und Worten selbst, aus dem lebendigen Handeln und Sprechen entsteht“ (Arendt 1981:173). Daraus ließe sich schließen, dass Interessen keineswegs objektiv, sondern durch Handeln und Sprechen konstituiert sind.

schein für sich gehabt haben. Demgegenüber betont die neuere Forschung zu sozialen Lagen jedoch seit langem, dass sich soziale Gruppen nicht nur nach ihrer ökonomischen Stellung, sondern auch nach ihren Habitus und ihren Praxisformen unterscheiden. Statt von eindimensional bestimmten Klassen oder Schichten spricht sie von mehrdimensional zu beschreibenden sozio-kulturellen Milieus.[233] Das ist in unserem Zusammenhang insofern von Bedeutung, als daraus folgt, dass Individuen in identischer sozialer Lage keineswegs dieselben Interessen verfolgen müssen. Kulturelle Werte, Selbstbilder und Lebensziele fließen in die Bestimmung der eigenen Interessen mit ein. Wenn dem so ist, dann kann die Artikulation von Interessen nicht als bloßer Ausdruck eines objektiv Gegebenen, sondern muss als Ergebnis der Selbstvergewisserung, des Abwägens und Urteilens und damit auch des öffentlichen Redens und optionalen Handelns verstanden werden.

4.2 Institutionelle und gesellschaftliche Grenzen des Handlungspotentials politischer Repräsentation

Der zweite, auf die Realisierbarkeit des Handlungspotentials von Repräsentationsbeziehungen gerichtete Einwand führt so tief in die aktuellen gesellschaftlichen und politisch-institutionellen Verhältnisse liberaler Demokratien, dass er im Rahmen dieses Kapitels nicht erschöpfend diskutiert werden kann. Deshalb möchte ich mich darauf beschränken, einige allgemeine Bedingungen für die Realisierbarkeit des Handlungspotentials politischer Repräsentation zu nennen und danach zu fragen, wie weit sie durch neuere Entwicklungen moderner Demokratien gefährdet oder gar zerstört werden. Dabei ist zwischen der institutionellen Gestaltung der Repräsentationsbeziehungen (a) und ihrer Einbettung in das weitere gesellschaftliche und politische Umfeld zu unterscheiden (b).

a) Die politikwissenschaftliche Literatur nennt neben der freien, gleichen und geheimen Wahl insbesondere drei weitere Kriterien für den demokratischen Charakter politischer Repräsentation: die *Responsivität* der Repräsentanten gegenüber den Repräsentierten, ihre *Verantwortlichkeit* gegenüber diesen sowie, als Bedingung dafür, die *Zurechenbarkeit* von Entscheidungen. Alle drei lassen sich auch als Voraussetzungen für Handlungsmöglichkeiten der Bürger verstehen. Das liegt für die Verantwortlichkeit der Repräsentanten und für die Zurechenbarkeit ihrer Entscheidungen auf der Hand. Wo die Verantwortlichkeit der Amts- und Mandatsträger gegenüber der Sanktionsinstanz des Wählers, wie etwa in Mehrebenensystemen, durch lange Legitimationsketten mehrfach vermittelt ist, werden die Einwirkungschancen der Repräsentierten minimiert. Und wo durch komplexe in-

233 Vgl. dazu im deutschsprachigen Raum vor allem die Studien von Ueltzhöffer/Flaig 1993 und Vester/Oertzen/Geiling 1993.

stitutionelle Arrangements Entscheidungen nicht mehr eindeutig zurechenbar sind, wie etwa in der Politikverflechtung des deutschen Föderalismus, können die Repräsentierten sich noch nicht einmal ein fundiertes Urteil darüber bilden, welche Rolle ihre Vertreter beim Zustandekommen dieser Entscheidungen gespielt haben. Wenn man sich jedoch - mit guten Gründen - vom Ideal der Identität zwischen Regierenden und Regierten löst, rückt zwangsläufig die Verantwortlichkeit der Regierung gegenüber den Regierten ins Zentrum der demokratischen Qualität eines Regierungssystems. Für die Gestaltung der repräsentativen Demokratie folgt daraus die Forderung, „ein Optimum an politischer Verantwortlichkeit institutionell zu ermöglichen“ (Mandt 1998: 10).[234] Kompetenzentflechtungen, eine Stärkung der Parlamente, kürzere Wahlperioden der Abgeordneten, offene und kompetitive Aufstellung der Kandidaten nach dem Vorbild amerikanischer Primaries, Änderungen des Wahlrechts u.ä.m. wären in diesem Zusammenhang diskutierenswerte Reformmöglichkeiten. In der Politik der Bundesrepublik Deutschland lässt sich demgegenüber jedoch nicht nur beobachten, wie im Geflecht der europäischen und föderalen Politik Verantwortlichkeiten verwischt und selbst weichenstellende Entscheidungen keinem politischen Akteur mehr zugerechnet werden können. Beispielhaft ließen sich hier der als „Bologna-Prozess“ bekannte Umbau der deutschen Universitäten, aber auch, weniger spektakulär, die regelmäßigen Gesundheitsreformen auf nationaler Ebene nennen. Darüber hinaus untergräbt die Politik aber auch die Verantwortlichkeit und Zurechenbarkeit von Entscheidungen in dem Maße, wie sie sich, mit Hinweis auf den hohen Komplexitätsgrad der zu lösenden Probleme, auf die Stellungnahmen von Expertengremien und überparteilichen Kommissionen beruft.

Komplizierter als mit Verantwortlichkeit und Zurechenbarkeit wird es, wenn wir uns dem dritten Kriterium, der Responsivität zuwenden. Mit der Forderung nach Responsivität der Repräsentanten gegenüber den Repräsentierten verbinden sich nicht nur unterschiedliche Erwartungen, sie wird von einigen Autoren auch abgelehnt. Hanna Pitkin nutzt den Begriff[235] in ihrem grundlegenden Werk zur Repräsentation als Lösung des alten Streits zwischen gebundenem Mandat und der Unabhängigkeit des Abgeordneten, der sogenannten „Mandate-Independence Controversy“. Sie will freies Mandat und politische Führung auf der einen mit der Orientierung der Regierenden am Willen des Volkes auf der anderen Seite zusammenbringen. Repräsentieren bedeutet für sie deshalb „acting in the interest of the

234 Hella Mandt bezieht sich dabei auf Franz Neumann, der die anglo-amerikanische Tradition des „responsible government“ dem kontinentaleuropäischen, durch Rousseau geprägten Demokratiemodell der Identität von Herrschern und Beherrschten gegenüberstelle (Mandt 1998: 10). Vgl. dazu auch die Ausführungen in Kapitel 5 zu Ernst Vollraths Unterscheidung zwischen Identitäts- und Differenzrepräsentation.

235 Einen knappen Überblick zum Ursprung des Begriffs der Responsivität in der angelsächsischen Politikwissenschaft bietet Uppendahl 1981.

represented, in a manner responsive to them" (Pitkin 1967: 209). Besonders interessant in unserem Zusammenhang ist dabei, dass Pitkin politische Repräsentation von einer Beziehung zwischen Mündel und Vormund oder einer reinen Treuhänderschaft durch die Handlungsfähigkeit der Repräsentierten abgrenzt. Im Gegensatz zum Mündel kann sich der Repräsentierte nämlich plötzlich erheben und dem widersprechen, was der Repräsentant in seinem Namen tut.[236] Responsivität besteht dann darin, dass der Repräsentant nicht nur im Interesse des Repräsentierten handelt, sondern dies auf eine Art und Weise tut, die dessen Wünsche und Bedürfnisse berücksichtigt. „Responsiveness seems to have a kind of negative criterion: conflict must be possible and yet nevertheless not occur" (Pitkin 1967: 155).

In dieser Version des Responsivitätskriteriums lässt sich sowohl ein verkapptes Identitätsideal als auch die Ablehnung eines aktiven Beteiligungshandelns der Bürger sehen. So kritisiert Linden, Pitkin unterstelle die Existenz *eines* Bürgerwillens, den der Abgeordnete zu erkennen habe und dem er nur im Ausnahmefall und mit guten Gründen nicht entsprechen dürfe. Zu Recht wendet er ein, dass es angesichts der Pluralität von Lebenslagen, Wertvorstellungen und Präferenzen weder *den* Bürgerwillen noch allgemein akzeptable Gründe für seine Nichtbeachtung geben könne (Linden 2006: 229).[237] Dieter Fuchs dagegen greift das Responsivitätskriterium positiv auf und argumentiert, nicht das Ausmaß der Beteiligung der Bürger, sondern die Responsivität der gewählten Vertreter bildeten das entscheidende demokratische Kriterium auf der Prozessebene politischer Systeme (Fuchs 2000: 266).

Eine ganz andere Perspektive auf die Responsivität der Amts- und Mandatsträger ergibt sich jedoch, wenn wir das oben charakterisierte Verständnis der Repräsentationsbeziehung als konflikthaften politischen Prozess übernehmen. Responsivität impliziert dann weder die problematische Unterstellung *eines* Bürgerwillens, noch ersetzt sie die Partizipation der Bürger durch ein stellvertretendes Handeln der Repräsentanten. Vielmehr bezeichnet sie den Prozess des Beratens, der Auseinandersetzung und Entscheidung zwischen den Wahlterminen, der auf Seiten der Bürger, wie oben ausgeführt, eine breite Palette politischer Handlungsformen umfasst, die von direkten Einwirkungen auf die Repräsentanten über öf-

236 „… suddenly rise up and object to what a representative is doing in his name" (Pitkin 1967: 155).

237 Gary S. Schaal, der sich ebenfalls gegen das Responsivitätsideal der liberalen Demokratie wendet, argumentiert im Gegensatz zu Linden mit der höheren Rationalität der deliberativen Willensbildung gegenüber der Aggregation politischer Präferenzen. Letztere werde angesichts zunehmender Pluralisierung und sinkender finanzieller Möglichkeiten des Staates immer schwieriger, was im Ergebnis dann zur politischen Frustration der Bürger führe. Eine Lösung soll die Aufklärung der politischen Präferenzen qua Diskurs und die „epistemologische Vermutung höherer Rationalität" für dessen Ergebnisse bieten (Schaal 2008: 366). Dabei bleibt allerdings nicht nur unklar, wie der Diskurs die gegensätzlichen Präferenzen zum Konsens transformieren könnte. Höchst problematisch ist darüber hinaus die implizite Identitätsillusion derartiger Erwartungen an eine diskursive politische Willensbildung.

fentliche Stellungnahmen bis zu sozialen Bewegungen und der Einleitung direktdemokratischer Entscheidungen reichen kann.

b) In welchem Ausmaß politische Repräsentationsbeziehungen den Bürgern Handlungsmöglichkeiten bieten, hängt nicht nur von der Gestaltung der repräsentativen Institutionen selbst ab, sondern auch von sozialstrukturellen und kulturellen Bedingungen sowie dem Zustand der die politische Willensbildung vermittelnden Institutionen, also insbesondere der Öffentlichkeit, den Parteien und den Verbänden. Demokratie basiert auf der Anerkennung der politischen Gleichheit aller erwachsenen Bürgerinnen und Bürger. Bereits die ersten Befürworter des neuzeitlichen Repräsentationsprinzips konnten jedoch nicht umhin, ein Spannungsverhältnis zwischen Gleichheit und Repräsentation zu konzedieren. So sah sich James Madison gezwungen, die Verfassung der jungen amerikanischen Republik gegen den Vorwurf zu verteidigen, sie führe zu einer Oligarchie, da die parlamentarischen Repräsentanten aus einer Klasse von Bürgern stammte, die wenig Sympathie mit der Masse des Volkes verbinde (Hamilton/Jay/Madison: No. 57, 371). Die trotz der im Laufe des 20. Jahrhunderts in der westlichen Welt erkämpften Gleichheit politischer Rechte fortbestehende Selektivität von Repräsentationsverhältnissen führte in der jüngeren demokratietheoretischen Diskussion zu Forderungen nach einer besonderen Berücksichtigung ethnisch, kulturell oder sozial benachteiligter Gruppen durch Vetorechte, Quotierungen und andere Formen der deskriptiven Repräsentation.[238] Auch wenn die Bevorzugung oder „positive Diskriminierung" von Gruppen, insbesondere mit Blick auf die Untergrabung des gleichen Bürgerstatus, heftig umstritten ist,[239] so folgt aus einem politischen Verständnis der Repräsentationsbeziehung im obigen Sinn die Forderung, nicht nur offene Diskriminierungsmechanismen, sondern auch soziale, kulturelle und geschlechtsspezifische Barrieren des politischen Prozesses abzubauen. Denn gerade wenn die demokratische Qualität der Repräsentation nicht allein im Wahlakt, sondern darüber hinaus in der reflexiven Anbindung der Repräsentanten an die Meinungs- und Willensbildung der Gesellschaft liegen soll, dann kann sich die Gleichheitsnorm nicht auf das Wahlrecht beschränken, sondern muss sich auf die realen Möglichkeiten richten, diesen politischen Prozess zu beeinflussen - sei es durch eigenes Handeln oder durch Unterstützung von Gruppen, die als Vertreter der eigenen Interessen und Meinungen gelten können.

Ein politisches Verständnis von Repräsentation stellt demnach höhere Anforderungen an die Mediations- und Aggregationsleistungen von gesellschaftlichen Organisationen und Parteien als ein lediglich autorisierender Repräsentationsbegriff oder auch die „acting-for" Konzeption Hanna Pitkins (Pitkin 1967: 112-143).

238 So etwa Young 1995, Phillips 1995, Mansbridge 2000.
239 Für eine zusammenfassende Kritik etwa Beiner 2006.

Diese Implikation der partizipatorischen Neuinterpretation repräsentativer Demokratie steht jedoch in einem auffallenden Widerspruch zur jüngeren Entwicklung westlicher Demokratien. Soziologie und Politikwissenschaft diskutieren seit mehr als einem Vierteljahrhundert unter dem Schlagwort der Individualisierung die Auflösung sozialer Großgruppen und die Pluralisierung von Lebensweisen.[240] Auch Autoren, welche die Individualisierungsthese mit einleuchtenden Argumenten als übertrieben und empirisch schwach begründet kritisieren, konstatieren eine Öffnung sozialer und kultureller Milieus und diagnostizieren gravierende Probleme der Parteien, programmatische Alternativen zu entwickeln, die noch in der Lage wären, an den veränderten Lebensbedingungen und Selbstwahrnehmungen der Menschen anzuknüpfen.[241] Der vielfach beklagte Verlust programmatischer Orientierungen in der Politik mag zu einem Teil auf diese Heterogenisierung der Gesellschaft zurückgehen. Je komplexer die Interessen und Wertorientierungen, umso schwieriger aber auch das Geschäft der Parteien, diese zu aussagekräftigen und diskussionsfähigen politischen Programmen zu aggregieren.[242]

Es spricht allerdings vieles dafür, dass diese Zurückhaltung der Parteien beim öffentlichen Austragen des Für und Wider politischer Alternativen nicht nur, und nicht einmal in erster Linie, auf sozialstrukturelle und -kulturelle Veränderungen zurückgeht. Zum einen ist es aus Sicht der Parteieliten eine attraktive Option, programmatische Festlegungen zu vermeiden. Und zwar sowohl aus der Logik der Stimmenmaximierung, die es geraten erscheinen lässt, umstrittene Vorstellungen zurückzuhalten und stattdessen mit persönlicher Popularität und Kompetenzimage über die eigene Stammwählerschaft hinaus um Unterstützung zu werben, als auch um spätere Einschränkungen der eigenen Handlungsoptionen durch Wählerschaft und eigene Parteibasis zu vermeiden. Darüber hinaus fördert die Logik der kommerzialisierten medialen Vermittlung von Politik eine solche Strategie der Entpolitisierung von Repräsentationsbeziehungen. Wenn sich die politische Berichterstattung wie jede Unterhaltungssendung durch ihre Einschaltquoten verkaufen muss, so begünstigen die Selektions- und Präsentationsregeln das bewegte Bilder bietende Ereignis und die narrative Darstellung mit prominentem Personenbezug, nicht aber Vorgänge der Artikulation und Vermittlung von Meinungen und Inter-

240 Mit großer Wirkung etwa Beck 1983.

241 So etwa Vester u.a. 1993 sowie Walter/Dürr 2000.

242 Heidrun Abromeit sieht darin eine Ursache des Vertrauensverlusts der Politik. Je heterogener eine Gesellschaft und je komplexer ihr Entscheidungssystem, desto mehr stoße das Konzept der Repräsentation an Grenzen. „Der Repräsentierte muss dann befürchten, dass auch seine intensiveren Präferenzen zum Tauschobjekt unter den Repräsentanten werden: Er kann ihnen darum nicht mehr 'vertrauen'" (Abromeit 2003: 98).

essen.[243] Demokratische Politik gerät damit in Gefahr, zu einem von politischen Alternativen gelösten, weitgehend inhaltslosen Wettbewerb um Zustimmung zu werden.[244] In letzter Konsequenz repräsentieren die Repräsentanten schließlich nichts weiter als ein von professionellen Beratern geschickt ins Bild gesetztes Image. Solange die mediale Selbstinszenierung für das führende Personal der politischen Parteien eine erfolgversprechende Alternative zur offenen Auseinandersetzung um Handlungsoptionen bietet, wird die normative Neuinterpretation von Repräsentationsbeziehungen als partizipatorischer politischer Prozess ins Leere laufen.

Drastisch sinkende Wahlbeteiligungen und zunehmende Distanz der Bürger von der Parteipolitik[245] deuten allerdings darauf hin, dass sich die Krise der politischen Repräsentation weiter zuspitzt und über kurz oder lang auf Veränderungen drängen wird. Erste Anzeichen dafür können in den für viele Beobachter überraschend starken Mobilisierungen gegen einzelne politische Reformbestrebungen und Großprojekte, wie die Schulreform der schwarz-grünen Landesregierung in Hamburg oder den von beiden großen Parteien befürworteten Neubau des Stuttgarter Bahnhofs gesehen werden.

In der politikwissenschaftlichen Literatur, die sich mit den beschriebenen Tendenzen ausführlicher beschäftigt, lassen sich zwei Grundmuster der Beurteilung unterscheiden. Das erste davon besteht in der Anpassung der demokratietheoretischen Normen an die Realität einer zunehmend marktförmigen und medienvermittelten, aber von identifizierbaren Handlungsalternativen immer weiter entfernten Politik. So argumentieren Dörner/Vogt etwa, die Entwicklung demokratischer Wahlen „zu einem Marktgeschehen“ und die Wandlung des sichtbaren Teils der Politik zu einer „professionell inszenierten Dauerwerbesendung“ scheine „in der medialen Erlebnisgesellschaft unserer Tage kaum umkehrbar“ (Dörner/Vogt 2002: 15). Für die Funktionsfähigkeit der repräsentativen Demokratie stelle dies jedoch kein Problem dar, solange es noch gelinge, „Wahlkämpfe als rituelle Inszenierungen des demokratischen Mythos“ zu gestalten (Dörner/Vogt 2002: 18). Damit meinen sie, der inszenierte Mythos müsse eine Geschichte erzählen, nach der die politische Gemeinschaft in regelmäßigen Abständen jeweils ihre besten Mitglieder dazu bestimme, kollektiv verbindliche Entscheidungen im Sinne des Gemeinwohls zu treffen. Das Gelingen dieser regelmäßigen rituellen Inszenierung hänge nicht zuletzt von der Fähigkeit der politischen Akteure ab, „ästhetisch ansprechend aufzutreten, Feel-Good Stimmung zu verbreiten und den Erlebniswert des Rituals zu steigern“ (Dörner/Vogt 2002: 19). Eine solche Position mag den Charme des Bescheid wissenden Zynismus für sich haben, sie lässt jedoch kein normatives Kri-

243 Ausführlicher dazu Meyer 2001.
244 Vgl. dazu auch Rosa 2006.
245 Spezifisch für die deutschen Volksparteien vgl. Walter 2009.

terium zur Beurteilung der repräsentativen Demokratie übrig, außer dem ihres fortgesetzten Funktionierens.

Ein zweites Muster besteht in der dramatisierenden Substantialisierung der beschriebenen Krisentendenzen zur „Postdemokratie“ (Crouch 2004), die insbesondere durch die Kommerzialisierung von Parteien, öffentlichen Diensten und staatsbürgerlichen Rechten gekennzeichnet sei. Diese Kritik noch einmal überbietend, spricht Ingolfur Blühdorn von einer „simulativen Demokratie“, deren Funktion nur noch darin bestünde, eine Fiktion der Selbstbestimmung autonomer Subjekte aufrechtzuerhalten, während diese sich real jedoch längst im Markt aufgelöst hätten (Blühdorn 2006 und 2007). Entscheidend seien dabei nicht die politischen Strategien von gesellschaftlichen Klassen oder politischen Eliten. Unter Bedingungen, in denen stabile Identitäten sich „nicht nur verflüssigen“, sondern „vollständig verdunsten“, werde das demokratische Prinzip der Repräsentation obsolet: „Es ist nichts Greifbares mehr vorhanden, was repräsentiert werden könnte“ (Blühdorn 2006: 81).[246] Bei dieser Diagnose fällt auf, dass sie sich auf eine Idealvorstellung von Repräsentation bezieht, in der eine feste, vorausgesetzte Identität möglichst 1:1 wiedergegeben werden sollte. Im Ergebnis ganz ähnlich wie Blühdorn argumentiert auch Michael Greven, der die Demokratie neuerdings für eine im Kern vormoderne Angelegenheit hält und nun ihre „restmetaphysischen aprioris“ wie etwa den „Willen des Volkes“ erodieren sieht (Greven 2009).[247] Auch hier sind es wohl eher die theoretischen Grundlagen der Krisendiagnose, die mit dem „Willen des Volkes“ ein identitäres Demokratieverständnis implizieren und vormoderne Züge aufweisen, nicht aber die repräsentative Demokratie.

Sowohl die Tendenz zur normativen Entleerung als auch die rhetorisch griffige Verabschiedung der repräsentativen Demokratie verabsolutieren die Krisenentwicklungen der letzten Jahre und schreiben sie konzeptionell fest. Demgegenüber ist darauf hinzuweisen, dass weder eine Wiederbelebung alter noch die Herausbildung neuer, repräsentationsfähiger Konfliktlinien ausgeschlossen scheint. Gerade in jüngster Zeit mehren sich nicht nur gesellschaftliche Konflikte, sondern auch die Anzeichen für wachsende Erwartungen der Bürger an die repräsentativen politischen Institutionen, ihre Entscheidungsmacht zu nutzen und gegenüber verselbständigten Märkten und den ökologischen und sozialen Folgeproblemen der ökonomischen Entwicklung wieder stärker als politische Handlungszentren zu fungieren. Die Einnahme einer etwas längerfristigen historischen Perspektive könnte zudem ins Blickfeld rücken, wie wenig neu die zivilisationskritischen Szenarien einer unaufhaltsamen Vermarktlichung und Entpolitisierung der repräsentativen Demokratie letztlich sind. Bereits 1906 diagnostizierte Max Weber das drohende

246 Mit diesem Argument scheint Blühdorn zu entgehen, dass er ein identitäres Ideal der Repräsentation unterstellt.

247 Zur Kritik an Greven vgl. Linden 2010.

Ende der Demokratie und sah die „ökonomischen Wetterzeichen nach der Richtung zunehmender 'Unfreiheit' (weisen)" (Weber 1988: 63 f.). Die Gestaltung der Gesellschaft wird aber auch in Zukunft nicht durch vermeintlich sachliche Gesetze des Marktes entschieden werden. Aus gesellschaftlichen Konflikten kommt es ständig zur Formierung und Neugruppierung politischer Konfliktlinien, vor deren Hintergrund Handlungsalternativen formuliert und politisch repräsentiert werden können. Darauf bezogen liegt die Aufgabe der Demokratietheorie nicht darin, sich in Untergangszenarien zu überbieten, sondern ihren Begriff politischen Handelns zu schärfen und die Möglichkeiten zu eruieren, „dass Menschen in Freiheit, jenseits von Gewalt, Zwang und Herrschaft, miteinander verkehren, Gleiche mit Gleichen, die … alle Angelegenheiten durch das Miteinander-Reden und das gegenseitige Sich-Überzeugen" regeln (Arendt 1993: 39).

Literatur

Abendroth, Wolfgang, 1965: Wirtschaft, Gesellschaft und Demokratie in der Bundesrepublik. Frankfurt a.M.

Abromeit, Heidrun, 2002: Wozu braucht man Demokratie? Die postnationale Herausforderung der Demokratietheorie. Opladen.

Abromeit, Heidrun, 2003: Nutzen und Risiken direktdemokratischer Instrumente, in: Offe, Claus (Hrsg.): Demokratisierung der Demokratie. Frankfurt/New York, 95-110.

Ankersmit, Frank R., 1996: Aesthetic Politics. Political Philosophy Beyond Fact and Value. Stanford.

Arendt, Hannah, 1968: Between Past and Future. New York.

Arendt, Hannah, 1974: Über die Revolution. München.

Arendt, Hannah, 1979: On Hannah Arendt, in: Hill, Melvyn (Hrsg.): Hannah Arendt. The Recovery of the Public World. New York, 301-339.

Arendt, Hannah, 1981: Vita Activa oder Vom tätigen Leben. München.

Arendt, Hannah, 1986: Elemente und Ursprünge totaler Herrschaft. München.

Arendt, Hannah, 1989: Ziviler Ungehorsam, in: Dies.: Zur Zeit. Politische Essays. München, 119-160.

Arendt, Hannah, 1990: Macht und Gewalt. München.

Arendt, Hannah, 1993: Was ist Politik? Fragmente aus dem Nachlass. Herausgegeben von Ursula Ludz. München.

Arendt, Hannah, 1994: Kultur und Politik, in: Dies.: Zwischen Vergangenheit und Zukunft. München, 277-304.

Arendt, Hannah, 1994a: Freiheit und Politik, in: Dies.: Zwischen Vergangenheit und Zukunft. München, 201-226.

Arendt, Hannah, 1998: Vom Leben des Geistes. Das Denken. Das Wollen. München.

Arendt, Hannah, 2002: Denktagebuch. 1950-1973. 2 Bände. München.

Arendt, Hannah/Jaspers, Karl, 1985: Briefwechsel 1926-1969. München.

Aristoteles, 1985: Nikomachische Ethik. Nach der Übersetzung von Eugen Rolfes. Hamburg.

Aristoteles, 1994: Politik. Nach der Übersetzung von Franz Susemihl. Reinbek bei Hamburg.

Auer, Dirk, 2005: Die Konflikttheorie der Hegemonietheorie, in: Bonacker, Thorsten (Hrsg.): Sozialwissenschaftliche Konflikttheorien. Eine Einführung. Wiesbaden, 249-266.

Barber, Benjamin, 1984: Strong Democracy. Participatory Politics for a New Age. Berkeley.

Barber, Benjamin, 1994: Starke Demokratie. Hamburg.

Barber, Benjamin, 1994a: Foundationalism and Democracy, in: Politisches Denken. Jahrbuch 1993. Stuttgart, 29-37.

Beck, Ulrich, 1983: Jenseits von Stand und Klasse? Soziale Ungleichheiten, gesellschaftliche Individualisierungsprozesse und die Entstehung neuer sozialer Formationen und Identitäten, in: Reinhard Kreckel (Hrsg.): Soziale Ungleichheiten. Soziale Welt. Sonderband 2. Göttingen, 35 -74.

Beck, Ulrich, 1993: Die Erfindung des Politischen. Frankfurt a.M.

Beiner, Ronald, 2006: Multiculturalism and Citizenship. A Critical Response to Iris Marion Young, in: Educational Philosophy and Theory 38, 25-37.

Benhabib, Seyla, 1991: Modelle des öffentlichen Raumes. Hannah Arendt, die liberale Tradition und Jürgen Habermas, in: Soziale Welt 42, 147-165.

Benhabib, Seyla, 1993: Demokratie und Differenz. Betrachtungen über Rationalität, Demokratie und Postmoderne, in: Brumlik, Micha/Brunkhorst, Hauke (Hrsg.): Gemeinschaft und Gerechtigkeit. Frankfurt a.M., 97-116.

Benhabib, Seyla, 1995: Ein deliberatives Modell demokratischer Legitimität, in: Deutsche Zeitschrift für Philosophie 43, 3-29.

Benhabib, Seyla, 1995a: Liberaler Dialog kontra Kritische Theorie der Legitimierung, in: Brink, Bert van den (Hrsg.): Bürgergesellschaft, Recht und Demokratie. Frankfurt a.M., 411-431.

Benhabib, Seyla, 1996: The Reluctant Modernism of Hannah Arendt. Thousand Oaks.

Benz, Arthur, 2001: Eine Herausforderung für die Demokratietheorie. M. Th. Grevens politische Gesellschaft, in: Neue Politische Literatur 46, 15-22.

Bermbach, Udo, 1990: Politikwissenschaft als Demokratiewissenschaft - was sonst? in: Ethik und Sozialwissenschaften 1, 230-232.

Biskowski, Lawrence J., 1995: Politics versus Aesthetic: Arendt's Critiques of Nietzsche and Heidegger, in: The Review of Politics 57, 59-89.

Blanke, Thomas, 1994: Sanfte Nötigung, in: Kritische Justiz 27, 439-461.

Blühdorn, Ingolfur, 2006: Billig will ich. Postdemokratische Wende und simulative Demokratie, in: Forschungsjournal Neue Soziale Bewegungen 19, 72-83.

Blühdorn, Ingolfur, 2007: The Third Transformaton of Democracy. On the Efficient Management of Late-Modern Complexity, in: Ders./Jun, Uwe (Hrsg.): Economic Efficiency - Democratic Empowerment. Lanham u.a., 299-332.

Bluhm, Harald, 1999: Dostojewski und Tolstoi-Rezeption auf dem „semantischen Sonderweg". Kultur und Zivilisation in deutschen Rezeptionsmustern Anfang des 20. Jahrhunderts, in: Politische Vierteljahresschrift 40, 305-327.

Bluhm, Harald, 2001: Handeln und Verantwortung. Hannah Arendts Konzept politischen Denkens, in: Politisches Denken. Jahrbuch 2001. Stuttgart/Weimar, 1-17.

Bohman, James, 1998: The Coming of Age of Deliberative Democracy, in: The Journal of Political Philosophy 6, 400-425.

Bonacker, Thorsten, 2000: Die normative Kraft der Kontingenz. Frankfurt a.M.

Bonacker, Thorsten, 2003: Die Kontingenz politischen Handelns, in: Auer, Dirk/Rensmann, Lars/Schule-Wessel, Julia (Hrsg.): Arendt und Adorno. Frankfurt a.M., 287-310.

Breiner, Peter, 1996: Max Weber and Democratic Politics. Ithaca and London.

Breuer, Stefan, 1994: Bürokratie und Charisma. Zur politischen Soziologie Max Webers. Darmstadt.

Bubner, Rüdiger, 1984: Geschichtsprozesse und Handlungsnormen. Untersuchungen zur praktischen Philosophie. Frankfurt a.M.

Bubner, Rüdiger/Scheibe, Erhard (Hrsg.), 1985: Kontingenz. Göttingen.

Buchstein, Hubertus/Jörke, Dirk, 2003: Das Unbehagen an der Demokratietheorie, in: Leviathan 31, 470-495.

Canovan, Margaret, 1992: Hannah Arendt. A Reinterpretation of her Political Thought. Cambridge.

Castoriadis, Cornelius, 1983: Wert, Gleichheit, Gerechtigkeit, Politik. Von Marx zu Aristoteles und von Aristoteles zu uns, in: Ders.: Durchs Labyrinth. Frankfurt a.M., 221-276.

Castoriadis, Cornelius, 1984: Gesellschaft als imaginäre Institution, Frankfurt a.M.

Castoriadis, Cornelius, 1990: Die griechische Polis und die Schaffung der Demokratie, in: Rödel, Ulrich (Hrsg.): Autonome Gesellschaft und libertäre Demokratie. Frankfurt a.M., 298-328.

Crouch, Colin, 2004: Post-Democracy. Cambridge.

Curtis, Kimberley, 1997: Aesthetic Foundations of Democratic Politics in the Work of Hannah Arendt, in: Calhoun, Craig/McGowan, John (Hrsg.): Hannah Arendt and the Meaning of Politics, Minneapolis, 27-52.

Curtis, Kimberley, 1999: Our Sense of the Real. Aesthetic Experience and Arendtian Politics. Ithaca and London.

Dahl, Robert, 1989: Democracy and its Critics. New Haven/London.

Dahl, Robert, 1994: A Democratic Dilemma: System Effectiveness versus Citizen Participation, in: Political Science Quarterly 109, 23-34.

Dalton, Russell, 2004: Democratic Challenges, Democratic Choices. The Erosion of Democratic Support in Advanced Industrial Countries. Oxford.

Damus, Renate, 1978: Der reale Sozialismus als Herrschaftssystem am Beispiel der DDR. Frankfurt a.M.

Demirovic, Alex, 2007: Hegemonie und diskursive Konstruktion der Gesellschaft, in: Nonhoff, Martin (Hrsg.): Diskurs - radikale Demokratie - Hegemonie. Zum politischen Denken von Ernesto Laclau und Chantal Mouffe. Münster, 55-85.

Derrida, Jacques, 1986: Declaration of Independence, in: New Political Science 7, 7-15.

Die politische Gesellschaft als Gegenstand der Politikwissenschaft. Kritik und Replik, 1990: in: Ethik und Sozialwissenschaften 1, 228-268.

Dörner, Andreas/Vogt, Ludger, 2002: Der Wahlkampf als Ritual. Zur Inszenierung der Demokratie in der Multioptionsgesellschaft, in: Aus Politik und Zeitgeschichte 15-16, 15-22.

Dubiel, Helmut, 1992: Konsens oder Konflikt? Die normative Integration des demokratischen Staates, in: Kohler-Koch, Beate (Hrsg.): Staat und Demokratie in Europa. Opladen, 130-137.

Dubiel, Helmut, 1997: Unversöhnlichkeit und Demokratie, in: Heitmeyer, Wilhelm (Hrsg.): Was hält die Gesellschaft zusammen? Bd. 2. Frankfurt a.M., 425-444.

Estrada Saavedra, Marco, 2002: Die deliberative Rationalität des Politischen. Würzburg.

Euchner, Walter, 1990: Die Degradierung der politischen Institutionen im Marxismus, in: Leviathan 4, 487-504.

Fraenkel, Ernst, 1991: Demokratie und öffentliche Meinung, in: Ders.: Deutschland und die westlichen Demokratien. Mit einem Nachwort über Leben und Werk Ernst Fraenkels. Herausgegeben von Alexander von Brünneck. Frankfurt a.M., 232-260.

Fraenkel, Ernst, 1991a: Der Pluralismus als Strukturelement der freiheitlich-rechtsstaatlichen Demokratie, in: Ders.: Deutschland und die westlichen Demokratien. Mit einem Nachwort über Leben und Werk Ernst Fraenkels. Herausgegeben von Alexander von Brünneck. Frankfurt a.M., 297-325.

Fuchs, Dieter, 2000: Demokratie und Beteiligung in der modernen Gesellschaft: Einige demokratietheoretische Überlegungen, in: Niedermayer, Oskar/Westle, Bettina (Hrsg.): Demokratie und Partizipation. Wiesbaden, 250-280.

Gauchet, Marcel, 1990: Tocqueville, Amerika und wir. Über die Entstehung der demokratischen Gesellschaft, in: Rödel, Ulrich (Hrsg.): Autonome Gesellschaft und libertäre Demokratie. Frankfurt a.M., 123-206.

Gebhardt, Jürgen, 1996: Die Rehabilitierung der Politik. Anmerkungen zu Hannah Arendt, in: Grethlein, Thomas (Hrsg.): Inmitten der Zeit. Würzburg, 65-86.

Gebhardt, Jürgen, 1998: Auf der Suche nach dem Politischen, in: Greven, Michael/Schmalz-Bruns, Rainer (Hrsg.): Bürgersinn und Kritik. Festschrift für Udo Bermbach zum 60. Geburtstag. Baden-Baden, 15-27.

Gerhards, Jürgen, 1997: Diskursive versus liberale Öffentlichkeit. Eine empirische Auseinandersetzung mit Jürgen Habermas, in: Kölner Zeitschrift für Soziologie und Sozialpsychologie 4, 1-34.

Giddens, Anthony, 1994: Beyond Left and Right. The Future of Radical Politics. Stanford.

Göhler, Gerhard, 1992: Konflikt und Integration. Koreferat zu Helmut Dubiel, in: Kohler-Koch, Beate (Hrsg.): Staat und Demokratie in Europa. Opladen, 138-146.

Göhler, Gerhard, 1992a: Politische Repräsentation in der Demokratie, in: Leif, Thomas von/Legrand, Hans-Josef/Klein, Ansgar (Hrsg.): Die politische Klasse in Deutschland. Eliten auf dem Prüfstand. Bonn, 108-125.

Göhler, Gerhard, 1997: Der Zusammenhang von Institution, Macht und Repräsentation, in: Ders. (Hrsg.): Institution - Macht - Repräsentation. Berlin, 15-61.

Gramsci, Antonio, 1967: Philosophie der Praxis. Frankfurt a.M.

Grant, Ruth, 2002: Political Theory, Political Science, and Politics, in: Political Theory 30, 577-595.

Greven, Michael, 1987: Krise der objektiven Vernunft. Entfremdung und ethischer Dezisionismus bei Georg Lukács und Max Weber, in: Bermbach, Uwe/Trautmann, Günter (Hrsg.): Georg Lukács. Opladen 1987, 97-123.

Greven, Michael, 1990: Die politische Gesellschaft als Gegenstand der Politikwissenschaft. Elf Thesen zu ihrer Begründung, in: Ethik und Sozialwissenschaft 1, 223-228.

Greven, Michael, 1992: Über demokratischen Dezisionismus, in: Emig, Dieter/Hüttig, Christoph/Raphael, Lutz (Hrsg.): Sprache und politische Kultur in der Demokratie. Frankfurt a.M., 193-206.

Greven, Michael, 1993: Hannah Arendt – Pluralität und die Gründung der Freiheit, in: Kemper, Peter (Hrsg.): Die Zukunft des Politischen. Frankfurt a.M., 69-96.

Greven, Michael, 1995: Macht in der Öffentlichkeit der Demokratie. Kritischer Kommentar zu R. Schmalz-Bruns, in: Göhler, Gerhard (Hrsg.): Macht der Öffentlichkeit - Öffentlichkeit der Macht. Baden-Baden, 75-84.

Greven, Michael, 1997: Politisierung ohne Citoyen. Über die Kluft zwischen politischer Gesellschaft und gesellschaftlicher Individualisierung, in: Klein, Ansgar/Schmalz-Bruns, Rainer (Hrsg.): Politische Beteiligung und Bürgerengagement in Deutschland. Bonn, 231-251.

Greven, Michael, 1999: Die politische Gesellschaft. Kontingenz und Dezision als Probleme des Regierens und der Demokratietheorie. Opladen.

Greven, Michael, 2000: Output-Legitimation. „Der Zweck heiligt die Mittel“ – in der Demokratie nicht, in: Ders.: Kontingenz und Dezision. Opladen, 191-202.

Greven, Michael, 2003: Hannah Arendts Handlungsbegriff zwischen Max Webers Idealtypus und Martin Heideggers Existentialontologie, in: Thaa, Winfried/Probst, Lothar (Hrsg.): Amerika im Denken Hannah Arendts. Berlin, 119-139.

Greven, Michael, 2004: Max Weber's Missing Definition of 'Political Action' in his Basic Sociological Concepts': Simultaneously a Commentary on Some Aspects of Kari Palonen's Writings on Max Weber, in: Max Weber Studies 4, 179-200.

Greven, Michael, 2005: The Informalization of Transnational Governance: A Threat to Democratic Government, in: Grande, Edgar/Pauly, Louis W. (Hrsg.): Complex Sovereignty. Reconstituting Political Authority in the Twenty-First Century. Toronto, 261-284.

Greven, Michael, 2009: War die Demokratie jemals modern? Oder: Des Kaisers neue Kleider, in: Berliner Debatte Initial 20, 67-73.

Guéhenno, Jean-Marie, 1994: Das Ende der Demokratie. München.

Gutschker, Thomas, 2002: Aristotelische Diskurse. Aristoteles in der politischen Philosophie des 20. Jahrhunderts. Stuttgart.

Habermas, Jürgen, 1962: Strukturwandel der Öffentlichkeit. Neuwied.

Habermas, Jürgen, 1968: Arbeit und Interaktion, in: Ders.: Technik und Wissenschaft als ‚Ideologie'. Frankfurt a.M., 9-47.

Habermas, Jürgen, 1968a: Technik und Wissenschaft als ‚Ideologie'. Für Herbert Marcuse zum 70. Geburtstag am 19.VII. 1968, in: Ders.: Technik und Wissenschaft als ‚Ideologie'. Frankfurt a.M., S. 48-103.

Habermas, Jürgen, 1973: Legitimationsprobleme im Spätkapitalismus. Frankfurt a.M.

Habermas, Jürgen, 1978: Die klassische Lehre von der Politik in ihrem Verhältnis zur Sozialphilosophie, in: Theorie und Praxis – Sozialphilosophische Studien. Frankfurt a.M., 48-88.

Habermas, Jürgen, 1981: Theorie des kommunikativen Handelns. Zwei Bände. Frankfurt a.M.

Habermas, Jürgen, 1983: Die Verschlingung von Mythos und Aufklärung. Bemerkungen zur Dialektik der Aufklärung – nach einer erneuten Lektüre, in: Bohrer, Karl-Heinz (Hrsg.): Mythos und Moderne, Frankfurt a.M., 405-431.

Habermas, Jürgen, 1984: Vorstudien und Ergänzungen zur Theorie des kommunikativen Handelns. Frankfurt a.M.

Habermas, Jürgen, 1985: Der philosophische Diskurs der Moderne. Frankfurt a.M.

Habermas, Jürgen, 1986: Entgegnung, in: Honneth, Axel/Joas, Hans (Hrsg.): Kommunikatives Handeln. Beiträge zu Jürgen Habermas' Theorie des kommunikativen Handelns. Frankfurt a.M., 327-405.

Habermas, Jürgen, 1990: Strukturwandel der Öffentlichkeit. Vorwort zur Neuauflage 1990, in: Ders.: Strukturwandel der Öffentlichkeit. Frankfurt a.M., 11-50.

Habermas, Jürgen, 1992: Faktizität und Geltung. Beiträge zur Diskurstheorie des Rechts und des demokratischen Rechtsstaates, Frankfurt a. M.

Habermas, Jürgen, 1994: Nachwort zur 4. Auflage von Faktizität und Geltung, in: Ders: Faktizität und Geltung. Frankfurt a.M., 661-680.

Habermas, Jürgen, 1996: Die Einbeziehung des Anderen. Studien zur politischen Theorie. Frankfurt a.M.

Habermas, Jürgen, 1996a: Anhang zu Faktizität und Geltung. Replik auf Beiträge zu einem Symposion der Cardozo Law School, in: Ders.: Die Einbeziehung des Anderen. Frankfurt a.M., 309-399.

Habermas, Jürgen, 1998: Die postnationale Konstellation. Frankfurt a.M.

Habermas, Jürgen, 1998a: Richtigkeit versus Wahrheit. Zum Sinn der Sollgeltung moralischer Urteile und Normen, in: Deutsche Zeitschrift für Philosophie 46, 179-208.

Habermas, Jürgen, 2009: Hat die Demokratie noch eine epistemische Funktion? in: Ders.: Politische Theorie. Philosophische Texte Bd. 4. Frankfurt a.M., 87-139.

Hämäläinen, Janita, 2000: Arendt und Heidegger – Konvergenz in der ‚Welt', in: Hannah Arendt Newsletter 3, 18-23.

Hamilton, Alexander/Jay, John/Madison, James (o.J.): The Federalist, New York.

Hanke, Edith, 2001: Max Webers „Herrschaftssoziologie". Eine werkgeschichtliche Studie, in: Dies./Mommsen, Wolfgang (Hrsg.): Max Webers Herrschaftssoziologie. Tübingen, 19-46.

Hartmann, Martin, 2003: Die Kreativität der Gewohnheit. Grundzüge einer pragmatistischen Demokratietheorie. Frankfurt a.M.

Hayek, Friedrich August von, 1981: Recht, Gesetzgebung und Freiheit. Band 2: Die Illusion der sozialen Gerechtigkeit. Landsberg am Lech.

Heller, Agnes, 1991: The Concept of the Political Revisited, in: Held, David (Hrsg.): Political Theory Today. Stanford, 330-343.

Hennis, Wilhelm, 1987: Max Webers Fragestellung. Tübingen.

Herb, Karlfriedrich, 2000: Verweigerte Moderne. Das Problem der Repräsentation, in: Brandt, Reinhard/Herb, Karlfriedrich (Hrsg.): Jean Jacques Rousseau. Vom Gesellschaftsvertrag oder den Prinzipien des Staatsrechts. Berlin, 167-188.

Hesse, Heidrun, 1999: Ordnung und Kontingenz. Handlungstheorie versus Systemfunktionalismus. Freiburg/München.

Hinchman, Lewis/Hinchman, Sandra, 1994: Existentialism Politicized. Arendt's Debt to Jaspers, in: Hinchman, Lewis/Hinchman, Sandra (Hrsg.): Hannah Arendt. Critical Essays, Albany, 143-178.

Hirsch, Joachim, 1997: Von der ‚Zivil'- zur ‚Bürger'-gesellschaft. Etappen eines unaufhaltsamen Abstiegs, in: Fuchs, Gotthard/Moltmann, Bernhard/Prigge, Walter/Rexroth, Dieter (Hrsg.): Frankfurter Aufklärung. Politische Kulturen einer Stadt. Frankfurt a.M., 151-160.

Hirschman, Albert O., 1994: Social Conflicts as Pillars of Democratic Market Society, in: Political Theory 22, 203-218.

Hobsbawm, Eric, 2009: Globalisierung, Demokratie und Terrorismus. München.

Höffe, Otfried, 1993: Eine Konversion der Kritischen Theorie. Zu Jürgen Habermas' Rechts- und Staatstheorie, in: Neue Züricher Zeitung, 26. 02., 43-44.

Holzinger, Markus, 2006: Der Raum des Politischen. Politische Theorie im Zeichen der Kontingenz. München.

Honig, Bonnie, 1993: Political Theory and the Displacement of Politics. Ithaca/London.

Honneth, Axel/Joas, Hans (Hrsg.), 1986: Kommunikatives Handeln. Beiträge zu Jürgen Habermas ‚Theorie des kommunikativen Handelns'. Frankfurt a.M.

Höreth, Marcus, 2009: Überangepasst und realitätsentrückt. Zur Paradoxie der Theorie der deliberativen Demokratie in der EU, in: Zeitschrift für Politikwissenschaft 19, 307-330.

Horkheimer, Max, 1974: Zur Kritik der instrumentellen Vernunft. Frankfurt a.M.

Horkheimer, Max/Adorno, Theodor W., 1971: Dialektik der Aufklärung. Frankfurt a.M.

Howard, Dick, 2002: The Spector of Democracy. New York.

Jaeggi, Rahel, 1997: Welt und Person: Zum anthropologischen Hintergrund der Gesellschaftskritik Hannah Arendts. Berlin.

Joas, Hans, 1992: Die Kreativität des Handelns. Frankfurt a.M.

Jörges, Christian/Neyer, Jürgen, 1998: Vom intergouvernementalen Verhandeln zur deliberativen Politik: Gründe und Chancen für eine Konstitutionalisierung der europäischen Komitologie, in: Kohler-Koch, Beate (Hrsg.): Regieren in entgrenzten Räumen. PVS Sonderheft 29. Opladen, 207-233.

Kateb, George, 1984: Hannah Arendt. Politics, Conscience, Evil. Totowa.

Kateb, George, 1995: The Questionable Influence of Arendt (and Strauss), in: Kielmansegg, Peter Graf/Mewes, Horst/Glaser-Schmidt, Elisabeth (Hrsg.): Hannah Arendt and Leo Strauss. Cambridge/New York, 29-44.

Kant, Immanuel, 1990: Kritik der Urteilskraft. Herausgegeben von Karl Vorländer. Hamburg.

Kim, Sung Ho, 2000: „In Affirming Them, He Affirms Himself". Max Weber's Politics of Civil Society, in: Political Theory 28, 197-229.

Kloppenberg, James T., 2000: Demokratie und Entzauberung der Welt: Von Weber und Dewey zu Habermas und Rorty, in: Joas, Hans (Hrsg.): Philosophie und Demokratie. Frankfurt a. M., 44-80.

Knauer, James T., 1980: Motive and Goal in Hannah Arendt's Concept of Political Action, in: American Political Science Review 74, 721-733.

Korsch, Karl, 1966: Marxismus und Philosophie. Frankfurt a.M.

Krause, Skadi/Malowitz, Karsten, 1999: Zum Begriff der Gerechtigkeit in der Diskursethik von Jürgen Habermas, in: Münkler, Herfried/Llanque, Marcus (Hrsg.): Konzeptionen der Gerechtigkeit. Baden-Baden, 277-306.

Laclau, Ernesto, 1996: Deconstruction, Pragmatism, Hegemony, in: Mouffe, Chantal (Hrsg.): Deconstruction and Pragmatism. London, 47-67.

Laclau, Ernesto, 1996a: Power and Representation, in: Ders.: Emancipation(s). London, 84-104.

Laclau, Ernesto/Mouffe, Chantal, 1985 : Hegemony and Socialist Strategy. Towards a Radical Democratic Politics. London.

Lange, Ernst Michael, 1980: Das Prinzip Arbeit. Drei metakritische Kapitel über Grundbegriffe, Struktur und Darstellung der 'Kritik der Politischen Ökonomie' von Karl Marx. Frankfurt a.M.

Leonhard, Jörn, 2002: True English Guelps and Gibelines. Zum historischen Bedeutungs- und Funktionswandel von „whig" und „tory" im englischen Politikdiskurs seit dem 17. Jahrhundert, in: Archiv für Kulturgeschichte 84, 175–213.

Lincoln, Abraham, 1863: Address Delivered at the Dedication of the Cemetry at Gettysburg, in: Basler, Roy P. (Hrsg.): The Collected Works of Abraham Lincoln VII. Springfield 1953, 17-23.

Linden, Markus, 2006: Politische Integration im vereinten Deutschland. Baden-Baden.

Linden, Markus, 2010: Kein Ende der Demokratie. Eine Einordnung und Kritik der Erosionsthese Michael Grevens, in: Berliner Debatte Initial 21, 105-115.

Linden, Markus, 2010a: „Die im Dunkeln sieht man nicht" – Potentiale, Perspektiven und Probleme der Integration durch Repräsentation, in: Weißeno, Benno (Hrsg.): Bürgerrolle heute. Migrationshintergrund und politisches Lernen. Bonn, 161-176.

Linklater, Andrew, 1998: The Transformation of Political Community. Columbia.

Lobkowicz, Nicholas, 1967: Theory and Practice. History of a Concept from Aristotle to Marx. London.

Luhmann, Niklas, 1987: Soziologische Aufklärung. Band 4: Beiträge zur funktionalen Differenzierung der Gesellschaft. Opladen.

Lukács, Georg, 1970: Geschichte und Klassenbewusstsein. Neuwied und Berlin.

MacIntyre, Alasdair, 1991: Der Verlust der Tugend. Zur moralischen Krise der Gegenwart. Frankfurt a.M./New York.

Makropoulos, Michael, 1997: Modernität und Kontingenz. München.

Mandt, Hella, 1974: Tyrannislehre und Widerstandsrecht. Darmstadt.

Mandt, Hella, 1998: Responsible Gonvernment und kontinentale Demokratietheorie, in: Dies.: Politik in der Demokratie. Aufsätze zu ihrer Theorie und Ideengeschichte. Baden-Baden, 9-28.

Manin, Bernard, 1987: On Legitimacy and Deliberation, in: Political Theory 15, 338-368.

Manin, Bernard, 1997: The Principles of Representative Government. Cambridge.

Mansbridge, Jane, 2000: What does a Representative do? Descriptive Representation in a Communicative Setting of Distrust, Uncrystallized Interests, and Historically Denigrated Status, in: Kymlicka, Will (Hrsg.): Citizenship in Diverse Societies. Oxford, 99-123.

Marchart, Oliver, 2007: Politik und ontologische Differenz. Zum streng Philosophischen am Werk Ernesto Laclaus, in: Nonhoff, Martin (Hrsg.): Diskurs - radikale Demokratie - Hegemonie. Zum politischen Denken von Ernesto Laclau und Chantal Mouffe. Münster, 103-122.

Marchart, Oliver, 2008: Klarsprechen, Wahrsprechen, Widersprechen. Hannah Arendts pluraler Universalismus und seine Grenze, in: Grunenberg, Antonia u.a. (Hrsg.): Perspektiven politischen Denkens. Zum 100. Geburtstag von Hannah Arendt. Frankfurt a.M., 189-198.

Markus, György, 1988: praxis und poiesis: Eine fragwürdige Aristoteles-Renaissance, in: Althaus, Gabriele/Staeuble, Irmingard (Hrsg.): Streibare Philosophie. Margeritha von Brentano zum 65. Geburtstag. Berlin, 71-92.

Marx, Karl, 1972: Zur Judenfrage, in: MEW 1. Berlin, 347-370.

Marx, Karl, 1972a: MEW 23. Das Kapital. Band 1. Berlin.

Marx, Karl, 1973: MEW 25. Das Kapital. Band 3. Berlin.

Marx, Karl/Engels, Friedrich, 1973: MEW 3. Die deutsche Ideologie. Berlin.

McCarthy, Thomas, 1986: Komplexität und Demokratie. Die Versuchungen der Systemtheorie, in: Honneth, Axel/Joas, Hans (Hrsg.): Kommunikatives Handeln. Beiträge zu Jürgen Habermas' Theorie des kommunikativen Handelns. Frankfurt a.M., 177-215.

McCarthy, Thomas, 1994: Practical Discourse. On the Relation of Morality to Politics, in: Calhoun, Craig (Hrsg.): Habermas and the Public Sphere, Massachusetts, 51-72.

Meier, Christian, 1993: Athen. Ein Neubeginn der Weltgeschichte. Berlin.

Mewes, Horst, 2009: Hannah Arendt's Political Humanism. Frankfurt a.M.

Meyer, Thomas, 2001: Mediokratie. Die Kolonisierung der Politik durch das Mediensystem. Frankfurt a.M.

Miller, David, 1992: Deliberative Democracy and Social Choice, in: Political Studies 40, 54-67.

Mommsen, Wolfgang J., 1959: Max Weber und die deutsche Politik, 1890-1920. Tübingen.

Mommsen, Wolfgang J., 1974: Max Weber. Gesellschaft, Politik, Geschichte. Frankfurt a.M.

Mommsen, Wolfgang J., 2001: Politik im Vorfeld der Hörigkeit der Zukunft. Politische Aspekte der Herrschaftssoziologie Max Webers, in: Hanke, Edith./Ders. (Hrsg.): Max Webers Herrschaftssoziologie.Tübingen, 302-319.

Mouffe, Chantal, 1979: Hegemony and Ideology in Gramsci, in: Dies. (Hrsg.): Gramsci and Marxist Theory. London, 168-204.

Mouffe, Chantal, 1993: The Return of the Political. London/New York.

Mouffe, Chantal, 1995: Politics, Democratic Action, and Solidarity, in: Inquiry 38, 99-108.

Mouffe, Chantal, 1996: Deconstruction, Pragmatism and the Politics of Democracy, in: Dies. (Hrsg.): Deconstruction and Pragmatism. London, 1-12.

Mouffe, Chantal, 1997: Decision, Deliberation and Democratic Ethos, in: Philosophy Today 41, 24-30.

Mouffe, Chantal, 1999: Deliberative Democracy or Agonistic Pluralism, in: Social Research 66, 745-758.

Mouffe, Chantal, 2000: The Democratic Paradox. London/New York.

Mouffe, Chantal, 2007: Über das Politische. Wider die kosmopolitische Illusion. Frankfurt a.M.

Münch, Richard, 2003: Politik in der globalisierten Moderne, in: Nassehi, Armin/Schroer, Markus (Hrsg.): Der Begriff des Politischen. Baden-Baden, 117-131.

Narr, Wolf-Dieter, 1991: Vom Liberalismus der Erschöpften, in: Blätter für deutsche und internationale Politik 2, 216-227.

Näsström, Sofia, 2006: Representative Democracy as Tautology, in: European Journal of Political Theory 3, 321-342.

Neyer, Jürgen, 2009: Die Stärke deliberativer Theorien und das Elend der orthodoxen Demokratietheorie. Eine Replik auf Marcus Höreth, in: Zeitschrift für Politikwissenschaft 19, 331-358.

Nullmeier, Frank, 1995: Diskursive Öffentlichkeit. Möglichkeiten einer Radikalisierung der Kritik, in: Göhler, Gerhard (Hrsg.): Macht der Öffentlichkeit – Öffentlichkeit der Macht. Baden-Baden, 85-110.

Nullmeier, Frank, 1998: Agonalität. Von einem kultur- zu einem politikwissenschaftlichen Grundbegriff?, in: Greven, Michael/Münkler, Herfried/Schmalz-Bruns, Rainer (Hrsg.): Bürgersinn und Kritik. Festschrift für Udo Bermbach zum 60. Geburtstag. Baden-Baden, 85-119.

OECD, 2008: Mehr Ungleichheit trotz Wachstum? Einkommensverteilung und Armut in OECD-Ländern. Zusammenfassung in Deutsch, http://www.oecd.org/dataoecd/45/26/41525363.pdf

Palonen, Kari, 1998: Das ‚Webersche Moment'. Zur Kontingenz des Politischen. Opladen/Wiesbaden.

Palonen, Kari, 2001: Politik statt Ordnung. Figuren der Kontingenz bei Max Weber, in: Lietzmann, Hans (Hrsg.): Moderne Politik. Politikverständnisse im 20. Jahrhundert. Opladen, 9-22.

Palonen, Kari, 2002: Eine Lobrede für Politiker. Ein Kommentar zu Max Webers „Politik als Beruf". Opladen.

Parekh, Bhikhu, 1979: Hannah Arendt's Critique of Marx, in: Hill, Melvyn (Hrsg.): Hannah Arendt. The Recovery of the Public World. New York, 67-100.

Pettit, Philip, 2003: Depoliticizing Democracy, in: Associations 7, 23-37.

Phillips, Anne, 1995: The Politics of Presence. The Political Representation of Ethnicity, Gender and Race. Oxford.

Pitkin, Hanna F., 1967: The Concept of Representation. Berkeley.

Pitkin, Hanna F., 2004: Representation and Democracy: Uneasy Alliance, in: Scandinavian Political Studies 27, 335-342.

Plotke, David, 1997: Representation is Democracy, in: Constellations 4, 19-34.

Pocock, John G. A., 1993: What was a revolution and has it a future?, in: Politisches Denken. Jahrbuch 1992. Stuttgart/Weimar, 91-93.

Rigby, Thomas H., 1982: Introduction: Political Legitimacy, Weber and Mono-organisational Systems, in: Ders./Fehér, Ferenc (Hrsg.): Political Legitimation in Communist States. London and Basingstoke, 1-25.

Rödel, Ulrich/Frankenberg, Günter/Dubiel, Helmut, 1989: Die demokratische Frage. Frankfurt a.M.

Rorty, Richard, 1989: Contingency, Irony, Solidarity. Cambridge.

Rosa, Hartmut, 2001: Politisches Handeln und die Entstehung des Neuen in der Politik, in: Bluhm, Harald/Gebhardt, Jürgen (Hrsg.): Konzepte politischen Handelns. Baden-Baden, 23-42.

Rosa, Hartmut, 2006: Wettbewerb als Interaktionsmodus. Kulturelle und sozialstrukturelle Konsequenzen der Konkurrenzgesellschaft, in: Leviathan 34, 82-104.

Rousseau, Jean-Jacques, 1977: Vom Gesellschaftsvertrag oder Prinzipien des Staatsrechtes, in: Ders.: Politische Schriften Band 1. Paderborn, 59-208.

Rousseau, Jean-Jacques, 1977a: Abhandlung über die Politische Ökonomie, in: Ders.: Politische Schriften Band 1. Paderborn, 9-57.

Rüb, Friedbert W., 2006: Die Zeit der Entscheidung. Kontingenz, Ambiguität und die Politisierung der Politik - ein Versuch, in: hamburg review of social sciences 1, 1-34.

Rüdiger, Anja, 1996: Dekonstruktion und Demokratisierung. Emanzipatorische Politiktheorie im Kontext der Postmoderne. Opladen.

Sandel, Michael, 1993: Die verfahrensrechtliche Republik und das ungebundene Selbst, in: Honneth, Axel (Hrsg.): Kommunitarismus. Frankfurt a.M/New York, 18-35.

Scaff, Lawrence A., 1989: Fleeing the Iron Cage. Culture, Politics, and Modernity in the Thought of Max Weber. Berkeley.

Schaal, Gary S., 2008: Responsivität - Selbstzerstörerisches Ideal liberaler Demokratie? in: Brodcz, André/Llanque, Marcus/Schaal, Gary S. (Hrsg.): Bedrohungen der Demokratie. Wiesbaden, 353-369.

Schmalz-Bruns, Rainer, 1995: Reflexive Demokratie. Baden-Baden.

Schmalz-Bruns, Rainer, 2002: Demokratisierung der Europäischen Union – Oder Europäisierung der Demokratie?, in: Lutz-Bachmann, Matthias/Bohman, James (Hrsg.): Weltstaat oder Staatenwelt? Frankfurt a.M., 260-307.

Schmidt, Manfred G., 2008: Demokratietheorien. Eine Einführung. Wiesbaden.

Schmitt, Carl, 1963/1932: Der Begriff des Politischen. Berlin.

Schmitt, Carl, 1991/1923: Die geistesgeschichtliche Lage des heutigen Parlamentarismus. Berlin.

Schmitter, Philippe C., 2002: Participation in Governance Arrangements: Is there any reason to expect it will achieve 'Sustainable and Innovative Policies in a Multi-Level Context', in: Grote, Jürgen/Gbikpi, Bernard (Hrsg.): Particiaptory Governance. Opladen, 51-69.

Schnädelbach, Herbert, 1987: What is Neo-Aristotelism? In: Praxis International 7, 225-237.

Schumpeter, Joseph, 1950: Kapitalismus, Sozialismus und Demokratie. München.

Stäheli, Urs, 2006: Die politische Theorie der Hegemonie: Ernesto Laclau und Chantal Mouffe, in: Brodocz, André/Schaal, Gary S. (Hrsg.): Politische Theorien der Gegenwart II. Opladen und Farmington Hills, 253-284.

Stern, Fritz, 1963: Kulturpessimismus als politische Gefahr. Bern.

Sternberger, Dolf, 1971: Nicht alle Staatsgewalt geht vom Volke aus. Studien über Repräsentation, Vorschlag und Wahl. Stuttgart.

Sternberger, Dolf, 1978: Drei Wurzeln der Politik. Band 1. Frankfurt a.M.

Sternberger, Dolf, 1978a: Drei Wurzeln der Politik. Band 2. Anmerkungen und Anhänge. Frankfurt a.M.

Sternberger, Dolf, 1986: Max Weber und die Demokratie, in: Ders. (Hrsg.): Herrschaft und Vereinbarung, Frankfurt a.M., 54-70.

Taylor, Charles, 1994: Quellen des Selbst. Die Entstehung der neuzeitlichen Identität, Frankfurt a.M.

Thaa, Winfried, 1997: Hannah Arendt: Politik und Weltentfremdung, in: Politische Vierteljahresschrift 38, 695-715.

Thaa, Winfried, 2005: Kulturkritik und Demokratie bei Max Weber und Hannah Arendt, in: Zeitschrift für Politik 52, 23-56.

Thaa, Winfried, 2007: Informalisierung und Kognitivierung politischer Repräsentation in deliberativen Demokratietheorien, in: Ders. (Hrsg.): Inklusion durch Repräsentation, Baden-Baden, 85-108.

Thaa, Winfried, 2008: Repräsentation oder politisches Handeln? Ein möglicherweise falscher Gegensatz im Denken Hannah Arendts, in: Fritze, Lothar (Hrsg.): Hannah Arendt weitergedacht. Göttingen, 71-87.

Thaa, Winfried, 2008a: Kritik und Neubewertung politischer Repräsentation: Vom Hindernis zur Möglichkeitsbedingung politischer Freiheit, in: Politische Vierteljahresschrift 49, 618-640.

Thaa, Winfried/Probst, Lothar, 2003: Die Entdeckung der Freiheit. Amerika im Denken Hannah Arendts. Berlin.

Tocqueville, Alexis de, 1985: Über die Demokratie in Amerika. Stuttgart.

Ueltzhöffer, Jörg/Flaig, Berthold, 1993: Spuren der Gemeinsamkeit? Soziale Milieus in Ost- und Westdeutschland , in: Weidenfeld, Werner (Hrsg.): Deutschland - Eine Nation - Doppelte Geschichte. Köln, 61-81.

Uppendahl, Herbert, 1981: Repräsentation und Responsivität. Bausteine einer Theorie responsiver Demokratie, in: Zeitschrift für Parlamentsfragen 12, 123-134.

Urbinati, Nadia, 2000: Representation as Advocacy. A Study in Democratic Deliberation, in: Political Theory 28, 758-786.

Urbinati, Nadia, 2005: Continuity and Rupture. The Power of Judgement in Democratic Representation, in: Constellations 12, 194-222.

Urbinati, Nadia, 2006: Representative Democracy. Principles and Genealogy. Chicago.

Vester, Michael/Oertzen, Peter von/Geiling, Heiko/Hermann, Thomas/Müller, Dagmar, 1993: Soziale Milieus im gesellschaftlichen Strukturwandel, Frankfurt a.M.

Villa, Dana, 1992: Beyond Good and Evil. Arendt, Nietzsche, and the Aesthetization of Political Action, in: Political Theory 20, 274-308.

Villa, Dana, 1992a: Postmodernism and the Public Sphere, in: American Political Science Review 86, 712-721.

Villa, Dana, 1996: Arendt and Heidegger. The Fate of the Political. Princeton.

Volk, Christian, 2009: Die Ordnung der Freiheit. Recht und Politik im Denken Hannah Arendts, Baden-Baden.

Vollrath, Ernst, 1982: Ein philosophischer Begriff des Politischen?, in: Neue Hefte für Philosophie 21, 35-46.

Vollrath, Ernst, 1987: Grundlegung einer philosophischen Theorie des Politischen. Würzburg.

Vollrath, Ernst, 1987a: Handlungshermeneutik als Alternative zur systemtheoretischen Interpretation politischer Institutionen, in: Göhler, Gerhard (Hrsg.): Grundfragen der Theorie politischer Institutionen. Opladen, 204-211.

Vollrath, Ernst, 1989: Überlegungen zur neueren Diskussion über das Verhältnis von Praxis und Poiesis, in: Allgemeine Zeitschrift für Philosophie 14, 1-26.

Vollrath, Ernst, 1989a: Wie ist Carl Schmitt an seinen Begriff des Politischen gekommen? in: Zeitschrift für Politik 36, 151-168.

Vollrath, Ernst, 1990: „Hannah Arendt", in: Ballestrem, Karl Graf/Ottmann, Henning (Hrsg.): Politische Philosophie des 20. Jahrhunderts. München, 13-31.

Vollrath, Ernst, 1990a: Max Weber: Sozialwissenschaft zwischen Staatsrechtslehre und Kulturkritik, in: Politische Vierteljahresschrift 31, 102-108.

Vollrath, Ernst, 1990b: Die Kultur des Politischen. Konzepte politischer Wahrnehmung in Deutschland. In: Gerhardt, Volker (Hrsg.): Der Begriff der Politik. Stuttgart, 268-290.

Vollrath, Ernst, 1992: Handeln und Urteilen. Zur Problematik von Hannah Arendts Lektüre von Kants Kritik der Urteilskraft unter einer politischen Perspektive, in: Münkler, Herfried (Hrsg.): Bürgerreligion und Bürgertugend. Baden-Baden, 228-249.

Vollrath, Ernst, 1992a: Identitätsrepräsentation und Differenzrepräsentation, in: Rechtsphilosophische Hefte 1, 65-78.

Vollrath, Ernst, 1995: Zwei Begriffe des Politischen? Jürgen Habermas und die störrische Faktizität des Politischen, in: Politisches Denken. Jahrbuch 1994. Stuttgart, 175-192.

Vollrath, Ernst, 1996: Proteus und Medusa. Die politische Apperzeption der deutschen Staatsrechtslehre im Werk von Jürgen Habermas, in: Politische Vierteljahresschrift 37, 341-356.

Vollrath, Ernst, 2003: Was ist das Politische? Würzburg.

Waas, Lothar, 1995: Max Weber und die Folgen. Die Krise der Moderne und der moralisch-politische Dualismus des 20. Jahrhunderts. Frankfurt a.M.

Walter, Franz, 2009: Im Herbst der Volksparteien? Eine kleine Geschichte von Aufstieg und Rückgang politischer Massenintegration. Bielefeld.

Walter, Franz/Dürr, Tobias, 2000: Die Heimatlosigkeit der Macht. Wie die Politik in Deutschland ihren Boden verlor. Berlin.

Walzer, Michael, 1999: Deliberation, and What Else? In: Macedo, Stephen (Hrsg.): Deliberative Politics. New York/Oxford, 58-69.

Warren, Mark E., 2002: What Can Democratic Participation Mean Today? In: Political Theory 30, 677-701.

Weber, Max, 1920: Zwischenbetrachtung: Theorie der Stufen und Richtungen religiöser Weltablehnung, in: Ders.: Gesammelte Aufsätze zur Religionssoziologie, 536-573.

Weber, Max, 1924: Gesammelte Aufsätze zur Soziologie und Sozialpolitik. Tübingen.

Weber, Max, 1947: Wirtschaft und Gesellschaft. Grundriss der verstehenden Soziologie. Tübingen.

Weber, Max, 1981: Die protestantische Ethik I. Eine Aufsatzsammlung. Herausgegeben von Johannes Winckelmann. Tübingen.

Weber, Max, 1988: Gesammelte Aufsätze zur Wissenschaftslehre. Tübingen.

Weber, Max, 1988a: Gesammelte Politische Schriften. Tübingen.

Wiesendahl, Elmar, 1981: Moderne Demokratietheorie. Frankfurt a. M.

Young, Iris Marion, 1987: Impartiality and the Civil Public, in: Benhabib, Seyla/Cornell, Drucilla (Hrsg.): Feminism as Critique. Minneapolis, 56-76.

Young, Iris Marion, 1995: Polity and Group Difference. A Critique of the Ideal of Universal Citizenship, in: Beiner, Ronald (Hrsg.): Theorizing Citizenship. Albany, 175-207.

Young, Iris Marion, 1997: Deferring Group Representation, in: Shapiro, Ian/Kymlicka, Will (Hrsg.): Ethnicity and Group Rights. New York, 349-376.

Young, Iris Marion, 2000: Inclusion and Democracy. Oxford.

Zerilli, Linda M., 2005: 'We feel Our Freedom'. Imagination and Judgement in the Thought of Hannah Arendt, in: Political Theory 33, 158-188.